做成功的总监
系列丛书

本书是一部全面系统讲述质量总监必备能力与素质要求的实务全书，以ISO 9001：2008标准为基础，充分吸收当前成熟、先进的质量管理理论与实践，贴近质量总监和企业实际，由浅入深引导质量总监对质量管理知识的系统学习和掌握。

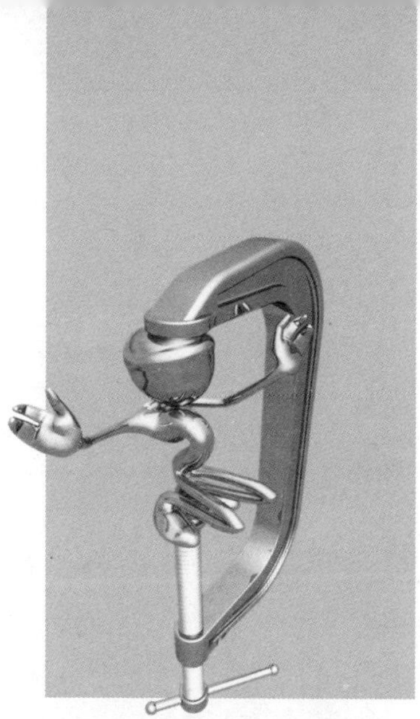

魏国辰 尚建珊◎编著

质量总监实务手册

中国发展出版社

图书在版编目（CIP）数据

质量总监实务手册/魏国辰，尚建珊编著．—北京：中国发展出版社，2009.4
（做成功的总监系列丛书）
ISBN 978－7－80234－350－4

Ⅰ．质…　Ⅱ．①魏…　②尚…　Ⅲ．企业管理：质量管理—手册　Ⅳ．$A企业管理：质量管理－62

中国版本图书馆 CIP 数据核字（2009）第 036388 号

书　　　名：质量总监实务手册
著作责任者：魏国辰　尚建珊
出 版 发 行：中国发展出版社
（北京市西城区百万庄大街 16 号 8 层　100037）
标 准 书 号：ISBN 978－7－80234－350－4
经　销　者：各地新华书店
印　刷　者：北京东海印刷有限公司
开　　　本：720×1000mm　1/16
印　　　张：21.25
字　　　数：371 千字
版　　　次：2009 年 4 月第 1 版
印　　　次：2009 年 4 月第 1 次印刷
印　　　数：1—5000 册
定　　　价：38.00 元

咨 询 电 话：（010）68990642　68990692
购 书 热 线：（010）68990682　68990686
电 子 邮 件：fazhanreader@163.com
网　　　址：http://www.develpress.com.cn

Preface

总序

面对激烈动荡的时代，企业管理环境日趋复杂，全球化、信息化和柔性化以及新的企业管理理念与理论的涌现，都对企业管理提出了更高的要求，要求企业树立先进的管理理念，并从深度、广度和速度上对管理方式进行变革。在新的环境下，影响企业整体生存发展的因素是多元而非单一的，是变动而非静止的。企业发展不仅取决于资金、技术、信息等资源要素，还取决于能有效利用资源的管理者。培养和造就大批既具有先进管理理念与管理理论，又具有实际管理能力和成功经验的管理者已成为促进中国企业发展的关键。提高管理水平，提高中国企业竞争力，是每个企业管理者担负的历史重任。如何迅速提高我国企业总监的管理绩效，培养和造就能够带领企业获取成功的新型职业管理人才队伍，已成为我国企业界、教育领域及社会各界广为关注并迫切需要解决的问题。

呈现在读者面前的这套“做成功的总监系列丛书”，从营销总监、人力资源总监、质量总监、财务总监、供应链总监等实际岗位出发，全方位对各岗位需要的知识体系、技能进行阐述和分析，这对有效提高我国企业总监的管理绩效、提升企业管理水平、促进企业获得成功具有重要的实用价值。

本套系列丛书的特色有两个方面。首先，在内容体系上打破了以学科知识为主线的传统，代之以公司管理实务为主线，根据公司不同职能部门管理的实际需要设置相关的理论内容，强调理论联系实际，突出理论为实践服务的理念和特色。其次，汲取当前企业管理的最新研究成果，以公司职能总监工作中需要的知识、技能为核心，详细介绍了作为公司总监应该承担的职责权限、职责内容以及应该具备的管理理论与管理方法，从而使本书内容在具有理论意义的同时，更具实用性，突出了可操作性、可读性、案例典型性等特点。

总之，本套丛书内容丰富、新颖，对提高企业总监的整体素质将起到举足轻重的作用。

北京物资学院院长
教授、博士生导师
王稼琼
2009 年 3 月

Prologue

序 言

在经济全球化趋势和市场竞争愈演愈烈的严峻形势下，质量竞争已成为贸易竞争的重要因素，任何企业如不加强质量管理，建立完善的质量管理体系，在市场竞争中就有被淘汰的危险。实践证明，产品（服务）质量是企业进入国际市场的“通行证”、“敲门砖”，是企业占领市场的有效武器，是企业生存和发展的关键。因此，进一步解放思想，更新质量观念，正确把握质量的内涵和实质，把握质量管理的基本规律，用新的质量管理理论指导质量管理实践，是提升企业管理必须重视的问题之一。而作为企业推动质量管理的重要责任人的质量总监，不仅仅是企业的一个重要管理者，还必须是一位质量专家。为了适应社会和企业发展的需要，帮助质量总监了解和掌握现在企业质量管理知识，我们编写了《质量总监实务手册》一书。

本书以 ISO 9001：2008 标准为基础，充分吸收当前成熟的、先进的质量管理理论与实践，全面系统地介绍质量重要性、质量管理大师的思想与主要观点、质量战略的制定、企业在质量管理活动中如何建立健全质量体系、质量管理的组织协调企业各个部门的质量职能、质量改进过程中所运用的方法、企业如何开展全面质量管理、质量认证等等，并着重于基本观念、基本理论、基本方法等，是进行质量管理和质量改进活动必备的知识内容。本书的主要特点表现在：针对性强，针对质量总监开展质量管理活动所需的实用知识，内容丰富、新颖，贴近质量总监和企业实际；注重案例和实际操作，引用大量案例和小知识，由浅入深引导质量总监对质量管理知识的系统学习和掌握，以此来提高其分析问题和解决问题的能力。相信该书的出版对质量总监运用质量管理理论指导企业实践、走向成功具有重要的作用。

本书由北京物资学院魏国辰教授和中联认证中心尚建珊高级工程师编著。魏国辰撰写大纲、统纂全书，并撰写第1、2、3、5、8、12章，尚建珊撰写第4、6、7、9、10、11章，张宛儿、葛立清、段少军、赖建阳撰写了部分章节的初稿。该书在编写过程中，得到了中国发展出版社编辑们的大力支持和帮助，同时，参考了国内专家、学者有关质量管理方面的著作和论文，在此一并致以衷心的感谢。

由于编者的经验所限，成稿时间仓促，书中难免存在不妥之处，热忱欢迎广大读者提出宝贵的意见，以便进一步修改完善。

魏国辰

2009年4月20日

Contents

目录

第 1 章

质量高于一切

抛弃质量的人，质量也抛弃他。

——戏曲家和诗人　莎士比亚

能力提示

- 能够对企业质量管理机构进行设计
- 能够合理设计质检部岗位并熟悉各岗位职责
- 能评价企业质量检验程序并发现其弊端
- 能分析质量对企业价值的贡献
- 能把握质量管理六大支柱的内涵
- 能把新的质量理念应用于质量管理实践中

导读　青烟质量经营的成功之路

当今社会，伴随着经济全球化进程的加快，企业的聚集、辐射和带动效应越来越突出，企业与企业之间的质量竞争越来越重要，山东青州卷烟厂（简称青烟）就是一个典型的示范。青烟是一个靠质量而兴，靠质量而发的企业。近几年来，青烟在原质量管理的基础上，弘扬特色经济，不断创新质量管理，把提升质量经营能力作为企业生死存亡的大事来抓，使拳头产品“八喜”品牌成为全国知名品牌，在全国的市场占有率迅猛增长。

解读青烟质量经营的成功之路，关键是把质量作为企业的生命，树立质量高于一切的理念。他们不断提升全员质量意识，打造一流员工队伍，紧跟烟草科技发展的步伐，不断进行质量创新，从而造就了企业的辉煌。

实践证明，质量是企业的生命，是企业竞争力的关键因素，是国家振兴和社会经济可持续发展的战略因素，也是一个国家文明程度的重要标志，是全球追求的目标。

1.1 认识质检部

案例 GE公司产品设计缺陷由谁负责

2008年5月，深圳宝昌电力公司进口的GE公司生产的PG9171E型号燃气轮发电机组的燃气轮机，在正常运行中发生机组振动大跳机，从而造成了机组的损坏。

经国家质检总局组织专家鉴定，机组中的发电机（型号9A5）的设计存在缺陷。后经调查，在2003～2005年间，中国共进口存在设计缺陷的该型号发电机组24台。在经国家质检总局与GE公司多轮谈判后，GE公司最终承认产品存在设计缺陷，并在其套改方案经国家公告禁止进口。

PG9171E型号燃气轮发电机组多次发生重大事故，不仅给用户造成了巨大经济损失，同时也威胁到使用地区的电网安全及其电力供应。对于这些涉及质量安全的问题产品，质检总局高度重视，并都将依法进行相应的禁止进口、退运、索赔等处理，同时，也将进一步完善相关进口措施，加强进口检验监管，确保进口产品特别是涉及安全的重大设备的质量。

此案例让我们发出疑问，为什么GE公司产品存在如此严重的质量问题，而GE公司却视若无睹呢？GE公司以及深圳宝昌申力公司质检部为什么没有把好质量关呢？

1.1.1 质检部的职能

质检部是保障整个工艺操作和产成品、半成品合格生产的关键性部门。随着质量意识的深化，质检部在企业部门中的重要性日益上升。质检人员和生产车间紧密配合，完善工艺上的操作规程，树立“不合格的半成品不转入下一道工序、不合格的产品就是废品”的工作标准；每一个质量控制点都有化验标准和依据，层层落实，以化验的指标来保障产品工艺流程上的准确率，才能保证最终产品质量。从上面的案例中可以看到：正是由于 GE 公司质检人员没有尽好应有职责，质检部门没有很好的发挥出应有作用才会造成产品出现多次不合格现象从而对 GE 公司的企业信誉造成损害。那么到底质检部门有什么样的岗位设置，各岗位上的员工又有什么样的职责呢？质检部职责包括以下几点。

（1）负责本公司产品质量管理工作，按 ISO 9000 族标准、ISO 14000 标准等要求建立质量管理体系，确保及提高产品质量符合规定要求。

（2）制定产品质量检验规范。

（3）建立原材料、在制品、外协品和成品检验记录及质量统计报表，每月进行质量总结分析，提出改进意见。

（4）及时收集产品和器械在使用过程中的质量异常反应信息，对影响产品质量的设计、制造、审核结果、质量记录、服务报告和顾客投诉进行分析，以查明并消除不合格的潜在原因并提出解决办法。

（5）负责检验仪器的配置、使用、校正和维护保养，保证检验工作的正常进行。

（6）每月召开一次质量分析会，以团队精神共谋产品质量的改善，组织公司内各部门和生产骨干开展质量管理活动，提高全员质量管理意识，推动质量管理工作迈上新的台阶。

小知识

除以上职能外质检部还包括以下监管职能：对原料供应商、外协加工厂商等交货质量的实际整理与评价。制定制程检查标准，并稽核检查人员是否确实实施。其兼管范围包括：质检部、质量控制相关各部门，质检部、办公用品、所有质检仪器。

1.1.2 质检部的岗位设置

质检部根据工作需要设置质检部经理、质检员岗位。

1. 质检部经理的岗位职责

（1）负责公司质量管理体系的建立和持续改进产品质量工作。

（2）负责公司的原材料进货、生产过程以及成品检验三个环节的检验工作。

（3）负责质检部门的仪器、设备以及公司的计量器具的校正、维护计划并实施。

（4）负责公司产品质量信息反馈的统计分析，即时与公司领导、其他部门的沟通。

（5）参加公司内部质量审核，协调和落实纠正和预防措施，跟踪验证，负责供货方审核验证工作。

（6）完成公司安排的其他临时性工作。

2. 质检人员岗位职责

（1）公司检验人员归属质量检验部门。

（2）公司质量检验人员应严格按照产品标准、产品技术图纸、工艺文件、检验卡片，客观地记录检验测量情况。

（3）质量检验人员严格按操作规程和使用说明开启实验设备、实验仪器。

（4）质量检验人员在试验和测量中应详细记录检验仪器、设备的运行状态及环境情况。

（5）质量检验人员在工作中发现产品质量出现异常现象时，应立即上报部门主管，即时纠正、处理异常情况。

（6）完成公司安排的其他临时性工作。

1.2 质量总监的基本条件和职责权限

案例 三鹿问题奶粉事件

2008年甘肃等地报告多例婴幼儿泌尿系统结石病例，调查发现患儿多有食用三鹿牌婴幼儿配方奶粉的历史，经相关部门调查，石家庄三鹿集团股份有限公司生产的三鹿牌婴幼儿配方奶粉受到三聚氰胺污染。为什么要用三聚氰胺呢？关键是含氮量很高，生产工艺简单、成本很低，给了掺假、造假者极大的利益驱动，有人估算在植物蛋白粉和饲料中使蛋白质增加一个百分点，用三聚氰胺的花费只有真实蛋白原料的1/5。所以"增加"产品的表观蛋白质含量是添加三聚氰胺的主要原因，三聚氰胺作为一种白色结晶粉末，没有什么气味和味道，掺杂后不易被发现等也成了掺假、造假者心存侥幸的辅助原因。

1994年《国际化学品安全手册》表明：长期或反复大量摄入三聚氰胺可能对肾与膀胱产生影响，导致产生结石。

三鹿奶粉事件，从一个侧面反映了中国严重的食品安全问题，暴露了中国奶业的不良状态，包括长期以来存在的奶站管理松散、企业自律不严、重复建设严重、竞争秩序混乱等问题。

对三鹿集团出现的致命质量问题，我们不禁发问到底是什么原因使其出现如此严重的质量问题？对于三鹿问题奶粉事件，该公司的质量总监有着不可推卸的责任。那么要成为一个合格的质检总监应该怎样做呢？

1.2.1 质量总监的基本条件

面对日趋复杂的竞争环境，多层次的顾客需求及飞速发展的质量技术，并不是每个管理者或质量从业人员都能胜任质量总监这一职位。只有满足一定条件后，才能有效地行使其权利、履行其职责。

（1）坚实的知识基础。质量总监是一个对知识要求极高的职位。说它要求高，并不是指其高深莫测，是因为它的知识十分专业，既要求掌握与质量有关的知识，又要求熟悉生产领域内的知识，同时还必须具备数理统计方面的知识。它的全部知识归集到一点，就是质量总监必须是一位质量专家，并以其坚实的知识基础，在企业树立起权威。他必须具有全面的质量理论知识、现代管理科学的知识、数学及统计方面的知识。

（2）卓越的创新能力。创新是当今社会发展的永恒主题。作为质量总监，应能根据新的质量管理理论，在质量管理实践中不断创新，创造和探索有特色的质量管理方法。

（3）出色的管理能力。要成为一名出色的质量总监，需要有比非管理者更出色的管理能力，而这些能力并不神秘，只要注意进行修炼，就能具备。

1.2.2 质量总监职责权限

1. 质量总监职责

小知识

质量总监的职责，是代表公司总经理行使质量管理的职能，领导质量管理部门建立并实施质量管理体系，并定期向总经理报告质量管理体系的业绩，包括改进的要求，同时协调企业各有关部门完成其在质量管理体系建立和实施中的相应职责。

企业质量管理是企业重要的专业管理之一，它包含的内容是全方位的，因而质量管理的职责必须由包括质量部在内的各部门共同承担。同时质量总监领导的质量管理部门，作为企业质量管理的主力军，必须对各部门承担的质量方面的职责进行协调，以使企业的质量管理落到实处，分解到每一个生产岗位，实现全员质量责任。

从三鹿问题奶粉事件可以看出，一个企业的质量总监的职责是何等的重要，如果一个企业的质量总监玩忽职守，不把产品质量放在第一位，那么该企业生产的产品终究会出问题，三鹿问题奶粉初见端倪时如果该企业质检部负责人及其他高层管理人员能迅速采取正确且切实有效的措施，力挽狂澜，那么结局也不会如今天这样。他们在出现问题后，并不是及时召回全部问题奶粉，并赔偿受害者损失、向受害者公开道歉，而是通过收买各大媒体及网络搜索引擎来企图掩盖此事。但玩火者必自焚，广大消费者不会被一直骗下去，他们越来越懂得如何来维护自己的合法权益。任何有损消费者权益的事情终将会败露，所以以诚信为本，做好企业的质检工作，并提高职业素养对于质量总监来说是非常重要的。

质检总监的主要职责，是代表公司总经理行使质量管理的职能，领导质量管理部门建立并实施质量管理体系，并定期向总经理报告质量管理体系的业绩，包括改进要求，同时协调企业各部门完成起在质量管理体系建立和实施中的相应职责。具体而言，质量总监的职责有以下 13 项，主要包括：建立、实施质量管理体系，文件控制，质量记录，质量评审，实现质量计划目标，处理与顾客有关的质量问题，质量标准设计与开发，生产和服务运作的质量监控，测量和监控装置管理，内部审核，不合格品控制，数据分析，改进控制。

2. 质检总监的权限

为了履行职责，质量总监必须拥有与其职位相应的权限。质量总监的权限一般是在总经理的授权下，调动企业资源对质量管理体系的运作进行协调与监控，确保在整个企业中质量体系的正常运转，并指导与质量体系有关事宜的外部联络工作。质检总监形式职权的具体表现形式，是通过计划、组织、控制、激励来行使其权利的，其具体的权限如表 1－1 所示。

表 1-1　　　　质量管理权限表

区分	业务内容	经办单位	权限					
			承办人	质量组长	质量主管	质量经理	质量总监	总经理
质量计划	1. 质量管理点设定	品	□	△	△	△	⊙	
	2. 管理图设定	品	□	△	⊙			
	3. 质量管理制度及方案	品	□	△	△	△	⊙	
	4. 质量基准设定	品	□	△	△	⊙		
	5. 作业基准设定	技	□	△	△	⊙		
	6. 收料基准设定	技	□	△	△	△	⊙	
	7. 检查基准设定	品	□	△	△	⊙		
	8. 操作基准设定	技	□	△	△	⊙		
	9. 作业指导书	科	□	△	△	⊙		
质量变异处理	1. 质量变异处理	室	□	△	△			
	2. 不良品修改后再用	品	□	△	△	⊙		
	3. 不良品作废	品	□	△	△	⊙		
	4. 不良损失计算	室	□	△	△	⊙		
资料管理	1. 不良率目标设定	室	□	△	△	⊙		
	2. 质量管理周报	品	□	△	⊙			
	3. 质量管理月报	品	□	△	△	△	⊙	
	4. 质量管理年报	品	□	△	△	△	△	⊙

注："□" 为拟案经办单位，"△" 为审核，"⊙" 为核定；"品" 为品管部，"技" 为技术部，"室" 为档案研究室。

1.3　为什么质量能够提高利润

案例　　汽车公司总裁的质量观

美国某著名汽车公司致力于改进产品质量。在高层管理者和一位著名的质量顾问参加的一次会议上，有人偶然地提起质量水平有季度性变化——质量在夏季比较差。质量顾问问：为什么会这样？是否使用了不同的设计？机器是否不同？供应商的原材料是否有变化？这些问题的回答是“不”。调查发现，问题在于休假。当一个人去休假时，其他人顶替他工作，但不熟练。而顶替他的那个人的工作又需要别人来干，如此结果是一个人休假，导致六个人所做的工作都不是常规的工作。解决方案是在两周的休假期间关闭工厂。结果大大减少了顶班的人数，夏季的质量水平又恢复到平均的质量水平上。

这一办法有效地延续了几年，因为那时汽车工业不景气，生产力过剩。然而，某年夏季，财务部门要求高级管理重新考虑这项政策。市场需求已经上升，公司能卖掉他们所生产的每辆轿车。会计账目显示，这项政策每天销售损失为1亿美元。

卡车分部的副总裁问道，是否采用了什么办法来解决夏天质量下滑的问题。回答是没有。总裁又问：“如果我们回到以前的老办法，质量水平还会像原来那样下滑吗？”“是的。”人们告诉他。“那我们就维持现有的政策，休假期间关闭工厂。”总裁宣布。财务副总裁不同意总裁的决定：“我知道我们对质量做出了承诺，但是，你是否了解，为了证明我们的承诺，我们得损失14亿的销售收入？”总裁回答道：“弗兰克，我这样做并不是为了证明什么。几年前由于我们质量水平赶不上国外竞争者，我们的公司几乎关门，只看重这14亿美元的损失，是一种短视，会把我们拉回到过去的困境。我作此决定是为了省钱。”

这位总裁的决定是令人佩服的，短暂的损失，换来长期的质量保证，也就是换来了长期的利润。

实践证明，质量是企业的生命，是企业的生存之本。综合企业的质量数据和运营状况可以说明质量和利润的关系是非常密切的。不管企业对质量带来的效益是否进行过测定，但至少可以说明：质量计划的成败最终都会对企业的损益产生影响。

1.3.1 质量与企业利润

美国著名质量管理学家约瑟夫·朱兰博士说：20世纪是生产率的世纪，21世纪是质量的世纪，质量是和平占领市场最有效的武器。那么，质量对一个企业来说意味着什么呢？质量又是如何影响企业运营从而或促进或制约企业发展的呢？产品质量与企业利润又有怎样的关系呢？

案例　　　　　　G公司的产品开发质量团队

专门生产登山靴的G公司，为生产出有质量保证的产品，成立了专门的产品开发质量团队。质量团队分成三队登门拜访产品的主要消费者——猎人，到猎人家中和他们促膝长谈。这些成员要了解猎人们对登山靴的要求，并详细记录下来。回公司后，质量团队将搜集回来的信息列在白板上，一一筛选，列出最主要的市场需求，根据市场需求找出市场定位，交由生产部门生产样品。样品生产出来后，首先交给员工试穿，同时质量团队带着样品和竞争公司的产品与猎人一起去登山打猎。猎人和质量团队成员亲自体验对产品的感受。途中，猎人会试穿不同型号的靴子，由质量团队记录下详细的数据。质量团队根据猎人试穿的数据，再进行分析讨论，最后确定出有效的数据。由此设计出产品，定制出受市场欢迎的产品——猎人登山靴。这种以用户需求为产品质量保证的做法，不仅给产品带来了良好的声誉，也维护了固定的用户群体。可以说，产品质量是企业生存的基础，没有生产出过硬的、适合市场需求的优秀产品，没有拳头产品，企业经营及企业生存就无从谈起。

可见，质量已成为现代企业竞争的核心要素，质量竞争力已成为衡量一个企业竞争力的重要标志，过硬的质量是参与竞争的保证。

1.3.2　质量如何提高利润

这里以PCB行业为例来说明质量是如何提高利润的。

在PCB行业，质量计划的基础是优化生产流程，对生产过程实施有效监控，促使PCB生产工作一次性成功。就PCB行业而言，提高质量能从几个方面给企业带来利润，其中最基本的是：质量提高能使成本降低、降低顾客流失和吸引新顾客。

1. 降低质量成本

在PCB行业，印制线路板的各类生产成本是非常多的，如材料成本、管理成本、销售成本、人力成本等。曾经也有人说过："质量是不花钱的。"事实上想把质量成本减为零，无疑是天方夜谭。人们常说，企业必须要实施全面质量管理，而恰恰全面质量管理的核心内容就是"以质量求效益"。这一说法就很好地体现在了PCB行业上，一个PCB生产企业在没有实行全面质量管理之前，其主要质量成本是过失成本、质检成本，而企业实行了全面质量管理之后，则会发现把钱花在预防措施上，才是最经济有效的。

有时候之所以通过加强质检而非预防来处理质量问题，是因为质量管理本身就存在着缺陷，人们常认为，质检是最后一道工序，可以通过加严检验的方法，提高出货产品的质量，降低客户的投诉。殊不知，此举是治标不治本，从某种意义上讲是变相地加大了质量成本的投入。如果真想杜绝质量问题，就必须对整个生产制造流程进行系统的梳理，规范生产工艺、检验标准，把问题消除在工序流程之外。消除过失是有良好的经济意义的。站在全面质量管理的角度分析，从费用—效益比考虑，在预防上花费代价比支付过失成本合算，生产无缺陷产品比补料和返工都要合算。

事实证明：杜绝产品缺陷能节省大量资金。据报道，在大部分行业，每为预防措施投入1元，就能把内部过失成本节省10元，把外部过失成本节约多达100元。

2. 留住老顾客

对利润产生影响的第二个因素是减少顾客流失。PCB行业是一个竞争非常激励的行业。拥有一定数量的顾客群，是PCB企业生存的基础。质量的稳定一定程度上决定了顾客的流失率。可以这样比喻：一个公司的顾客群就相当于水桶里的水，如果水桶质量不好、到处漏水的话，水位势必会逐渐下降。同样，企业的产品质量不稳定，不能满足顾客日益高涨的质量要求，顾客的流失就像水桶漏水，最终会造成销售量水平的降低。假使现在要使水位上升，那么从上面注入的水必须比从下面流失的多才行。做到这点有两条途径：一是“加大注水量”，努力争取更多的新顾客；另一种途径是堵住漏洞，避免现有顾客流失。研究表明：赢得一个新顾客的费用，比留住一个现有顾客的费用大约多五倍。而在竞争激励的成熟市场中，我们简直无法想象能够轻易地赢得新顾客去取代失去的老顾客所带来的后果，所以，如何提高产品质量留住老顾客越来越成为PCB企业考虑的重点，PCB企业必须在质量成本中考虑到质量缺陷引起销售下降而带来的机会成本。

随着产品质量的稳步提高，客户群也会越来越稳定，企业的利润也会随之大幅增长。专家认为：顾客流失率每降低5%，利润就能增加25%～80%。其奥妙就在于赢得新顾客比保住老顾客花费大。企业通过努力拥有了长期满意的顾客后不仅仅稳定了顾客群，而且往往有助于改善工作条件，增加企业员工的满意度，从而减少员工流动成本。另外，顾客流失率低也是企业极为有效的竞争武器，因为对手不容易算出你的顾客流失率，甚至意识不到这是企业成长的源泉。竞争对手是不容易把对你满意的顾客挖走的。

3. 吸引新顾客

质量提高带来利润的第三方面体现在对新顾客的吸引上，通过正规营销宣传或口碑，新顾客会初步了解到企业的生产和质量状况。企业的竞争关键在于市场的竞争，而市场的竞争又取决于产品的质量、交期和价格。所以说质量的象征是“品牌”，只有过硬的“品牌”才能吸引更多更好的新客户，从而带来新的利润增长点。

通过以上分析，可以看出产品质量对企业来说非常重要，因为产品的质量或直接或间接影响着企业的营业利润，更长期来说它也决定着企业的发展，是企业成败的关键。所以对于一个企业的高层管理人来说，熟悉产品质量与利润的关系，使二者很好结合，从而更加有力地促进企业发展是非常重要的。

1.4 质量的真正内涵

案例 韩国：劣质速冻饺子案

经过：2004年6月，据《朝鲜日报》等媒体披露，经韩国警察厅调查发现，几家不法食品原料企业将本应当垃圾扔掉、含有大量大肠杆菌等细菌的萝卜废料做成饺子馅，卖给生产速冻饺子和包子的食品企业，其中一家企业的饺子馅产量甚至占了70%的市场份额。据韩国食品医药品安全厅公布，有18家企业制售劣质饺子，其中还包括一些著名的大型食品企业。

结果：2004年6月13日，涉案公司“景象食品公司”总经理写下遗书向国民谢罪，然后投江自杀，震动全国。在处理过程中，检察机关没收和销毁了制造劣质食品的设备，还采取了取消许可证、封闭工厂、通报给税务局等强硬措施。事后，韩国修改了《食品卫生法》，将制售有害食品定为“保健犯罪”，规定制售劣质食品者将被处以一年以上有期徒刑；对国民健康产生严重影响的将被处以三年以上有期徒刑。制售有害食品的人，五年内禁止从事相关经营活动。由此可知，质量代表的是企业的形象，是企业的生命之所在。每个企业要有好的效益，就必须对产品有严格的质量标准与要求。质量对企业发展的重要性是至关重要的，一家企业想要发展更大更好的市场，产品的质量问题是重中之重。

1.4.1 质量概念

一个企业如果不重视产品质量那么它最终会走向衰退甚至破产，由于产品质量问题而导致企业破产的例子屡见不鲜。作为质量总监，必须树立先进质量理念、高度重视产品质量。那么如何认识质量、如何界定质量的好坏呢？

1. 质量的含义

人们对质量的认识来源于人们的质量实践活动。对“质量”的含义存在许多不同的解释。最早是朱兰博士提出的，他指出质量是产品的适用性。适用性就是产品使用过程中成功满足用户目标的程度，这一概念一般用质量来称呼，它普遍适用于一切产品或服务。适用性由产品的特性决定，用户认为这些特性是有用的，如面包的新鲜，广播的清晰。

后来，随着社会经济发展，质量管理专家提出：质量是符合规格。只有所有标准都给予了定义和衡量，质量的衡量才是有意义的，而且规格必须明确指出以便不产生误解，必须连续进行衡量和控制以确定产品或服务是符合既定的规定的。不论你在何处看到质量一词，其意义就是符合规格。一辆符合所有设计规格的小汽车就是一辆有“质量”的小汽车。又有质量管理专家认为，质量是一种产品或服务持续地满足或超过顾客需要的能力。

“适用性”、“符合要求”、“顾客满意”等都只表示了质量的某些方面。适用性和符合性是在含义和范畴上本质完全不同的两个概念，符合性是从生产者角度出发，判断产品是否符合规格。一般通过培训和积累经验，企业的管理部门将产品的合格性判断交给基层的现场人员去完成。他们遵照企业的产品检验制度，依据产品质量规格标准进行判断，如果符合规格就放行，流转到下一地点。如果不符合规格，则根据不符合规格的程度分别加以处理。

适用性是从顾客的角度出发，是指产品在使用期间能满足顾客的需求，顾客有资格对产品的适用性程度作出评价。而不断满足顾客对产品适用性的需求是企业永恒的目标。

实际上企业的质量目标是实现产品的适用性。但是，企业的大多数成员的质量职责却是去符合产品质量规格的要求：除少数开发和研究部门级人员之外，企业大多数部门的质量职责也同样是去符合产品规格的要求。这是客观存在的矛盾和规律性，因为，企业在运作过程中，只能假设只要产品合规格，产品才能满足适用性的规定。关键在于如何将经过顾客识别确认的适用性更加科学、准确地转化为在生产过程中可以验证的规格要求。

小知识

质量的本质是消费者对一种产品或服务的某些方面所作出的评价。因此，也是消费者通过把这些方面同他们感受到的产品所具有的品质联系起来以后所得出的结论。事实上，显而易见，在消费者眼里，质量不是一件产品或一项服务的某一方面的附属物，而是产品或服务各个方面的综合表现特征。

2. 质量的术语定义

国际标准化组织总结不同的质量概念，归纳提炼出了一个含义十分广泛的质量定义。ISO 9000：2005《质量管理体系　基础和术语》中将“质量”定义为：

质量（quality）：一组固有特性满足要求的程度。〔注1：术语“质量”可使用形容词，如：差、好或优秀来修饰。注2：“固有的”（其反义是“赋予的”）就是指在某事或某物中本来就有的，尤其是那种永久的特性。〕

理解这一定义，要注意以下几个要点。

（1）“固有特性”是指产品具有的技术特征，不是后来人为附加的内容。例如，汽车零部件的尺寸，发动机的功率，航空公司的准班率和差错率，物流配送公司的服务流程等。显然，产品的价格不属于“固有属性”范畴。可见，国际标准ISO 9000：2005中关于质量的定义以“固有属性”限定了产品质量范畴，这样，使质量的概念就更加明确了。

（2）“满足要求的程度”是指将产品的固有特性和要求相对比，根据产品“满足要求的程度”对其质量的优劣作出评价。由此可见该质量定义的客观性、合理性和科学性。

（3）质量可存在于各个领域或任何事物中，既可以描述产品和活动，也可用来对过程、人员、体系、组织进行描述。

（4）该质量定义也包括以下三方面内涵。第一，质量的动态性。随着科学技术的发展和顾客需求的不断改变，质量要求也应当适应上述变化，适时准确识别顾客的质量要求，修订规定规范、改进流程和方法、研究开发新产品，以满足顾客的需求和期望。第二，质量的相对性。企业应该注意到市场需求的区域性差别，包括不同国家和地区的自然环境条件、经济发展水平、技术发达程度、文化传统习惯等诸多方面的因素。企业针对不同的目标市场应该能够提供具有不同性能的产品，使产品对环境有较好的适应性。第三，质量的可比性。产品的等级高和产品的质量好是完全不同的两个概念。例如，一支高级的金笔可能质量很差，而一支普通的签字笔质量却很好。所以在评价产品质量时，应该注意到将比较的对象限制在同一“等级”基础上。

（5）质量相关方，指与组织的业绩或成就有利益关系的个人或团体。如顾客、所有者、员工、供方、银行、工会、合作伙伴或社会。对质量的要求除考虑满足顾客需要外，还应考虑组织自身利益、供方的利益和社会利益等多种需求，如安全性、环境保护、节约能源等外部的强制要求。

（6）取得满意的质量需要组织所有阶段人员的共同努力。好的产品是设计、生产出来的，而不是检验出来。全员参与是保证质量“产生、形成和实现”各个阶段都能满足顾客要求的关键。

（7）在一定条件下，相对质量水平越高越好。产品质量不是越高越好。为什么呢？提高质量是要花钱的，但这个钱能不能花，花多少，就大有文章可做，这就是质量成本问题。在理论上讲，好的质量水平应该在质量成本曲线和质量收益曲线距离最远的那一点，也就是产品实现这个过程中，输出与输入的比值尽可能大，其绝对值就是组织的利润。

1.4.2 质量特性含义与类型

为了使满足顾客各相关方要求的质量得以实现，就必须对这些要求进行变换，将之用清晰的、理性的、技术的或工程的语言表述出来，就是质量特性。如性能、寿命、安全性、可靠性、服务等。就拿酒来说吧，人们的要求无非是“好喝、无毒”，而在生产和经营实践中，把它转化为多种感官指标和理化指标，在理化指标中又规定了特性指标和卫生指标等。在这里要注意，质量特性值并不完全是顾客要求的质量（适用性质量），它往往是组织为了方便检验而转化的（符合性质量），它与顾客的要求一般或多或少存在一定的差别。由于质量特性是人为变换的结果，因此，所确定的质量特性实质上只是相对于顾客等相关方的要求的一种代用特性。

质量特性一般可以分为以下几种类型。

（1）技术性或理化性的质量特性。指机械的、电的、化学的和生物学的特性，例如，机械零件的刚性、弹性、耐磨性等。

（2）感觉特性。如嗅觉、味觉、视觉、听觉等。

（3）行为特性。如礼貌、诚实、正直等。

（4）时间特性。如准时性、可靠性、可用性等。

（5）人体工效特性。如生理的特性或有关人身安全的特性等。

（6）功能特性，如飞机的最高速度、汽车的最大装载量等。

1.4.3 产品质量特性

产品质量特性有内在特性，如结构、性能、精度、化学成分等；有外在特性，如外观、形状、色泽、包装等；有经济特性，如成本、价格、维修费用等；还有其他方面的特性，如交货期、安全、环境等。

1. 硬件和流程性材料类别产品的特性

（1）性能。综合顾客和社会的需要对产品规定的功能，分为使用和外观性能。

（2）可用性。指产品在一随机时刻、开始执行任务时处于工作和可使用状态的程度。它是可靠性、维修性和维修保障性综合作用的结果。可靠性是指产品在规定条件下、规定时间内完成规定功能的能力；维修性是指在规定的条件下使用的产品在规定的时间内、按规定的程序和方法进行维修时保持和恢复到能完成规定功能的能力。维修保障性是指维修保障资源能满足产品完好性和使用要求的能力。

（3）安全性。对伤害或损坏的风险按可接受的水平加以限制的状态。

（4）适应性。指产品适应外界环境变化的能力。

（5）经济性。指产品寿命周期费用的合理性。

（6）时间性。指产品在规定时间内满足顾客对产品的交货期和数量要求的能力以及产品满足随时间变化、顾客需求变化的能力。

2. 服务类别产品的特性

（1）功能性。某项服务所发挥的效能和作用。

（2）经济性。顾客为得到某种服务所需费用的合理性。

（3）安全性。保证服务过程中顾客生命不受到危害、健康和精神不受到伤害、货物不受到损失的能力。

（4）时间性。服务在时间上能够满足顾客要求的能力（及时、准时、守时）。

（5）舒适性。在满足功能、经济、安全、时间等方面前提下，服务过程的舒适程度。

（6）文明性。顾客在接受服务过程中满足精神需求的程度。

3. 软件类别产品的特性

对于软件产品，其质量特性大致可以归纳为：功能性、可靠性、易使用性、效率、可维修性、可移植性、保密性、经济性等。

1.4.4 质量的重要性

产品质量的好坏，关系到企业的生死存亡。企业要发展就要把质量放在首位，更要落实到企业的每一名员工心中，形成牢固的质量意识；求品质，更要注重细节，从小事做起，要像呵护生命一样呵护产品质量。

（1）质量是提高竞争力的关键。提高产品质量不仅对企业发展有至关重要的意义，还将对社会产生深远的影响。产品或服务质量是决定企业素质、企业发展、企业经济实力和竞争优势的主要因素。

（2）质量是构成社会财富的物质内容。没有质量就没有数量，也就没有经济价值。企业的生产经营活动必须坚持质量第一，坚持产品的经济价值和使用价值的统一。质量是社会科学技术和文化水平的综合反映。要想提高我国的产品质量必须从提高全民族的素质入手。而民族的素质，除了民族的精神、民族的优良传统外，主要取决于这个民族的科学技术和文化水平。纵观现代产品，无论是从其设计、制造和使用，还是从其更新换代和发展，无一不是集中了现代科学技术、科学管理和文化发展的最新成果。

（3）质量是产品打入国际市场的前提条件。人们常说，产品质量是进入现代国际市场的“通行证”、“敲门砖”。企业要想使产品打入国际市场，参加国际大循环，其前提条件就是要有过硬的产品质量、适宜的价格和约定的交货期。质量是企业的生命。产品质量好坏，决定着企业有无市场，决定着企业经济效益的高低，决定着企业能否在激烈的市场竞争中生存和发展。“以质量求生存，以品种求发展”已成为广大企业发展的战略目标。

（4）质量是人民生活的保障。产品质量与人们的工作、生活息息相关，一旦产品出了质量问题，轻则造成经济损失，重则导致人员伤亡等事故。因产品质量、工程质量、工作质量和服务质量不良而造成的燃烧、爆炸、建筑物倒塌、毒气泄漏、机毁人亡等恶性事故，给人们造成的灾难，令人触目惊心。这些血的沉痛教训，在现实生活中屡见不鲜。质量问题如此重要，因此，必须正确地理解质量和产品质量的内涵，增强质量意识，掌握质量和产品质量的概念和实质。这样，不仅对质量管理的深入发展，而且对企业的经营决策和提高经济效益，都有着十分重要的意义。

三鹿问题奶粉事件事发之后，随着行业内的各大知名企业纷纷被查出产品含三聚氰胺，整个乳制品行业面临着巨大的危机。再大的企业，不注重产品质量，最终也会寸步难行，功亏一篑。只意识到质量的重要性还不够，还要把它做好，这就要求从小事做起，做好细节，把握质量。因为细小，人们常常把它忽视掉，由于工作时间、精力有限而顾不上细节。其实，应该科学地看待细节同整体的关系。不要只看到其细小而认为不足为道，更要看到是因每个细节发生变化而改变的。因为任何整体变化是由具体的细节构成的，要认真分析物体的实质性变化所在。不能疏忽在细节之上的问题，在工作中绝对不要忘记这一点。

时代在发展，社会在进步，这就要求企业紧跟时代的步伐，把质量放在第一位，树立质量高于一切的意识，精益求精保证质量才能让产品在竞争中取胜。

小知识

产品质量有一个产生、形成、实现、使用和衰亡的过程。对于质量形成过程，质量专家朱兰称之为“质量螺旋”，意思是指产品质量从市场调查研究开始，到形成，实现后交付使用，在使用中又产生新的想法，构成动力再开始新的质量过程，产品质量水平呈螺旋式上升。

影响产品质量因素为5M1E，即人（Man）、材料（Material）、机器（Machine）、工艺方法（Method）、测量（Measure）、环境（Environment）。

1.5 改善质量并不简单

案例 M公司的质量改善

广东某企业（下称M公司）是国内著名的空调器生产厂家，20世纪90年代后期，面临国内外企业强有力的竞争，公司领导意识到只有通过严格的质量管理，塑造优质品牌，才能取得竞争优势。公司决定与天津大学管理学院工业工程系合作，共同组成项目组，通过以生产系统质量指标的建立、考核及工序控制和生产系统检测与检验系统的完善为主线，综合采用实验设计（DOE）与统计过程控制（SPC）集成的方法，通过强化的培训和具体应用的在线辅导，基本上建立了连续质量改进模式，完善了企业的基础管理工作并进一步提高了企业的质量管理水平。

根据对M公司质量指标考核体系现状的诊断和调查分析发现，企业的质量指标考核体系十分薄弱，生产线上考核作业质量的指标是一次装机合格率，该指标可以较好地反映装配线的工作质量，但该指标在使用中存在以下问题。

(1) 在计算一次装机合格率时，对于一台空调器在装配中出现两个或两个以上缺陷时，只计算一次不合格，因此对产品缺陷的统计是不完全的，对产品质量的反映也是不完全的。

(2) 一次装机合格率为考虑不同生产线的装配复杂程度以及出错机会数，因此不能作为横向比较的指标，不可用于对不同复杂度产品装配质量的考核。

(3) 一次装机合格率只是衡量整条装配线的装配质量，而对于那些常发生缺陷或主要零部件装配加工的工序质量反映不足。

为了更全面地反映工作质量，实现质量连续改进，项目组提出另外两个辅助指标DPU（单位缺陷数）和DPMO（百万出错机会缺陷数）。

通过项目组的共同努力，项目取得了良好的效果。具体表现在：第一，通过建立生产过程的质量考核指标DPU、DMPO，对工序质量的考核更加科学化，也有利于生产现场的绩效考核。第二，综合运用DOE/SPC，实现了关键工序过程的连续改进。对于充氟工序，充氟量偏差由原来的波动范围在±20g之间，到目前控制在±5g范围内。既节约了氟利昂用量，又保证了产品质量。

1.5.1 企业停止改进就等于开始倒退

不断持续的质量改善是企业生命中必要的生活方式的过程。改善质量并不是一蹴而就的。它是一个复杂的需要企业全员共同努力的过程。质量是企业的生命线，用户对一款产品的感知从最初的外形、价格等，最终必定完全落在质量和服务上。因此，各企业都把质量提升放在极其重要的位置上。且随着人们消费观念的成熟，消费需求的提升，对质量的投诉和抱怨一定会升级。昨天满意的产品，明天会由于竞争对手的进步而变得不可忍受。因此，不管多么完美的产品都必须经历不断改进和完善，质量不断提升的过程。换句话说：一家企业，碰到质量投诉并不可怕，关键在于如何对待。找准原因，分析质量问题的症结，然后，全力予以质量改进，满足用户的需求。

1.5.2 持续质量改善需要一系列活动做支柱

首先，管理层要有领导变革的决心，尤其是主要负责人（董事长、总裁等）要具有不容置疑的决心，要制定强有力的政策，要集中必要的资源，要树立好的榜样，要以身作则。

其次，整个组织要围绕质量提升予以变革，或作适应性调整。要教育和培训全体员工树立质量意识，制定质量改进计划并协调、督导实施之。

第三，要采取相应的措施激励员工改进和提升质量，要敢于说真话，要全身心地投入，要互相配合，做好各自的工作，而不是互相推诿和指责。

第四，要起始阶段就对质量的标准予以明确的衡量，各方面均围绕这一设定的标准（即目标）去实现，并要明确不符合要求的代价是什么，且可以用金钱来衡量，这样可考核和处罚。然后，齐心协力地朝着同一目标走。

第五，说一千，道一万，计划最好，规划最美，关键是实施，组织得力队伍切实予以实施，以真正解决错误的成因或质量问题的症结，从而实现目标。当制定了达成质量标准的好制度之后，必须建设性地使用它，才能改善质量并解决问题。

1.5.3 质量改善过程遇到问题的解决方案

在质量改善过程中必然会遇到这样那样的问题，应当建立完善的信息系统，尽早发现并解决重大问题。作为质量总监必须要做以下工作。

1. 了解问题

（1）影响是什么？

（2）规模有多大？

（3）谁会受到影响？

（4）公司的成本如何？

（5）原因是什么？

也许，你必须指定某人对这些问题展开更进一步的调查。

2. 记录问题

简单扼要地摘录这些问题，包括其原因及影响。这样做能帮你在脑海中弄清这些问题，并有助于你与他人沟通这些问题。

3. 讨论替代方案

对于重大问题讨论，邀请其他相关部门的人员参与。

4. 决定行动对策

分析可能的替代方案及预算成本。平衡各个方案的利益与成本，并选择其中符合公司的最大利益的方案。记住，如果整个替代方案的成本过高，最好是保持现状。

倡导下列与质量有关的信念。

（1）每一次都达到质量标准并非不可能。

（2）第一次就将事情做对，永远是比较经济的。

（3）使程序单纯化往往有助于达到质量标准。

（4）注意细节能帮助达到标准，你的下属必须确实关心所有细节。

（5）永远质疑一切。为什么这样做或究竟为什么要做这些事等。如果你能够看出来一个与某员工或其他部门有关的问题，千万不要忽视它。以建设性的方式提出来。质量与每个人都有关系，质量对每个人都有利。

1.6 质量管理及其最新进展

案例 长春通威公司的质量管理

长春通威公司是一家以生产饲料为主的企业。该公司将整个质量管理体系贯穿到各个部门，人人树立“从我做起，严把质量关”的思想。各岗位严格按程序文件要求执行，认真贯彻质量方针，确保公司质量目标的实现。以顾客满意为中心，不断提高产品质量，优化产品性价比，满足顾客需求。在生产任务较紧的情况下，对公司各个重要岗位人员进行培训，强化全体员工的质量意识，为质量认证复审提供了有力的保证。

在提高产品质量的同时，狠抓服务质量。公司员工每个人都把下一道工序当做是自己的顾客，高效、高质量地完成自己的工作。公司制定全程优质服务规范，从进厂到出厂，各个环节都有明确的服务细则。几年来，长春通威以满腔的热情与真诚对待养殖用户，无论出现什么质量问题，都实事求是，对用户的困难鼎力相助。长春通威人坚信做人要讲信誉，做企业也是一样。诚信的经营之道，在给别人带来效益的同时，也会取得用户的信任，给企业带来更大的市场空间。长春通威 2008 年荣获全国饲料企业唯一一家质量效益型企业，又被评为“明星企业”。长春通威“讲诚信，保质量”的经营之道，凝聚着长春通威人的汗水，更是长春通威人的骄傲。在成绩面前，长春通威人并没有满足于现状，而是一如既往地脚踏实地，围绕总部的指导方针，积极寻求问题，不断进取，不断完善产品质量、服务质量，提升顾客满意度。

当今世界经济正在发生巨大变化。全球一体化进程的加快，促进了产品和服务的生产及消费在世界范围内的竞争。同时，随着人类的知识指数性地扩张，产品的复杂程度越来越高，而消费者对其产品的多功能化、及时性和个性化的需求不断扩大，对产品质量和服务质量的要求也越来越苛刻。生产者面对来自全球的竞争和消费者的要求，都日益认识到质量是企业生存的必要条件。因此，质量管理理论也随之发展起来。

1.6.1 什么是质量管理

长春通威公司可说是成功实施质量管理的典型例子。那么到底什么是质量管理？企业应该如何实施质量管理呢？

小知识

质量管理是在质量方面指挥和控制组织的协调的活动。质量管理涉及组织的各个方面，它要求围绕产品质量形成的全过程，通过建立和实施质量方针和质量目标，从而向市场提供符合顾客和其他相关方要求的产品。

质量管理是企业全部管理活动中的一个方面，包括以下几个方面。

（1）制定质量方针/政策/计划——总的宗旨、目标、原则、指南、标准、规范、水平。

（2）建立质量体系——实施质量管理所需的组织结构、程序、过程、资源。

（3）开展质量控制和保证活动——监控、纠偏、认证。

（4）进行质量改进——全组织内进行。

质量管理的支柱通常包括：制定质量方针和质量目标，进行质量策划、质量控制、质量保证和质量改进。在这些活动中，质量策划、质量控制、质量保证和质量改进都是为制定和实施质量方针和质量目标而进行的。当质量方针、质量目标实现后应重新进行质量策划、质量控制、质量保证和质量改进。

因此，可以说质量管理是一种不断实施质量策划和质量改进的循环活动，是一个周而复始、不断进步的过程。

1.6.2 日本和美国质量管理思潮的演变和发展

质量运动可谓战后最富影响力的管理思想，它起源于日本。由于当时日本商品的质量低劣，他们引入了美国质量管理专家戴明的 PDCA 理论（质量循环理论）。1951 年日本首次颁布的戴明奖标志了质量管理的开始。A. V. 菲根鲍姆于 20 世纪 60 年代提出了 TQC（全面质量控制）的概念，他的理论在日本被普遍接受。经过几十年的努力，到 80 年代中期日本经济达到最辉煌的时期，其产品如汽车、家电等充斥世界各国市场。著名质量管理专家朱兰对日本经济奇迹的评价是：“日本的经济振兴是一次成功的质量革命。”

美国企业一直重视质量管理，其质量管理起源于泰勒。在美国 50 年代后期，美国国防部颁布和实施了有关军工产品标准，后被英国标准局采用，现已发展成为国际标准化组织的 ISO 9000 标准，随着日本商品的质量在世界领先，20 世纪 80 年代，美国人转而向日本学习质量管理，并把它发展成为 TQM，即全面的质量、全过程的质量、全员参与的质量和全企业的质量。1987 年 8 月 20 日，里根总统在《公共法 100—107》上签字，即《马尔科姆·鲍德里奇国家质量改进法案》，它具有划时代的立法意义。在美国，大体经历了质量检验、统计质量控制、全面质量管理、到马尔科姆·鲍德里奇奖（核心是定点超越）4 个阶段。1996 年日本人开始也随美国把 TQC 改做 TQM（全面质量管理理论）。

美国企业界在实践中，认为 TQM 太过于笼统，没有数字，也认为 TQM 的东方哲学难以适应西方文化，并且对 TQM 的“不断改进”的慢节奏也颇为疑问，随之他们提出了崭新的管理理论——6σ（六西格玛）。

从菲利浦·克罗斯比的预防思想，到 W. 爱德华·戴明的科学管理 PDCA 理论，到约瑟夫·M. 朱兰博士的质量三部曲，再发展到迈克·哈里博士的 6σ 实践，从历史的进程看，质量管理从质量检验发展到质量控制、质量保证、质量管理，直到当前的综合管理系统。

小知识

- 手工时代：徒弟和师傅，肩负身家性命。
- 工业革命：劳动分工，工头个人行为。
- 20 世纪初，泰勒：引入产品质量检验的概念。

· 20 ~ 30 年代，贝尔的修哈特：统计质量控制表。

· 40 年代：美国军方 Z 系列标准，抽样统计方法的完善，专业质量管理组织出现 ASQC。

· 50 年代，戴明、朱兰：质量保证，在日本取得成功，费根鲍姆提出 TQC 概念。

· 60 年代，克劳斯比：零缺陷，尽善尽美。

· 70 年代：政府行政管理及服务业开始重视质量问题。

· 80 年代：日本用质量战略大范围取得成功，欧美急起直追。

· 90 年代至今：国际认证的流行，6σ 管理的盛行，以及全面的质量提升。

1.6.3 质量管理新发展

朱兰博士的观点将质量管理理论带到了新的高度。回顾质量管理理论发展的百年历史，可以发现，质量管理从人的下意识、自觉的观念出发，最终又将回归到人本身，而从技术出发的观点必将回归到从人出发的观点。而质量管理理论到了全面质量管理阶段所诞生的各种工具和方法数不胜数，尤其是日本的质量管理专家对此作出了重大的贡献。近年来，质量管理日益受到重视，出现了很多新的趋势。

（1）以 6σ 管理为核心的精益质量管理日益受到重视。在质量管理百年历程中，先后经历了传统质量检验、统计质量控制、全面质量管理几大阶段，目前以 6σ 管理为核心的精益质量管理正成为质量管理新的发展趋势。随着 GE、摩托罗拉等企业应用 6σ 的巨大成功，6σ 管理正被越来越多的企业所了解和认识。从整个质量管理理论发展来看，6σ 方法使全面质量管理理论达到了一个高潮，并产生了从技术回归人本身的预兆。虽然 6σ 本意是用统计学上非常小的标准差来表示产品质量的稳定性和零缺陷，但是由于其本质上是为了达到该目标而采取的一整套管理体系和方法，大大超出了统计质量控制的范围。6σ 以提升品质为主线，以客户需求为中心，利用对事实和数据的分析，改进提升组织的业务流程能力，是一套灵活的、综合性的管理方法体系。6σ 更加强调了对客户满意的关注和保障质量管理全面展开的组织建设，将质量管理的工具和方法放置到了更为合理的技术层面，而将满足客户的品质和创新作为企业追求融入企业文化之中，为员工创造人性化的生产服务条件，使客户对企业信誉、产品和服务产生最佳的感觉，从而全面提升企业作为一种生命体的价值。

（2）质量工程学科正逐步形成。随着全球质量意识的提升，为促进生产力的发展，不断提高和改进产品质量，将现代质量管理的理论及其实践与现代科学和工程技术成果结合，逐步形成了质量工程学科体系。其主要特点表现在：质量管理应着眼于全局、全过程、系统优化，强调倾听顾客声音，用户需求既是出发点，又是归宿点，充分体现技术与管理并重的原则。总之，质量工程的产生标志着以管理职能为核心转向以技术为先导、以设计规范为目标。转向以用户需求为目标的质量管理发展新趋势，是当代行之有效的最新质量管理技术的综合，是对质量管理的深化、完善和发展。

（3）实施 ISO 9001：2008 认证将成为新的浪潮。在国际市场上，ISO 9000 族标准已成为评估产品质量和质量体系是否合格的基础。并成为许多国家开展第三方质量体系认证和注册服务的基础。ISO（国际标准化组织）IAF（国际认可论坛）一致同意平稳转换全球应用最广的质量管理体系标准，实施 ISO 9001：2008 认证。ISO 9001：2008 标准根据世界上 170 个国家大约 100 万个通过 ISO 9001 认证的组织的 8 年实践，更清晰、明确地表达 ISO 9001：2000 的要求，并增强与 ISO 14001：2004 的兼容性。随着 ISO 9001：2008 标准发布和实施，经过认证的企业需要换版，将会出现新的 ISO 9000 浪潮，并在全世界产生重大影响。

（4）质量管理创新逐渐成为企业质量管理成功的关键要素。质量标准在市场竞争中是动态的，没有创新就谈不上高质量。质量是全球追求的目标，而全球经济振兴需要从质量抓起，需要不断创新。为适应企业环境的变化，促使质量管理成功，就需要进行质量观念的创新，提出新的质量管理思路，设计有效质量管理机构，采用新的管理方式和方法，实践新的质量管理模式，形成新的质量管理制度。

（5）以“质量诚信”为核心的质量文化日益成为企业质量管理的基础要素。今年来，我国的质量危机对企业如何建立质量文化提出了新的课题。世界上成功的企业无一不是以其优秀的企业文化作为取胜之道的。对于我国企业来说，必须培育和建立以竞争、风险、服务、质量、效率、诚信以及企业社会责任等经营哲学和价值观念为主要内容的新型企业质量文化。质量诚信是顾客满意不可缺少的要素。追求质量最好、让顾客满意、讲求质量诚信将是企业质量文化建设的精髓。

第 2 章

质量管理大师的管理真谛

质量是维护顾客忠诚的最好保证。

——通用电器公司总裁　杰克·韦尔奇

能力提示

- 能运用戴明的质量管理学说中的十四要点解决实际问题
- 掌握朱兰的管理突破思想的实质
- 理解克罗斯比的十四点真言并能够在实践中运用
- 掌握鲍德里奇国家优质奖的七要素
- 能运用石川馨的因果图解决实际问题

导读　施乐公司的质量

1999 年 9 月是施乐 914（因为它所使用的纸张为 9×14 英寸而得名）复印机的 40 周年庆典。从 1959 年到 914 复印机停产的 1976 年，施乐公司一共生产了超过 20000 台这个型号的复印机。1985 年，推出 914 复印机的 26 年之后，施乐公司宣布不再续签 914 复印机的全保维修合同。对于仍然在运行之中的 6000 台 914 机器，施乐公司将采取材料和人工单独收费的维修服务方式。今天，施乐 914 复印机已经成为 Smithsonian 中的展示品，成为美国历史的一部分。在世界的有些地方，914 机器仍然在客户的公司中使用，在南美洲，施乐公司还在维修着若干台 914 复印机。

施乐产品一直被许多独立的测试机构评定为“世界最佳品质”。从1980年起，施乐公司和富士施乐在世界20个国家获得了25个国家质量大奖，其中包括世界上最高级别的三项质量奖项：在美国，施乐公司两次荣获美国鲍德里奇国家质量奖（Malcolm Baldrige National Quality Award），第一次是1989年施乐商业产品和系统，第二次是1997年施乐商业服务；1992年，施乐欧洲解决方案集团（前身是兰克施乐）荣获第一个欧洲质量奖（European Quality Award）；1980年，富士施乐获得了日本的最高质量大奖日本戴明品质奖（Deming Prize）。施乐公司是第一家从日本竞争对手手中夺回失去的市场份额的大型美国企业，这正是全公司致力于改进质量所产生的结果。

2.1 戴明的质量管理学说

小知识

戴明博士于1900年10月4日生于美国爱荷华州；1921年从怀俄明大学毕业后继续前往科罗拉多大学进修，并于1925年修得数学与物理硕士，最后于1928年取得耶鲁大学的物理博士学位。戴明博士1950年应聘去日本讲学，奠定了日本企业界良好的质量管理基础。戴明博士是世界著名的质量管理专家，他对世界质量管理发展作出的卓越贡献享誉全球。以戴明命名的“日本戴明品质奖”，至今仍代表着日本品质管理的最高荣誉。从1950年至今已经成为世界著名三大质量奖项之一，另外两项分别为美国鲍德里奇国家质量奖和欧洲质量奖。戴明学说对国际质量管理理论和方法始终产生着异常重要的影响。

日本在20世纪四五十年代产品质量问题严重，“东洋货”名声很不好。可是就在短短的时间内日本产品为什么能够在世界范围内受到青睐呢？原因在于日本为了摘掉这顶名声不好的帽子，日本政府当时提出过“质量救国”的口号，狠抓质量，现在，日本产品的质量位居世界一流，这是一个很好的借鉴。注重产品的质量管理能够给企业，甚至国家带来巨大的转变，不仅能够带来利润，而且还可以加强国家的竞争力。

2.1.1 戴明的“十四要点”

戴明学说简洁易懂，其主要观点“十四要点”成为20世纪全面质量管理（TQM）的重要理论基础。戴明认为质量是以最经济的手段，制造出市场上最有用的产品。

（1）创造产品与服务改善的恒久目的。最高管理层必须从短期目标的迷途中归来，转回到长远建设的正确方向。也就是把改进产品和服务作为恒久的目的，坚持经营，这需要在所有领域加以改革和创新。

（2）采纳新的哲学。必须绝对不容忍粗劣的原料、不良的操作、有瑕疵的产品和松散的服务。

（3）停止依靠大批量的检验来达到质量标准。检验其实是等于准备有次品，检验出来已经太迟，且成本高而效益低。正确的做法是改良生产过程。

（4）废除“价低者得”的做法。价格本身并无意义，只是相对于质量才有意义。因此，只有管理当局重新界定原则，采购工作才会改变。公司一定要与供应商建立长远的关系，并减少供应商的数目。采购部门必须采用统计工具来判断供应商及其产品的质量。

（5）不断地改进生产及服务系统。在每一活动中，必须降低浪费和提高质量，无论是采购、运输、工程、方法、维修、销售、分销、会计、人事、顾客服务及生产制造。

（6）建立现代的岗位培训方法。培训必须是有计划的，且必须是建立于可接受的工作标准上，必须使用统计方法来衡量培训工作是否奏效。

（7）建立现代的督导方法。督导人员必须要让高层管理知道需要改善的地方。当知道之后，管理当局必须采取行动。

（8）驱走恐惧心理。所有同事必须有胆量去发或表达意见。

（9）打破部门之间的围墙。每一部门都不应只顾独善其身，而需要发挥团队精神。跨部门的质量圈活动有助于改善设计、服务、质量及成本。

（10）取消对员工发出计量化的目标。激发员工提高生产率的指标、口号、图像、海报都必须废除。很多配合的改变往往是在一般员工控制范围之外，因此这些宣传品只会导致反感。虽然无须为员工订下可计量的目标，但公司本身却要有这样的一个目标：永不间歇地改进。

（11）取消工作标准及数量化的定额。把焦点放在质量而非数量上。计件工作制更不好，因为它鼓励制造次品。

（12）消除妨碍基层员工工作畅顺的因素。任何导致员工失去工作尊严的因素必须消除，包括不明何为好的工作表现。

（13）建立严谨的教育及培训计划。由于质量和生产力的改善会导致部分工作岗位数目的改变，因此所有员工都要不断接受训练及再培训。一切训练都应包括基本统计技巧的运用。

（14）创造一个每天都推动上述各项的高层管理结构。

从以上“十四条”的内容可以总结出戴明博士的主要观点是：引起效率低下和不良质量的原因在于公司的管理系统而不在员工。部门经理的责任就是要不断调整管理系统以取得预期的结果。

2.1.2 PDCA 循环——戴明环

另外，戴明博士还最早提出了 PDCA 循环的概念，所以又称其为“戴明环”。它是国内外普遍用于提高产品质量的一种管理方法。本书只对其进行简要介绍，不作深入分析。

1. PDCA 循环的概念

PDCA 循环是能使任何一项活动有效进行的一种合乎逻辑的工作程序，不但在质量管理中得到了广泛的应用，更重要的是为现代管理理论和方法开拓了新思路。P、D、C、A 四个英文字母所代表的意义如下。

（1）P（plan）即计划。包括方针和目标的确定以及活动计划的制订。

（2）D（do）即执行。执行就是具体运作，实现计划中的内容。

（3）C（check）即检查。就是要总结执行计划的结果，分清哪些对了，哪些错了，明确效果，找出问题。

（4）A（action）即行动（或处理）。对总结检查的结果进行处理，成功的经验加以肯定，并予以标准化，或制定作业指导书，便于以后工作时遵循；对于失败的教训也要总结，以免重现。对于没有解决的问题，应提给下一个 PDCA 循环去解决。

2. PDCA 循环的原理

（1）周而复始。PDCA 循环的四个过程不是运行一次就完结，而是周而复始地进行。一个循环结束了，解决了一部分问题，可能还有问题没有解决，或者又出现了新的问题，再进行下一个 PDCA 循环，依此类推。

（2）大环带小环，类似行星轮系。一个公司或组织的整体运行体系与其内部各子体系的关系，是大环带动小环的有机逻辑组合体。

（3）阶梯式上升。PDCA 循环不是停留在一个水平上的循环，不断解决问题的过程就是水平逐步上升的过程。

（4）统计的工具。PDCA 循环应用了科学的统计观念和处理方法。

作为推动工作、发现问题和解决问题的有效工具，典型的模式被称为“四个阶段”、“八个步骤”和“七种工具”。四个阶段就是 P、D、C、A。八个步骤是：①分析现状，发现问题；②分析质量问题中各种影响因素；③分析影响质量问题的主要原因；④针对主要原因，采取解决的措施——为什么要制定这个措施，达到什么目标，在何处执行，由谁负责完成，什么时间完成，怎样执行；⑤执行，按措施计划的要求去做；⑥检查，把执行结果与要求达到的目标进行对比；⑦标准化，把成功的经验总结出来，制定相应的标准；⑧把没有解决或新出现的问题转入下一个 PDCA 循环中去解决。

通常，在质量管理中广泛应用的直方图、控制图、因果图、排列图、相关图、分层法和统计分析表等即所谓的“七种工具”。

戴明博士有一句颇富哲理的名言：“质量无须惊人之举。”他平实的见解和骄人的成就之所以受到企业界的重视和尊重，是因为任何一个组织如果能有系统地、持久地将这些观念付诸行动，几乎可以肯定这样的组织在全面质量管理方面就能够取得突破。

2.2 朱兰的质量管理真谛

小知识

朱兰博士是世界著名的质量管理专家，1904 年生于罗马尼亚布勒伊拉的一个贫苦家庭，他所倡导的质量管理理念和方法始终深刻影响着世界企业界以及世界质量管理的发展。他的“质量计划、质量控制和质量改进”被称为“朱兰三部曲”。他最早把帕累托原理引入质量管理。《管理突破》及《质量计划》二书是他的经典之作。由朱兰博士主编的《质量控制手册》被称为当今世界质量控制科学的名著。为奠定全面质量（TQM）的理论基础和基本方法作出了卓越的贡献。

自1924年以来，就一直在管理领域中从事各种不同的生涯，先后担任过工程师、总经理、政府官员、大学教授、社团董事和管理顾问。全世界30余个国家直接受教人员达2万之多。1982年，在国家经委的支持下，中国质协邀请朱兰博士来华讲学。他获得的荣誉包括12个国家的专业协会和名誉团体所授予的30余枚勋章、会员资格和名誉会员资格等。

1979年，朱兰建立了朱兰学院，更利于广泛传播他的观点，朱兰学院如今已成为世界上领先的质量管理咨询公司。

2008年2月，朱兰博士去世。

案例 **稳步发展的富士胶卷**

富士胶卷于1934年创立，其前身是大日本塑料的“胶卷试验所”。1919年开始研究制造胶卷的技术。1922年开始研究感光乳剂，1925年在积累照相工业的经营诀窍的同时，成立了“胶卷试验化所”，正式开始研究制造胶卷。以美国柯达公司为首，世界的照相业界都对技术实行保守主义。富士胶卷自创立以来，不得不自力更生开发技术，这种自主技术性质培养了今天的“技术”的富士胶卷。

富士胶卷的技术水平已有一部分超过了柯达公司。1976年9月，该公司发布了高感光度彩色胶卷F－Ⅱ400新产品，而柯达公司于1977年5月才发布同性能的产品，这比日本另一家小西六照相工业的产品还晚2个月。日本的照相工业，特别是富士胶卷的技术力量之强，很快闻名于全世界。该公司在生产技术方面，也超过了柯达公司，其质量高、信誉好，在照相业界受到高度评价。

2.2.1 朱兰的“突破历史”

朱兰博士所提出的“突破历史”，综合了他的基本学说。以下是此历程的七个环节。

（1）突破的取态。管理层必须证明突破的急切性，然后创造环境使这个突破能实现。要去证明此需要，必须搜集资料说明问题的严重性，而最具说服力的资料莫如质量成本。为了获得充足资源去推行改革，必须把预期的效果用货币形式表达出来，以投资回报率的方式来展示。

（2）突出关键的少数项目。在纷纭的问题中，找出关键性的少数。利用帕累特法分析，突出关键的少数，再集中力量优先处理。

（3）寻求知识上的突破。成立两个不同的组织去领导和推动变革———其一可称之为“策导委员会”，另一个可称为“诊断小组”。策导委员会由来自不同部门的高层人员组成，负责制定变革计划、指出问题原因所在、授权作试点改革、协助克服抗拒的阻力，及贯彻执行解决方法。诊断小组则由质量管理专业人士及部门经理组成，负责寻根问底、分析问题。

（4）进行分析。诊断小组研究问题的表征、提出假设，以及通过试验来找出真正原因。另一个重要任务是决定不良产品的出现是操作人员的责任或者是管理人员的责任。（若说是操作人员的责任，必须同时满足以下三项条件：操作人员清楚知道他们要做的是什么，有足够的资料数据明了他们所做的效果，以及有能力改变他们的工作表现。）

（5）决定如何克服变革的抗拒。变革中的关键人物必须明了变革对他们的重要性。单是靠逻辑性的论据是绝对不够的，必须让他们参与决策及制定变革的内容。

（6）进行变革。所有要变革的部门必须要通力合作，这是需要说服功夫的。每一个部门都要清楚知道问题的严重性、不同的解决方案、变革的成本、预期的效果，以及估计变革对员工的冲击及影响。必须给予足够时间去酝酿及反省，并提出适当的训练。

（7）建立监督系统。变革推行过程中，必须有适当的监督系统定期反映进度及有关的突发情况，正规地跟进工作异常重要，足以监督整个过程及突发问题。

2.2.2 朱兰的其他思想

（1）“质量螺旋”概念。朱兰还被公认为是第一个提出计算质量成本的质量管理专家。他解释了如果不良质量的成本可以降低的话，那么就有可能增加公司利润。朱兰博士还提出，为了获得产品的合用性，需要进行一系列的工作活动。也就是说，产品质量是在市场调查、开发、设计、计划、采购、生产、控制、检验、销售、服务、反馈等全过程中形成的，同时又在这个全过程的不断循环中螺旋式提高，所以也称为“质量螺旋”。

（2）“质量大堤”概念。朱兰博士提出了“质量大堤”概念，他认为，在现代社会，人们将其安全、健康甚至日常的幸福都置于质量“堤坝”之下，例如，药品、食品、飞机、汽车、电梯、隧道、桥梁等产品质量，以及电力、运输、通信、供水、垃圾清理等服务质量，直接关系到人们的日常安全和健康。“质量大堤”概念让我们进一步认识到，人们只有努力地确保了产品和服务质量，才能在

“质量大堤”下面享受质量。

（3）“质量职能”概念。朱兰博士在质量螺旋的基础上，提出了“质量职能”概念。他指出，质量职能是企业为使产品、服务满足顾客需要而进行的全部活动的总和。朱兰对于质量职能的解释让我们认识到，在各类组织中都应当存在质量职能，而这些分散在各部门中的质量职能是需要进行管理的，所以需要有质量职能的归口管理部门。

（4）“大质量”概念。朱兰指出，“大质量”概念的产生，是源于日益增长的质量危机，它使得质量“伞”显著地扩展，将质量由“小质量”变成了“大质量”。“大质量”概念已经为越来越多的人所接受，成为不可逆转的趋势。的确，当今人们对质量的认识已经从过去限于产品、服务的狭义质量（即“小质量”），扩展到包括产品、体系和过程的广义质量，进而到企业的经营质量、绩效质量。

（5）朱兰的生活质量观。朱兰博士还提出了生活质量观。他认为，现代科学技术、环境与质量密切相关。他说：“社会工业化引起了一系列环境的问题，影响着人们的生活质量。”随着全球社会经济和科学技术的高速发展，质量的概念必然拓展到全社会的各个领域，包括人们赖以生存的环境质量、卫生保健质量以及人们在社会生活中的精神需求和满意程度等。朱兰博士的生活质量观反映人类经济活动的共同需求：经济发展的最终目的是为了不断地满足人们日益增长的物质文化生活的需要。

2.3 克罗斯比的“十四点真言”

2.3.1 克罗斯比简介

> *小知识*
>
> 美国质量管理专家P. 克罗斯比1926年6月18日生于西弗吉尼亚的惠灵市，是世界著名的质量管理专家，他不仅有丰富的实践管理经验，而且还是质量管理概念和理论的最杰出的传播者。他的著作不但深入浅出，而且具有感染力和说服力。正因为如此，他所著的《质量免费》深入人心，在全世界广为流传，许多公司以此作为行动的指南。

克罗斯比提出4条质量管理定理，是他改进质量管理的4个基本概念，并旨在回答这样4个问题：什么是质量？需要什么样的系统才能产生高质量？应该运用什么样的执行标准？需要什么样的评估系统？20世纪60年代，克罗斯比任职马丁公司，他发展了零缺点概念，并相信任何程度的瑕疵率都太高，强调“第一次就要做好”，反对“一定会有某种程度瑕疵”的观念。1970年，他担任ITT公司的副总裁，当时美国国内的家电产品市场被高质量的进口日货打得阵脚大乱，一方面有提高质量的呼声，另一方面却又有“提高质量必将增加成本，而使竞争力更加脆弱”的顾虑。克罗斯比独排众议，针对这些顾虑提出“质量免费”的卓见。“质量免费”的观念指出，不良质量的成本远比传统所定义的还高得多，由于其成本相当高昂，故企业不应将质量努力视为成本，而应视为降低成本的方法，因为质量努力所产生的改进效益，大于所支付的成本。1979年起，随着《质量免费》这本书的发行及畅销，而加速了美国工业界对质量的觉醒与认同。1984年，他以另一本新书《不流泪的品管》，提出5个企业常见的质量问题（质量不一致、修补的坏习惯、容许错误存在、不知质量不合需求的代价、不肯正视问题的根源），说明如果在一开始就做好，企业将能避免许多日后的困扰并降低成本。

2.3.2 克罗斯比的产品质量衡量标准

克罗斯比认为质量应符合下列4大定理：质量就是合乎需求；质量是来自于预防，而不是检验；工作的唯一标准就是“零缺点”；应以“产品不符合标准的代价”衡量质量。

（1）“质量合乎标准”即“质量符合要求的标准”，这是克罗斯比对质量的界说。他认为，“符合要求的标准”在各个领域都有清楚明确的定义，不会被人所误解，“我们依据这个标准去评估表现，不符合就是没有质量，所以质量问题就是合不合标准的问题”。

（2）“以防患于未然为质量管理制度”，预防是质量管理最为需要的，而“所谓预防，是指事先了解行事程序而且知道如何去做”，它来自于对整个工作过程的深切了解，知道哪些是必须事先防范的，并应尽可能找出每个可能发生错误的机会。这一定理认为检查、分类、评估都只是事后弥补，因而“提升质量的良方是预防，而不是检验”。

（3）“工作标准必须是零缺点”，强调“第一次就把事做对”。克罗斯比是这样来理解“零缺点”观念的：人们从小接受的便是“人非圣贤，孰能无过？”的观念，当他们踏入企业工作时，这样的观念已经根深蒂固。简言之，人们有双重标准：在某些事情上，人们视缺陷为理所当然，而在另一些事情上，人们却要求绝对地完美无缺。克罗斯比进而认为："酿成错误的因素有两种——缺乏知识和漫不经心。知识是能估量的，也能经由经验和学习而充实改进；但是，漫不经心却是一个态度问题，唯有经由个人彻底地反省觉悟，才有可能改进。任何一个人只要决意小心谨慎、避免错误，便已向'零缺点'的目标迈进了一大步。"

（4）以"产品不合标准的代价"衡量质量，这里主要是认识到质量成本，尤其是"不合要求的花费成本"。所谓"不合要求的花费成本"是指所有做错事情的花费，这一花费累计起来是十分惊人的："在制造业公司约占总营业额的20%以上，而在服务业更高达35%"。而"符合要求的花费"，包括大部分专门性的质量管理、防范措施和质量管理教育等，即为了把事情做对而花费的成本。为了追求"零缺点"，改善与预防最为重要，而要建立这样的观念，应先了解提高预防成本是可以降低总质量成本的。克罗斯比将预防成本与鉴定成本合称为"符合成本"，而提高预防成本可以降低鉴定成本，故增加质量，并不一定会增加符合成本。

2.3.3 克罗斯比的"十四点真言"

克罗斯比提出了质量14项步骤，也称克罗斯比的"十四点真言"，作为组织推行"零缺点"运动的依据，详细内容如下。

（1）管理阶层的决心或者认知。最高管理层必须绝对相信质量改进是需要的，并将这种决心让公司内的每一个员工都知道。上述工作包括公布一份质量政策文件，其中一个重要的内容是：每一个员工都要不折不扣地根据质量要求来做事情，唯一的选择是向公司提出建议改变质量要求，因为改变质量要求可以更好地满足顾客的需求。

（2）运用团队行动，达成质量目标。必须有部门主管组成一个质量改进委员会，以便统筹考虑质量改变计划。质量改进委员会的使命是保证各有关部门及公司整体质量改进计划的实施。

（3）设定清晰明确的质量度量标准。各个职能部门的所有功能都需要建立合适的质量度量标准，以确定哪些地方需要改进。例如，会计部门的标准可能是延误报告的百分比；采购部门可能是因不完整的资料而导致的退货；机械设备部门可能因故障而导致时间损失；工程部门可能是图纸的准确性。

（4）审慎而客观地掌握质量成本。财务部作出估计，整个公司的质量成本是多少，加以分析，找出在哪些方面可以作出质量改进，从而增加利润。

（5）灌输员工对质量的警觉心，使之成为企业文化的一部分。必须大大提高所有员工的质量意识，他们必须清楚了解产品或服务符合规定需要的重要性以及不符合规定需要所造成的成本损失。在员工受到培训之后，这些信息必须有管理人员传达下去，再通过其他途径，如录像带、小册子、海报等来加以强化。

（6）补救行动。在上述第（3）项和第（4）项行动进行之后，通常会发现很多改进机会。我们鼓励所发现的问题由基层管理人员负责解决，如有需要才提交更高层管理者去采取行动。

（7）以审慎的态度来设计“零缺点”活动。成立一个“零缺点”计划委员会，部分成员可以是质量改进委员会的成员，着手策划下一个符合公司战略目标和公司文化的“零缺点”行动方案。

（8）主管培训。在推行任何质量改进计划的早期，各级管理人员必须通过适当的训练，让他们知道自己的角色和任务。

（9）庄重地举行“零缺点日”，让主管与员工在这一天分享彼此的承诺与决心。

（10）经由团队讨论，设定一个短期又不琐碎的目标，逐步达成最后的总目标——零缺点。为了使承诺变成行动，每一个员工都要为自己和所属的部门制定改进目的。管理人员要与下属讨论有关目标。在可能的范围内，将有关的目标在显眼的地方粘贴，并在定期会议上检讨进展情况。

（11）消除造成错误的原因，要求每个员工说出自己在工作上遭遇的问题，并加以解决。应该鼓励所有员工，一旦发现任何导致错误的成因，立即向管理层报告。他们不一定需要直接采取行动，只是报告就可以了。管理层应该在接到报告后 24 小时内做出反应。

（12）选出质量改善标杆，给予具象征性意义的奖励。对员工所作出的质量改进方面的杰出贡献，公司必须采取公开的，非金钱的认可及表扬。

（13）设立质量委员会，结合各品管专家于一堂，互相切磋改善质量。组织一个有广泛代表性的质量委员会，其成员包括质量专业人员和质量改进小组组长，以定期的方式分享经验，讨论问题和意见。

（14）重复以上 13 点。为了强调改进质量是一个持续不断的过程，以上 13 点必须重复进行。从头再做时可以让新的、更多的同事参与进来，也可以重新肯定现有同事的承诺。

2.4 鲍德里奇国家优质奖

案例　　海尔的质量故事

1985年，张瑞敏刚到海尔（时称青岛电冰箱总厂）。一天，一位朋友要买一台冰箱，结果挑了很多台都有毛病，最后勉强拉走一台。朋友走后，张瑞敏派人把库房里的400多台冰箱全部检查了一遍，发现共有76台存在各种各样的缺陷。张瑞敏把职工们叫到车间，问大家怎么办？多数人提出，也不影响使用，便宜点儿处理给职工算了。当时一台冰箱的价格800多元，相当于一名职工两年的收入。张瑞敏说："我要是允许把这76台冰箱卖了，就等于允许你们明天再生产760台这样的冰箱。"他宣布，这些冰箱要全部砸掉，谁干的谁来砸，并抡起大锤亲手砸了第一锤！很多职工砸冰箱时流下了眼泪。然后，张瑞敏告诉大家：有缺陷的产品就是废品。三年以后，海尔人捧回了我国冰箱行业的第一块国家质量金奖。质量是企业的灵魂和生存资本，海尔的成功告诉我们，任何企业都必须把质量放在重中之重，才能成为一个成功的企业。

作为一个企业要在质量上获得突破，关键是要向标杆企业学习。而鲍德里奇国家优质奖为企业开展质量活动，提供了很好的努力方向。

2.4.1 鲍德里奇国家优质奖

小知识

鲍德里奇是美国前商业部长，推动质量管理不遗余力，后来在一次意外中丧生，为纪念他的贡献，这个奖项遂以他的名字命名。在短短的几年间，鲍德里奇国家优质奖已成为全美国颁发给企业的最高荣誉奖项。

戴明、朱兰、克罗斯比都是全面优质管理的先驱者，他们的学说简洁易懂，一针见血。然而，他们的分析及建议稍欠系统性，企业若没有适当的协助，不易运用自如。20世纪80年代初期，由于与日本企业的竞争进入白热化阶段，不少美国企业招架乏力，激发了美国企业界与政府当局携手合作，希望发展一套容易掌握而行之有效的全面优质管理要领。其中一个计划，便是设计一个全面性奖项，用来推动及表扬在全面优质管理有杰出成就的企业。这个奖项便是在 1987 年由美国国会创立的“鲍德里奇国家优质奖”。由于这个奖项的目的并不只是表扬杰出成就的企业，其设计亦与一般奖项不同。

虽然世界各国有多个质量管理奖项，但美国的鲍德里奇国家优质奖可以说是品质管理奖项之奥斯卡，是众多品质管理奖中最为人熟悉的。自 1987 年成立及 1988 年首度颁奖以来，曾获奖的公司包括摩托罗拉、万国商业机器及联邦快递等共 37 家公司。而 1999 年度获奖的则有 STMicroelectronics，Inc.，BI，Sunny Fresh Foods，及第二次获奖的丽斯酒店共 4 家公司。鲍德里奇奖由美国商务部及国家标准及科技中心（National Institute of Standards and Technology）管理、推动及发展，由美国品质学会（American Society for Quality）举办。

鲍德里奇奖的主办机构，在过往每年均就三个竞逐组别——制造业、服务业及小型企业，评核参奖公司之品质管理系统，视乎每年参奖公司的水准，每个组别颁发不超过三个奖项（在 1998 年及以前，每个组别每年颁发不超过两个奖项）。在颁奖礼上，获奖机构会公开分享其成功之道，并由在任美国总统亲自颁发奖项。为了将品质管理概念进一步推广，鲍德里奇奖更由 1999 年开始，加入教育界与医疗及护理界两个竞逐组别。

鲍德里奇奖的设立，除了表扬在品管上达到世界殿堂级水平的美国企业外，更重要的使命，则为提升美国企业对品质管理的认知，及增强美国企业长远的生产力与竞争力。世界多个国家及城市，均效法美国设立类似的品管奖项，背后皆以增强国家或城市竞争力为目的。欧洲品质奖就是以美国的鲍德里奇奖，以及日本的戴明奖作为蓝本；至于香港管理专业协会所举办的优质管理奖、新加坡及澳大利亚等地的品质奖，设计上亦以美国鲍德里奇为依归。

2.4.2 鲍德里奇国家优质奖的目的

（1）鼓励美国企业提高质量水准及生产力，以增加竞争能力及盈利。

（2）奖励及表扬在全面优质管理有杰出成就的企业。

（3）建立一套标准及原则，以方便企业、非营利机构、政府部门等组织用来评核质量，加以改进的活动。

（4）通过介绍得奖者的经验，让其他机构得以参考杰出企业推行全面质量管理的策略及方法。

2.4.3 鲍德里奇国家优质奖的特征

（1）主办方聘请一班质量专家，用了相当长的时间提出了一套全面优质管理的架构，并制定了一些相当具体而细致的准则，以作为评估的标准。

（2）有关整个架构的资料及评估的标准，在企业界中广泛推广及流传，以教育并方便各类不同行业不同规模的企业，运用这些数据来做自我评估，从而找出需要改进的地方。

（3）通过这个奖项大大普及了一个非常有系统性的全面优质管理方案，任何企业及组织皆可以用它作为行动的指南。

2.4.4 鲍德里奇国家优质奖的基本观点

（1）品质是由顾客界定的。

（2）高层管理需要创造一套清晰的品质价值观，并将之融化在公司的日常操作上。

（3）卓越的品质要通过设计及执行俱佳的制度和过程来达到。

（4）不断改进必须成为所有制度及过程的管理内容。

（5）缩短所有操作及程序所需的时间，是品质改进的一个重要构成部分。

（6）操作及决策必须以事实及数据为根据。

（7）所有员工都要接受适当的训练及全面参与品质有关活动。

（8）提高设计的品质及加强次废品的预防是品质系统的重要部分。

（9）公司必须对供应商清楚说明品质的要求，并与供应商携手合作去改善品质。

2.4.5 鲍德里奇国家优质奖的七大要素

（1）高层领导。

（2）资讯及分析。

（3）品质策略的策划。

（4）人力资源发展及管理。

（5）流程品质管理。

（6）品质及运作上的成果。

（7）顾客导向及满意程度。

第 3 章

制定质量战略很关键

必须采用正确的行动，以确保整个管理组织具备正确的精神。

——管理学家　彼德·费迪南德·杜拉克

能力提示

- 能够严格按照质量战略的管理过程进行有效的管理
- 能够把质量战略与经营战略融合到企业实施名牌战略的策略中
- 掌握质量文化的建设的过程、方法及在组织中让其发挥威力
- 能营造良好的质量文化氛围
- 能够制定公司的质量方针和质量目标

导读　本田公司凭质量打入美国市场

美国一向有“装在轮子上的国家”之称，汽车制造业十分发达，底特律市以汽车城著称于世。但是，日本的本田公司不仅将自己的产品打进了美国的汽车市场，而且在美国的俄亥俄州建立了一家汽车装配厂——简称 HAM，成为第一家在美国制造日本小汽车的日本汽车制造商。

日、美两国的文化背景很不相同，本田公司怎么能在美国市场上取得如此巨大

成功呢？这应该归功于它的质量战略。

本田公司在打进美国市场之前，曾细致地研究过德国大众汽车公司在美国失败的原因。德国大众汽车公司在20世纪50年代和60年代，曾是最大的小轿车出口商和第一个在美国制造外国小轿车的德国汽车制造商。但由于它对质量不够重视，在引擎还没有消灭瑕疵时便迫不及待地推出“野兔”牌小汽车，因潜伏着大量事故隐患，致使美国的汽车代销商拒绝进货。后来，它虽然在设计和工艺上作了改进后推出了改良的“野兔”车，但美国人已经形成了大众汽车质量低劣的印象，败局无法挽回。1987年大众汽车公司只好关闭其在宾夕法尼亚的汽车制造厂，灰溜溜地撤离了美国。

20世纪70年代中晚期，本田接受大众汽车公司的教训，为在美国推出本田公司第一辆阿考特牌轿车做准备，首先派遣一批工程师到洛杉矶地区研究美国的高速公路，逐段测量路面的宽度和各岔路口的进出坡道。然后回日本模拟铺设几英里的高速公路，连各处接缝等细节都模拟得惟妙惟肖。这就使得阿考特轿车能完全适应美国的道路状况，美国买主驾驶起来感到得心应手。

1985年9月，本田公司开设在俄亥俄州的HAM公司开始在美国本土制造日本汽车的历史，并且源源不断地推出新型号轿车。总裁本田宗一郎始终把保证质量和尽量满足顾客需要放在第一位。他强调：“当我们开始在美国制造小汽车时，所做的第一件事就是在生产流水线试运行时，严格检查，一旦HAM生产出的小汽车质量比不上在日本制造的，那我们良好的质量声誉就全毁了。”因此HAM生产汽车从一开始就把重点放在工艺质量上而不是产量上。每辆新车在出厂前都经过严格测试，包括两英里的实际行驶里程试验。而大多数汽车制造厂只采用抽样行驶试验。本田公司采取这种做法，曾蒙受了一些损失。但是，由于质量过硬，赢得了消费者的信赖，本田公司最终大获其利。

要保证汽车的质量，必须领先于技术新潮流。本田公司拨出年收入的5%用于研究和开发，而一般汽车制造厂家平均只拨出年收入的3.5%。本田公司还十分注意信息反馈。当他们了解到妇女们驾驶汽车抱怨方向盘太重时，就在6个月内将推出的第二代“序幕”车装上了电动方向盘。1985年1月，美国的《轿车和驾驶员》杂志将本田公司的阿考特轿车列入十大排行榜，并称赞道：“阿考特车是世界汽车工业有史以来最接近于全世界通用的小轿车。”

资料来源：佚名：《质量战略》，载于中国食品商务网，2005年12月2日。

从以上案例可以看出，质量战略是决定企业成败的重要因素，那么，对于企业来说，如何制定质量战略呢？本田公司的做法很值得我们学习和借鉴。

3.1 质量战略的管理过程

> **小知识**
>
> 企业战略是企业为谋求生存和发展而做出的长远性、全局性、关键性的构想或方案。
>
> 企业战略一般分三个层次：事业战略，就是究竟选择什么作为公司的主业，这是企业首要的、第一层次的战略；竞争战略，是用什么样的竞争手段来和竞争对手竞争；功能战略，为实现公司目标，公司的财务、人力资源、产品开发与生产、质量、营销等应该怎么管。
>
> 质量战略是基于企业及社会整体利益，从战略高度对企业质量方针、质量目标、质量策划、质量保证、质量改进、质量制度、资源配置等进行全局性、纲领性、长远性的谋划，以整体性、动态权变性的做法来提升质量。

质量战略是企业质量经营、质量策划的主攻方向，是企业的灵魂；没有质量战略，企业必定会在市场上举步维艰。我国是一个人均资源并不丰富的国家，要让有限的资源发挥更大的作用，关键是各个企业要不断提高质量，提高产品附加值，坚持“质量兴企”的指导思想，树立质量在企业发展的战略地位，真正唤起企业的质量意识和社会责任，制订适合企业自身实际的质量战略。

质量战略管理过程是由质量战略思维、质量战略决策、质量方针、质量战略规划与长短期目标、质量战略措施、质量战略执行和质量战略评价七个步骤组成。

3.1.1 质量战略思维

质量战略思维是关于企业质量实践活动的全局性思维，是系统地、创造性地思考、规划全局性问题时的思维活动过程，是质量总监及企业高层制定质量战略的前期思考过程。思考的问题可以简单地概括为：我们为什么要实施质量战略？我们如何进行质量竞争？我们要把质量竞争到一个什么程度？如何处理好质量与成本管理的关系？本企业的产品或服务质量水平如何提升？提升到什么水平？质量总监必须做出战略性的长远考虑。

为了把握全局，驾驭全局，追求全局的整体利益，质量总监应采用系统思维的方法来思考质量问题，要树立动态思维、超前思维、创新思维，以新的思维视角，重视企业产品或服务质量的产生和形成过程，把握住质量变化的基本规律，对企业质量系统进行有效的控制，处理好全局与局部的关系、重点与一般的关系、当前与长远的关系，抓住企业发展中的重点质量问题，减少错误，对产品或服务进行根本性变革，不断进行质量创新，把有限的资源分配投入到解决重大质量问题上，推动企业质量的全面提升。

质量战略思维能力的强弱，取决于思维主体站的高度、研究的深度、观察的广度和预见的时间跨度。质量总监要理解和把握战略思维的“四度”要素，树立战略的时空观，不断提高质量战略思维能力，使思维的结果能够符合质量战略发展目的、符合客观发展规律、符合实际。

3.1.2 质量战略决策

质量战略决策是质量战略思维的输出结果，是依据外部情况、内部情况分析的结果做出的。外部情况分析，主要是同行业的质量水平状况调查分析。内部情况分析即分析本企业的质量现状。质量总监在对内外情况做出认真的调查分析后，写出综合报告，运用战略思维考虑内容，再写出在本企业实施质量战略的陈述意见，提到最高管理层会议上，通过讨论，做出实施质量战略的决策。

质量战略决策应考虑的主要因素有：国内外市场近期和远期需求变化趋势；企业总体战略目标的要求；企业的开发能力和生产条件；国内外产品质量提高的动向；国家在一定时期对产品质量目标的要求和产品质量监督政策等。

3.1.3 质量方针

小知识

“方针”是一种采取管理行动的指南。

在ISO 9000：2008 标准中对质量方针术语的定义是：由组织的最高管理者正式提出的该组织总的质量宗旨和方向。〔注 1：通常质量方针与组织的总方针相一致，并为制定质量目标提供框架。注 2：本标准中提出的质量管理原则可以为制定质量方针的基础。〕

最高管理者是指组织的最高领导层中具有指挥和控制组织的权限的一个人或一组人。正式发布的质量方针是本组织全体成员开展各项质量活动的准则。

质量方针是组织的总方针的一个重要组成部分，是质量战略实施整个过程的工作指导方针、指导原则。一个企业应制定出比较明确的质量方针，以此指引质量战略朝着正确方向运作，更好地实现质量战略目标。组织发布的质量方针是管理层深思熟虑的结果，并得到了企业最高层的批准。质量方针应为制订质量目标提供框架，以确保围绕质量方针提出的要求确定组织的质量目标，通过全体成员努力实施质量目标，才能保证质量方针的实现。质量方针是组织在规定的时间内制定的质量方面的大政方针，应保持其内容的相对稳定性，但必须注意随着产品结构、市场环境和组织结构的变化，进行不定期的调整和修订。质量方针是组织活动的纲领，经最高管理者批准签署并正式发布后应公开告示全体成员、顾客和其他相关方，以便取得各个方面对质量方针的理解和信任。质量方针应形成文件，并按规定要求对质量方针实施有效控制。

随着 ISO 9000 族标准的推广和普及，一般企业都制订和发布了质量方针，尽管细节各异，但各企业发布的质量方针都有一些共性。例如，大多数组织的质量方针都与组织经营方针相适应、协调，都会表达关于满足顾客需要、应对质量竞争和持续改进的意愿；有些企业的质量方针可能还会包括对内部顾客的考虑。

将组织的愿景、使命、价值观和质量方针在整个组织中进行有效沟通，是组织健康发展的关键。

质量方针一般由质量总监以及企业高层制订。制订时，应结合企业的特点、与企业其他方针相协调，同时，还要便于全体职工掌握、执行。因此，制订企业的质量方针应符合以下要求。

（1）明确有力。质量方针是企业的“质量宣言”，应体现企业总体目标、顾客的期望与要求，要表明企业对待质量的态度和决心，并应用强有力的政策和措施保证质量方针的实现。

（2）程序规范。质量方针必须由最高管理者颁发，具有较高的权威性和严肃性，并随着环境的变化，有权按照规定程序进行修改。最高管理者应以身作则地带领全体职工严格且自觉地执行质量方针。

（3）科学可行。质量方针应具有一定的超前性，同时，要适应企业实际情况，能通过全体职工的努力，实现质量方针。

（4）通俗易懂。质量方针要在企业内外进行传播，因此，为便于落实，提高企业形象，质量方针的表述要通俗易懂，言简意赅，用简洁明了的文字把质量宗旨、方向、重大政策阐述清楚。

3.1.4 质量战略规划

质量战略规划的制定是实施质量战略极其重要的一环。

1. 质量战略规划的重要作用

质量战略规划对建立高效、灵活的质量战略计划，将组织资源集中在能够真正提高顾客满意、降低成本的活动上，促进合作，激发职工首创精神等，都具有重大的现实意义。质量战略规划制定的好坏，关系到质量战略是否真正起作用。实施质量战略不是一个短期行为，在一个战略期内，在质量方面要去做哪些重要的事情，都要纳入规划，并确定出长远目标和年度目标。

2. 质量战略期的确定

一般情况下，一个质量战略期以 5 年的时间为宜。根据企业的实际情况可再作调整。短可为 3 年，长可为 7 年。质量战略期限定得太长，质量目标不容易定准；太短，质量目标就太容易实现。

3. 质量战略规划的内容

质量战略规划是基于企业的质量战略定位、质量发展战略、质量竞争战略三个方面的内容进行的，以明确企业质量发展的方向、质量管理的思路、质量创新的思路，以及以质量为核心的企业品牌建设思路。

4. 质量战略规划的阶段

质量战略规划是将各种质量管理、市场营销、企业管理理论与本企业实际情况相结合，对本企业所处的外部环境作出正确判断、明确企业质量发展方向的过程。如果一个企业能制订科学合理的质量战略规划，就能不断地完善和提高产品或服务质量，使企业质量管理进入良性循环。那么质量战略规划从哪里入手呢？

（1）市场与顾客分析。一个企业如果不了解其市场和顾客的质量需求，是很难生存下去的。所以，质量战略规划的第一步就是深入细致地进行市场和顾客的质量需求分析，完成市场调研质量职能。这是整个质量战略规划的基础。通过对目标市场和顾客进行分析和调查，了解市场和用户需要什么质量特性的商品，了解消费者的消费动机和动力，分析 5 种不同的顾客需要，即表示出来的需要、真正的需要、未表示出来的需要、感觉好的需要、不愿说出来的需要。

（2）竞争对手质量状况分析。目的是了解在本企业参与的目标市场上谁是现有的直接的竞争对手，谁是将来有可能加入的潜在的竞争对手，对本企业产品或服务可能构成威胁的替代品是什么等。了解竞争对手质量状况，为本企业制订质量战略提供依据。

（3）产品或服务质量特性描述。探讨目标顾客最希望的产品和服务质量是什么样的，为今后做具体的产品定义时，指明大方向。

（4）企业的质量目标与发展方向确定。一旦企业明确了市场和用户需求，同时也了解了竞争状况，就很容易明确本企业的质量战略定位，也就是说，企业的质量目标和发展方向是什么。

（5）潜在问题与风险分析。在制订企业质量战略的过程中，一旦质量战略明确下来，就要分析可能的风险和潜在的问题，如果发生的话，每个意外的影响有多大，应变措施分别是什么。特别是食品等卫生安全要求高的产品，必须认真分析可能的风险，并明确应急预案。

（6）质量战略落实。有了质量战略，还必须落实到行动上，即下一年集中精力做什么，哪些方面即重要又紧急，哪些方面重要而不紧急，哪些方面紧急而不重要。第一年所做的一切，必须与企业的质量战略目标以及企业发展战略一致。

总之，质量战略规划是企业可持续发展的关键，是企业总监以及高层领导和质量管理部门的质量职责之一。

3.1.5 质量战略措施

> **小知识**
>
> 质量战略大致划分为三种类型：一是进攻型质量战略，即根据主要竞争对手的产品或服务质量状况，找出本企业同类产品的质量差距，制订战略措施，迎头赶上并力争超过，以期扩大市场占有率的战略；二是防御型质量战略，即在企业大体保持原有产品或服务质量水平和风格的前提下，保证产品或服务质量稳定，并采取行动竞争者的战略；三是领先型质量战略，即技术力量雄厚、开发能力强、产品或服务质量上乘的企业，为保持其领先地位，不断地提升产品或服务质量特性的战略。

实施质量战略，完成一个战略系统工程，实现预定的质量目标，必须采用有效的质量战略措施。

1. 制订科学合理的质量目标

企业为了获得竞争优势，必须制订与企业发展战略相应的质量目标，并规划和安排具体的实施方法与步骤。质量目标一旦确定之后，应在质量方针的指导下，通过合理的质量计划，严格遵照质量计划控制各项质量活动，只有这样，才能保证质量目标的顺利实现。

2. 培育和发展以质量为核心的企业文化

我国企业参与全球化竞争，迫切高度重视和精心培育优秀的、有个性的企业文化。这种企业文化把企业特定经营环境中形成的竞争优势、运行机制、创新技能等有机融合为一种核心能力，并使这种核心能力与众不同和难以模仿，成为企业持续发展的动力之源。因此，企业应努力培育和建立以质量、竞争、诚信为核心的企业文化，引导、激励和鞭策企业全体员工将质量视为企业的生命，人人为保证和改进质量而努力工作。

3. 以顾客为中心建立前向一体化管理

随着市场经济的发展，顾客要求和期望越来越高，只从理念上把顾客当成上帝是不够的，而应该同顾客建立确实可行的有效信息沟通方式。具体来说有以下几种方式。

（1）设立同顾客保持联系的热线，设立专门负责接待回答，记录顾客要求，反馈顾客意见，解决顾客投诉问题等事宜的岗位。

（2）提出的要求和投诉问题的处理。

（3）必要时派员工到顾客现场服务。

（4）定期进行顾客访问和顾客满意情况的问卷调查。

（5）建立良好的信息沟通渠道。

前向一体化管理使从顾客那里吸取反馈信息得以顺利实施；使质量战略实施过程始终关注顾客，听取顾客的声音，并且以顾客当前的需求和期望为导向，是能使质量战略有效实施的重要举措。

以顾客为中心是全面质量管理最基本的概念。这一概念居于 ISO 9000 族国际标准所提炼的八大质量管理原则之首，也在卓越绩效模式的诸多价值观中排行第二。顾客已经成为企业行动的指挥棒，也是企业成败的最终决定者。在当今的交易中，王牌捏在顾客的手中，由顾客来决定企业的生死存亡，企业不理解或认识不到这种对比关系的转变，不能从顾客的角度出发和考虑问题，不能使顾客满意，注定会在激烈的市场竞争中被淘汰出去。因此，顾客成为企业关注的焦点，能否满足顾客的需要，成为企业生存与发展的关键。以顾客为中心已不再是口号，而是一个关系到组织生死存亡的立场问题。这一立场体现在企业经营管理的以下方面：清楚地了解顾客的期望和要求；必须清楚地知道谁是自己的顾客；理解顾客的需求与产品和服务的设计、生产和提供过程之间的联系；建立有效的投诉管理网络；建立在彼此互相信任的基础上的稳定的顾客关系；及时了解顾客的满意程度。

以顾客为中心对企业而言不只是观念上的改变，还意味着企业运行模式的根本变化。企业必须从根本上重新思考顾客的意义，必须有效地管理和运用顾客的相关信息。想顾客之所想，急顾客之所急，充分地理解顾客需求的变化，企业应该做到比顾客更了解顾客。

4. 建立起与供方互利的关系，实施后向一体化管理

世界著名的跨国公司在实行质量战略时，都与供应商建立了长期战略伙伴关系。例如，实施 6σ 管理战略，大都把提供原材料、元器件的供应商考虑进去，让供应商与他们同步行动，并对供应商提供培训和技术支持。

5. 运用平衡计分卡

运用平衡计分卡模式，作为实施质量战略的激励措施是非常有效的。

（1）把年度目标细分在每个员工的个人目标上。

（2）每一位员工为达到目标，每季或每月都要制订详细的行动计划。

（3）为行动计划的每一项内容设定分数值。

（4）每季或每月对实现任务目标首先进行自我评分，然后给上司评价打分。对每一项完成好的加分，对完成不好的扣分。

（5）季度或月度奖励和绩效挂钩。

6. 制订人力资源规划，加强员工培训

人的因素是生产过程中的众多因素中的最具有能动性和最为关键的因素，所有其他因素都要通过人的因素发挥作用。为此，应围绕着产品质量形成和质量提升，质量管理体系的建立和质量管理水平的升级，减少劣质品损失，新产品设计开发，技术改进和创新，制订人力资源配置规划。同时，应加强员工培训，教育员工树立良好职业道德，让企业全体员工理解以质量为核心的质量管理方法和市场竞争优势，不断提高技术水平或技能。

7. 苦练内功，开掘企业质量管理内部动力

在某企业总监办公会上，总经理、财务部门、市场部门、生产部门、人事部门等重要部门的总监们滔滔不绝了 3 个小时之后，总经理看了看表对负责质量的总监说："你能把时间控制在 5 分钟左右吗？" 产品或服务质量的好坏，80% 要由领导负责，而其他 20% 才是员工的责任。可见，各级领导对质量的重视是提高质量的关键。为此，应解决好最高领导层的质量观念，不断优化管理模式，采用先进的设备和工具，深入挖掘并提高产品或服务质量，同时，要充分调动企业全体人员的积极性，鼓励员工开展多种多样的技术和管理创新活动，最大限度地发挥企业的能力。

3.1.6 质量战略执行

> *小知识*
>
> 质量战略执行，是指在企业最高管理的领导与支持下，质量总监负责将质量战略执行下去，并加以推动。

（1）推动资源配置的落实，特别是人力资源配置的及早到位。

（2）在执行过程中排除各种阻力，调动起积极因素，克服消极因素。

（3）协调好各个相关部门之间的关系，处理好各种关系。

（4）作好阶段性的回顾总结，向最高管理层汇报，取得最高管理层的支持。

3.1.7 战略评价

战略评价是对质量战略实施结果的总的评估，它是实施质量战略的最后一个环节。

1. 评价的具体内容

主要包括：评价各项战略目标是否都实现了；评估各项战略目标的实现给财务带来的回报如何；质量战略实施总的业绩、追求管理卓越的成效，创造市场竞争优势进行评估；通过了一个质量战略期，对本企业锻炼培养人才，提高员工素质的评价；在一个质量战略期后，对本企业营造质量文化的评价。

战略评价是一项复杂而又敏感的工作。过于强调战略评价可能会导致高额开支和不利的影响，没有人愿意被过于严厉地评价，管理者频繁评价他人的行为，会使控制力变小。然而，过少的评价和没有评价会导致更糟糕的后果。战略评价是保证实现既定目标的必要条件。

在很多企业中，经营战略评价仅仅是对企业绩效的评价。企业资产是否有所增加？企业盈利是否有所增长？销售额是否有所提高？生产效率是否有所提高？利润率、投资收益及每股收益率又是否均有所提高？一些企业的想法是，如果对上述问题的回答是肯定的话，那他们的战略一定是正确的。他们的战略可能是正确的，但这种推理方式会产生误导，因为对战略的评价必须从短期和长期两方面来进行。经营战略往往不会影响企业的短期经营效果，但到发现战略失误时往往为时已晚。

战略评价之所以重要，是由于企业所面临的外部及内部因素往往发生快速而激烈的变化。今日的成功不能保证明天的成功。企业绝不为目前的成功所陶醉。

2. 质量战略评价的标准

质量战略评价的四条标准是：一致、协调、可行和优越。

（1）一致。质量战略方案中不应出现不一致的目标和政策。组织内部的冲突和部门间的争执往往是管理失序的表现，但也可能是各战略不一致的征兆。一般情况下，帮助确定组织内问题是否由战略的不一致所引起的三条准则是：如果一个组织部门的成功意味着另一个组织部门的失败，那么战略间可能存在不一致；如果政策问题不断地被上交到最高管理层来解决，那么便可能存在战略上的不一致；如果一个问题像是因事发生而不是因人发生的，那么可能存在战略上的不一致。

（2）协调。协调指评价战略是既要考察单个趋势，又要考虑组合趋势。质量战略必须对企业外部环境和内部环境发生的关键变化作出适应性反应。在质量战略制订中将企业内外因素相匹配的困难之一在于绝大多数变化趋势都是与其他多种趋势相互作用的结果。

（3）可行。一个好的质量战略必须做到既不过度耗费可利用的资源，也不造成过多无法解决的派生问题。对战略最终和主要的检验标准是其可行性，即依靠企业自身的物力、人力和财力资源能否实施这一战略，企业的财力资源是容易定量考察的，通常也是确定采取何种战略的第一制约因素。在评价战略时，很重要的一点，是要考察企业在以往是否已经展现了实行既定战略所需要的能力、技术及人才。

（4）优越。质量必须能够在业务领域使企业创造和保持竞争优势。竞争优势通常来自以下三方面的优越性：资源、技能、位置。对资源的合理配置可以提高整体效能。位置也可以在企业战略中发挥重要作用。好的位置是可防御的，即攻击这一位置需要付出巨大的代价，这会阻止竞争者向本企业发动全面进攻。只要基础性的关键内外部因素保持不变，优势位置便趋于自我延续。因此，地位牢固的公司很难被搞垮，尽管他们的技能可能只是平平。虽然不是所有的位置优势都与企业规模相关，但大企业的确可以将其规模转化为竞争优势，而小企业不得不寻求能够带来其他方面优势的产品和市场位置。良好位置的主要特征是，它使企业从某种经营策略中获得优势，而不处于该位置的企业则不能类似地受益于同样的策略，因此，在评价某种战略时，企业应当考察与此相联系的位置优势特性。

随着时间的推移，质量战略评价正变得愈加困难，其原因是多方面的。过去，国内经济与世界经济比现在稳定，产品生命周期与开发周期比现在长，技术进步更慢，变化发生更少，国外竞争更弱。质量战略评价更为困难的其他原因来自以下发展趋势：①环境的复杂性在不断提高；②变量越来越多；③影响企业经营的国内外因素增加；④计划所能覆盖的时期更短；⑤要想准确预测未来困难加大；⑥计划很难赶上变化。

当今管理者所面对的一个基本问题是，如何更有效的管理员工，使其具有现代企业所需要的更大的灵活性，创新性和主动性。

3.2 质量战略与经营战略的融合

案例　　丰田汽车公司的质量营销战略

1957年，日本丰田汽车公司曾经推出“光环”牌小汽车，但由于质量不过关，在公众中造成了“脆弱”、“不耐用”的印象，使该公司轿车在与美国轿车竞争中一败涂地，甚至连日本国内头号轿车大王的宝座也被日产公司夺去。1961年，丰田公司立志要夺回汽车霸主的地位，精心研制出质量优良的新型光环牌高级轿车，投入市场，然而由于固有的印象，公众对此普遍缺乏信任，因此销路不佳，远不如日产公司的“青鸟”汽车。这一回，由于丰田公司对自己的新产品的质量信心十足，为了消除公众的固有印象，丰田公司不怕耗资上千万日元，在日本甚至全球掀起一场攻势凌厉的广告宣传战。丰田公司制作了一套名为“考验”的专题节目，为其产品在世界各地的电视屏幕上连续播放。在这个专题节目中，丰田公司向公众展现了光环小轿车的破坏试验的一系列过程，以广告片“海滨之虎——光环”为首，陆续推出“空中飞车——光环”、“猛撞油桶——光环”、“悬崖滚车——光环”等系列广告，其画面惊心动魄，扣人心弦。

丰田汽车的成功告诉我们，质量战略是企业经营战略的重要组成部分，它必须同经营战略中的营销战略协调配合，才能够取得好的发展。

3.2.1 质量经营概念的提出

> *小知识*
>
> 美国著名质量大师菲根鲍姆曾说："强有力的质量经营能力是当代公司的主要管理实力和工程实力之一，也是增强企业活动的中心环节。"
>
> 现代企业质量经营理念主要有：
>
> - 从仅追求小质量到追求大质量；
> - 从追求高技术指标到追求适用质量、高使用价值；
> - 从追求产品质量到强调质量保证能力；
> - 从顾客承担损失到企业承担损失；
> - 从对顾客负责到对全社会负责，从追求操作者的责任到追究经营者的责任；
> - 从事后检验到事前预防，第一次就把事情做好；
> - 从部门到全企业、全员、全过程；
> - 从静态质量到动态质量；
> - 从企业到全社会的质量控制。

质量经营概念发源于日本，是日本著名的质量管理专家久米均先生提出来的。久米均是质量管理大师石川馨的第一个博士。质量经营是在全面质量管理的基础上发展起来的一种现代经营理念和管理战略，但又不是延伸原有全面质量管理的技术和方法。而是以质量文化为主导，以行为科学为基础，以无缺陷管理为出发点，以优化质量、功能、成本结构、提高质量效益为前提，以顾客满意为目标，以质量体系为保证的经营方式和经营战略。它是对全面质量管理理论与实践的拓展，是质量效益型的企业管理，是企业经营管理思想的一场革命。这种经营管理思想革命是企业质量管理思想和实务的核心和精神支柱。它的形成、建立和发展有一定的理论基础。

(1) 复杂的多目标系统。既要致力于提高产品和质量服务，又要致力于提高资本运营质量，降低质量成本，提高质量效益，提高资本增值盈利能力等多重目标。正是由于企业目标的多元性及其核心问题是质量问题，所以企业的经营和资本运营活动从本质上看就是质量效益的经营活动。

(2) 产品和服务质量是企业整个经营活动的体现。产品、服务质量和资本运营质量，都取决于企业生产经营和资本运营过程中的工作质量，而工作质量取决于企业整体经营管理系统的整体质量水平，包括管理质量水平和决策质量水平。这说明，产品和服务质量是企业整个经营活动的体现，只有认真抓好企业的各个生产经营环节，才能提高产品质量和服务质量。

（3）以广义的质量为目标。因为消费者需要的商品，不只是追求产品的质量高，而且还希望产品的造型美、包装美、色彩美、价格可以接受，同时也要求产品安全、可靠、售后服务好。这样才能使顾客满意，企业才能赢得消费者的信任，才能扩大产品销售，实现规模经营，获得更多的资本增值利润。

（4）质和量是对立的统一体。就产品而言，把两者分开来管理是不科学的。数量必须体现品质的要求，必须具备最佳品质时，数量关系才具有意义。即体现效益的效率和效果，只有凝结在单位产品的各类资源投入或者说质量、功能、成本匹配达到最佳时，那时数量的增加才是有意义的。

（5）质量竞争是非价格竞争的重要形式，具有更多的竞争优势。“质量无国界”，质量竞争不仅不会受到世贸规则的限制，而且在经济全球化的21世纪，还会打破贸易保护壁垒。因此，实行质量经营既是企业的经营战略，也是全新的经营管理方式。

从以上的分析可以看出，质量经营的概念是对全面质量管理的发展与深化，它主要包括如下内容：制定有效的质量经营战略；建立质量第一，使顾客满意的经营思想；采用以质量效益为中心的经营方式；确立并实施质量方针和质量目标；建立系统有效的质量管理和质量保证体系；以人为本，开展以质量效益为中心的持续的质量改进活动；围绕质量效益进行系统化的质量管理等。

3.2.2 质量战略与经营战略的融合背景

高速发展的世界经济，正逐步进入一个崭新的时代——知识经济时代。当今世界，科学技术日新月异，以信息技术、生物技术为代表的高新技术及其产业迅猛发展，深刻影响着各国的政治、经济、军事、文化等各个方面。国际经济结构、产业结构和产品结构正经历着巨大的变革。国际市场一体化进程加快，产品技术含量不断提高，新旧产品快速更迭。面对日趋激烈的市场竞争，越来越多的企业感受到前所未有的生存压力。全球性的企业兼并与重建工程，正是各企业为适应知识经济时代生存和发展需要所采取的重大举措。为增强企业的竞争能力，越来越多的经营者努力挖掘企业长远发展的潜能，设立并组织实施适应知识经济时代特征的企业质量战略已成为这些企业的当务之急。

"知识经济"不仅仅是针对发达国家的情况而提出的，对于发展中国家甚至不发达国家，也有重要意义；"知识经济"也不仅仅只是指高科技产业经济，对于传统经济，也同样有一个如何更多地依靠知识、提高知识含量的问题。对于发展中国家，对于处在传统产业部门的许多人来说，"知识经济"的境界虽然尚未达到，但全球性"知识革命"的浪潮已拍打而来，每个国家、每个地区、每个企业乃至每个人都难以避开。它既给我们带来了机遇，也对我们构成了威胁和挑战。

我们正在走向知识经济时代，知识经济时代的经济结构、产业结构、产品结构乃至国际竞争格局和社会文化形态还没有充分显现，许多问题还没有被认识清楚。但是，知识经济时代的质量战略正成为人们的研究热点，其基本特点已有许多设想和描绘。适应知识经济时代要求的企业经营者应当以长期发展的眼光规划产品战略和技术战略，引导创新、技术领先是知识经济时代成功企业的共同特征。网络技术和电子商务的发展缩短了人与人之间的距离，跨地域的国际市场竞争正成为必然，因此，产品和营销战略的设计必须具有全球观念。"声誉"作为产品的无形质量因素，日积月累沉淀于公司品牌之中。实现企业成功的决定因素必须依靠适宜的人员和企业文化。因此，在持续的以用户满意为中心的经营活动中，知识经济时代的质量战略需要在技术创新、品牌导向和企业文化培育等方面得到拓展。

3.2.3　质量战略与经营战略的融合

1. 创新是质量战略之魂

质量创新是知识经济和顾客个性化需求的要求。

知识经济的本质是创新。《中共中央国务院关于加强技术创新发展高科技实现产业化的决定》指出："创新是一个民族进步的灵魂，是国家兴旺发达的不竭动力。"经济统计对比分析资料表明，创新也是一个企业发展的灵魂，是否具有创新意识、创新能力直接关系到企业和行业的兴衰存亡。创新是灵魂，决不只是一个口号，而是实实在在不可违背的市场规律。

目前，培育和发展知识经济已成为全世界范围内的热点和潮流。其实，正如我国著名的质量管理专家、国际质量科学院院士刘源张先生在第三届上海国际质量研讨会的书面发言中指出的："对于知识经济，首先是创新，甚至可以说，没有创新，就没有所谓的知识经济。"所以，知识经济时代或面向知识经济时代的质量战略必须最大限度地突出创新，以培育创新意识、发展创新能力为质量战略的基本出发点，把创新努力贯穿于产品或服务质量形成的全过程中。从知识经济的本质是创新的角度看，知识经济时代的质量竞争，其实是体现在产品或服务中的知识的竞争，而竞争力正是创新能力的直接表现。

“创新理论”是奥地利经济学家和社会学家熊彼得在1912年出版的《经济发展理论》一书中首先提出来的。熊彼得认为，创新是指企业家对生产要素的重新组合，其内容包括：引进新产品，即产品创新；引进新的生产方法，即工艺创新；开辟新市场；控制原材料的新供应来源，即利用和开发新的资源；实现企业的新组织，即组织体制和管理的创新。

在知识经济时代，创新大致表现在技术创新和管理创新上。

技术创新是指产品创新和工艺创新，两者都以技术变革为主要内容和基础。技术创新是一个涉及社会面很广、影响很大而有待研究的复杂过程。从不同的角度去研究，可以赋予技术创新以不同的定义。

管理创新和技术创新是相辅相成的关系。技术创新需要与之相适应的管理体制和机制。优秀的管理体制和机制是技术创新得以成功的保证，是技术创新活力长盛不衰的源泉；反过来，技术创新又经常是管理创新的先导和动因。

管理创新可以具体表现在许多方面，例如以下几方面。

（1）组织形态、组织管理上的创新。近年来，上海超市业的迅猛发展和物资流通业的不断萎缩形成了鲜明的对比。上海亿元以上超市公司的总销售额从2005年的45亿元迅速增加到2007年的173亿元。在整个市场总体比较疲软的情况下，超市能取得这样的发展业绩，主要在于它是一种创新的业态，其一整套销售和管理的组织体系迎合了现代消费者的口味。而且这种业态本身也在不断创新，逐渐衍生出大卖场、便利店等各种形态，以进一步满足不同消费层次、不同消费行为的需要。反观物资流通业，其一跌再跌之势已连续数年，排名前50强的企业，2008年的总销售额又比上年跌去二成。事实上，大量的中、小型企业都需要物资流通企业帮助他们承担一定的供销职能。问题是如果物资流通业不能适应市场经济发展的形势，不在组织形态和营销模式上加以积极的创新，要扭转颓势恐怕是十分困难的。

（2）机制的创新。2008年上海工业企业前50强中，三资企业和股份制企业占了半壁江山，这和它们灵活的机制是分不开的；全上海排前10位的宾馆，也基本上被三资企业包揽。国有企业中大凡勇于机制创新的，也能有上佳的表现。宝钢、永新、白猫等一批企业的成绩便是明证。

（3）发展战略的创新。以上海房地产业为例，近年来，排名销售面积前20

位的房地产“大户”中有相当一部分把发展战略定位在开发面向工薪阶层的商品房上。在前些年一窝蜂上高档商品房、别墅的浪潮中，这些企业没有跟风，他们把握住了住宅分配最终要走向市场的大势，在发展战略上看早一步，才有现在这样较为出色的销售业绩。

2. 品牌建设是质量战略的导向

国外企业界流行这么一句话：愚笨的商人卖产品，聪明的商人卖牌子。品牌作为现代商战的战略制高点，其作用已日益为世人所重视。品牌是企业的无形财富和重要的知识产权，它代表着企业的公众形象及产品的质量和信誉，是企业开拓国内外市场的重要工具。一个服务规范、产品质量上乘的企业，它的商标就是一个市场认可的证明，能够创造难以估量的经济效益。当今世界，一个国家整体经济实力的高低，在很大程度上是以这个国家拥有多少世界名牌为象征的。美国的可口可乐、德国的奔驰、日本的索尼等，是这些国家在国际市场上的通行证。正是通过这些著名品牌，发达国家树立了自己的形象，也牢牢控制着国际市场。

进入知识经济时代，产品或服务的知识含量及技术密集度越来越高，新旧更新日益频繁，生产方式和销售方式也在不断创新，消费者往往难以区分产品或服务的质量和价格差异，公司的品牌形象便成为市场竞争的决定因素。建立成功品牌的一个重要功效是它能将人们对某一优秀产品或服务的印象转移和延伸到该公司的全部产品，使其他产品或服务自动获得顾客的尊重。对于品牌的作用，有人曾作了如此动情的、充满诗意的赞叹：“品牌是留住企业所有广告活动和提升努力之成果的铁锚。品牌具有神奇的魅力，它充满人性，能恒定地抓住人们的情感。品牌能够建立信心，它是指引企业前进道路的灯塔，凝结了企业员工、供应商、经销商和顾客的共同价值认知。品牌反映出公司的全部内涵，它连接着地方、区域和全球，它帮助产品赢得在人们心中生存的权利。”

事实也的确如此。谁拥有名牌就意味着谁拥有了市场和效益。据联合国工业计划署统计，目前名牌占全球品牌的份额不到10%，但名牌产品却占全球产品市场的40%以上，其产品销售额占全球销售额的50%左右。

（1）争创名牌。名牌是企业科技水平、管理水平、生产水平和营销水平的综合成果，需要企业做出长期的、艰苦的努力。众多企业正以争创名牌作为自己的质量战略目标。那么，名牌的本质是什么？什么样的产品才可称为名牌呢？名牌产品的本质特征是其差异性。一些竞争对手通过明显区别于其他同类产品的可觉察的使用价值，将自己的产品与其他公司的同类产品明显地区别开来。差异性包括产品的差异性和市场的差异性。产品的差异性主要是产品性能、质量等与技术有关的差异，市场差异性则主要指广告、促销手段等与传播和销售有关的差异。

（2）如何实施品牌战略。现在，占领中国市场的国外产品中，许多都是国际名牌。跨国公司对发展中国家的经营战略一般有这么三部曲：一是输出产品，二是输出资本，三是输出品牌。输出品牌是成本最低、手段最隐蔽、作用最久远的经营战略。我们必须清醒地看到，跨国公司来华合资绝不仅仅是因为看中我国的土地和劳动力等资源便宜，而是要占领我国的市场。因此，中国品牌面对洋品牌的严峻挑战，如何发展和壮大民族工业，发展国货名牌，已愈来愈引起国人的注意。推行品牌营销，实施名牌战略，是我国众多企业，尤其是国有大、小型企业刻不容缓的战略任务。名牌必须是消费者满意的产品，应当具有出色的功能、优良的质量和完善的服务，并在某些方面超出一般产品之上。名牌从激烈的市场竞争中脱颖而出，其卓越的品质和良好的信誉是必要的前提。名牌一旦诞生，其生命之泉究竟能流多久，是名噪一时一地，还是青春永驻、不断壮大，取决于其能否适应市场的变化发展而不断更新提升产品品质及市场信誉。为了使名牌的生命之泉永远充满活力，企业必须以最大的努力关注并推动技术创新和管理创新，要勇于“否定”名牌，否定的目的是创造更新更优秀的新名牌，这是名牌得以永生的唯一途径。创造名牌，发展名牌，一代一代的名牌所产生的持续效应是名牌企业品牌营销战略的基石。我国许多著名企业奉行的信条——“没有最好，只有更好”，正是品牌营销战略内涵的绝好注解。产品及其延伸服务的质量是企业创立品牌、发展名牌的基础，而永不自满、不断创新则是名牌企业强盛生命力的源泉。

产品及其相关服务的质量固然是名牌的基础，但仅有质量还不足以使产品成为名牌产品。众多企业的实践证明，实施品牌战略，需要精心策划和组织，在产品品质竞争力的基础上，推行系统有效的品牌营销策略，加强产品宣传，塑造名牌形象，提升品牌知名度，培养消费者品牌偏好及品牌忠诚，实现品牌的可持续发展。

企业实施品牌战略，是一项复杂艰巨的系统工程。它既和企业质量管理有关，又和市场营销有关，但又不等同于两者。许多成功企业的实践表明，品牌经理制是企业实施品牌战略的可行方法。品牌经理制就是通过专职的、专业的机构对企业的品牌建设实施全方位、全过程的管理，在企业内部全面负责品牌的构思、设计、注册、宣传、保护、发展和投资组合，以及品牌管理和品牌资源的经营。实行品牌经理制有利于确立品牌经营和管理在企业经营管理中的独特地位；有利于集中各种品牌资源优势；有利于跟踪市场变化，引导消费者的品牌消费行为，发展品牌偏好，提高品牌满意度和知名度，培育品牌忠诚度；也有利于品牌的延伸管理，将品牌资源的经营搞大搞活。

3. 质量文化培育是质量战略的根本

企业之间的市场竞争，是产品与服务的竞争，又是管理与经营方式的竞争，经营机制与体制的竞争，但归根结底是企业文化之间的竞争。企业文化强调管理的文化层面和人的作用，是企业在长期的生产经营中形成、具有企业个性特征、并为企业全体员工认同和遵循的价值体系和文化形态的总和。一般认为，企业文化包括企业的物质文化、制度文化和精神文化。它不仅直接显现为产品质量、服务质量、管理和工作质量，而且还延伸表现为消费质量、生活质量和环境质量，在微观上体现出企业的整体素质，在宏观上则体现出整个民族的素质。企业文化是一种客观存在，它反映了一个企业的历史传统，又支配着一个企业的现实表现；它塑造着企业的基本理念，又规范着企业的群体行为；它使企业呈现特定的整体形象，又对每个员工的精神面貌产生深刻的影响。企业文化渗透在企业的所有方面，并融入具体的管理及其文化现象显示自己的存在，发挥自己的灵魂作用。

质量文化是企业文化的核心和重要内涵，这一关系是市场经济的本质表现和基本要求，市场经济越发达，这种关系越明显。质量文化倡导全面质量管理，致力于提高企业全体员工的质量意识、质量理念和质量管理的理论及技能水平，这些正是企业文化的根本所在。世界上成功的企业无一不是以其优秀的质量文化作为取胜之道的。对于我国广大企业，无论是从当前的质量实际出发，还是从转换企业经营机制、适应社会主义市场经济的发展需要考虑，都迫切需要重视和大力建设企业质量文化。正如企业文化是企业经营战略的根本，任何企业的质量战略都植根于其自身的质量文化土壤之上。任何具有竞争活力的、追求卓越经营的质量战略都必须以培育相应的质量文化为其出发点和归宿。

质量文化和质量战略具有相互的能动作用。卓越的质量文化可以催化卓越的质量战略，同时，又为其圆满实施提供保证和条件；反过来，卓越的质量战略必然以培育相应的质量文化为其内在要求，同时，又为质量文化建设创造动力和机遇。质量文化建设是质量战略的重要组成部分，也是企业领导人的基本职责之一。一般来说，企业质量文化的培育作为质量战略的根本，在组织上涉及企业中每一个部门和每一个个人；在内容上则涉及经营管理，尤其是质量管理的所有方面，如企业的质量决策文化、质量产品文化、质量服务文化、质量道德文化、质量公关文化及质量文本文化等。但是，质量文化的核心是“质量第一、用户第一”的经营理念，这是质量文化培育必须遵循的基本原则。关于企业质量文化的意义、概念和培育途径，下文另有阐述，在此不再继续讨论。

总而言之，知识经济时代是一种崭新的社会经济形态，每一个企业都面临着严峻的挑战和良好的机遇。企业要生存和发展，就必须尽快实现经济体制和增长方式的彻底转换。反映在质量战略上，为了适应知识经济的要求，企业必须着力培育以“质量第一、用户第一”的经营理念为核心的质量文化，通过技术创新和管理创新，增强企业经营活力和市场竞争力，努力塑造名牌产品，创立品牌形象。这是知识经济时代企业质量战略的基本特征，也是我国企业走向新经济时代的必由之路。

3.3 营造良好的质量文化

案例 **海尔集团的质量文化**

经过十多年的卓绝努力和苦心经营，海尔集团已经成为了我国的一个民族品牌，而且现在也正以积极的态度实施海尔的全球化战略。海尔为什么能够取得如此大的成功呢？海尔文化，尤其是其核心——质量文化已成为海尔珍贵的无形资产。海尔实现了这一无形资产的应用性扩散。海尔兼并企业时首先派去的是文化官员。海尔利用企业文化激活“休克鱼”的第一个兼并案例是1995年兼并青岛红星电器厂。当时该厂有3500多人，年产洗衣机70万台，是中国三大洗衣机生产厂家之一，但因管理不善，负债已达1亿多元，资不抵债。海尔集团经考察认为，红星电器是一条硬件好，管理和观念差的“休克鱼”，于是决定对其进行兼并。兼并后遂将海尔的经营理念、管理模式和企业文化注入其中，在没有投入一分钱的情况下，三个月就扭亏为盈，第五个月盈利150万元，两年后成为中国洗衣机的第一品牌。此后，海尔利用企业文化这个有力武器已经成功地兼并了几十家企业。如今正实施积极的“走出去”战略，让海尔品牌遍布世界。

3.3.1 质量文化的含义

> **小知识**
>
> 质量文化是企业全体员工认可并遵循的质量价值观和行为规范，也是企业的一种群体意识、共同信仰、共同追求、共同约束和统一准则，是质量意识、质量行为、质量价值和质量形象的总和。

质量文化是企业在长期的经营活动中培育形成的，并遵循最高质量目标、核心价值标准的质量观念的行为规范。通常，它不仅直接显现为产品质量、服务质量、管理和工作质量，而且还从质量心理以及质量意识形态等方面表现出企业的整体素质。长期以来，我国的许多企业始终不能解决低质量、高消耗的症结，在一定意义上说，受到落后的质量文化的制约是其重要原因之一。在我国一些企业中，质量文化低层次，主要表现为：管理层盲目以利润为中心，严重缺乏对员工的教育培训，导致员工思想、技术素质低，责任感不强，工作质量差，整体质量意识和敬业精神淡薄，严重的表现为有令不行、有禁不止、不负责任、敷衍塞责、蒙混欺骗、唯利是图，甚至有法不依，发展到游离于质量法规之外的假冒伪劣的肆意妄为。

因此，从我国企业普遍的质量实际情况出发，迫切需要建设企业质量文化。这不仅是我国企业面临的问题，国外企业也都表现出同样的发展趋势。例如，在欧洲质量组织年会上，与会者普遍认为，当今质量管理的特点之一是："全面质量管理从强调全员参加管理、强调最高管理者亲自领导，正逐步扩展到强调培育质量文化。"所以，企业质量文化建设已经受到世界各国的企业和全社会的关注。世界上成功的企业无一不是以其卓越的质量文化取胜，可以说，当今质量文化已经成为企业文化的重要组成部分。在以平等竞争为原则的发达市场经济条件下，尤其如此。例如，美国企业家赖利·费瑞尔（Larry C. Farrell）在他的新著《重寻企业精神——迈向21世纪成功的关键》一书中将企业文化或者说企业精神描述为一种"生命的走向"，它是一种现实存在的观念，它以价值观导向，"它决定了你会做什么以及如何去做"。总之，你被"使命感"所驱策，而这种使命感听起来似乎简单，而原则就是"制造生产使人们愉悦的产品"，"这就是企业的灵魂所在：以顾客、产品为目标"。

质量文化从微观角度看，是一种管理文化，又是一种经济文化，也是一种组织文化，这是从更深层去理解质量文化的内涵，这样理解有利于创造企业的质量文化。在企业中，质量文化与企业文化是相通的，但不是等同的。企业文化提倡的是企业精神，而质量文化则是着重提倡现代质量管理的思想和方法，例如实施ISO 9000《质量管理体系标准》，侧重于提高企业全员的质量意识和质量管理技法，以达到保证产品质量和服务质量的目的。

进入21世纪以来，质量文化的研究和实践领域不断拓宽，在世界范围内，正进行广义质量文化的研究。例如对全员质量心理素质、企业质量行为、企业质量环境以及消费者质量意识形态的研究。实际上，目前质量管理研究的范围已经深入和扩展，例如，涉及国家宏观质量管理、质量经营战略，质量组织行为、质量法规以及国家经济发展质量评估、企业经济效益质量测评等问题的研究，从而使质量文化走上了更高的境界。显然，将更有利于企业文化的发展。

3.2 质量文化的作用

（1）导向作用。质量文化作为企业员工的共同价值观，有一种感召力，并且能够通过这种感召力把员工引导到企业奋斗目标上。它有一种导向作用。例如，从传统的事后把关，引导到现代的质量管理办法——事前把关，以预防为主等。

（2）规范作用。质量文化是无形的行为准则，对企业员工有规范和约束作用。如提出爱岗敬业，不偷懒，严格工艺，遇事不推诿、不走样、不扯皮，一步到位等。

（3）激励作用。质量文化的核心是质量价值，员工将质量价值转化为质量精神，就可以激发其强烈的质量意识和责任感。

3.3.3 质量文化建设

1. 企业家是质量文化的创造者

在全社会和企业界，文化是由人们的价值观及信念所界定的。企业家们设定企业价值，并通过日常行为去强化它，他们的行为决定什么重要，应该去做，以及什么不重要，不应该去做。员工的行为表现、产品和服务的质量控制以及对顾客的重视程度都由最高决策人，即企业家来决定。客观上，企业家的文化基于两个实际的准则：一是怎样做能创造最大竞争优势；二是企业如何能全心投入而不妥协。问题的答案代表了企业文化和企业质量文化的价值标准。对企业家来说，企业的质量文化必须直接强有力地支持顾客需求和产品策略，这正是企业策略的核心。当然，如果你走进成功企业，面对企业家提出这样的问题："你是如何创造质量文化的？"显然，他会一下子感到对这个术语不适应而不知从何谈起。那么，最好仔细观察和倾听他们在实践中是怎样做的，文化本身无法自行运作，而是要高层管理者亲身投入。因此，在成功的企业中，人们会强烈感觉到企业家的灵魂所在。企业家也是质量文化的保护者，创造质量文化只是成功的一半，保持下去以至数代不变是十分艰难的。当企业处于困境中的时候，则更为艰难，企业承受巨大的压力和挑战，企业家能够在极恶劣的经济环境中经营，坚守质量文化的“座右铭”，使员工也为企业“赴汤蹈火，在所不辞”，这些已经为世界著名企业家的实践所证明。

2. 质量战略意识

质量经营战略，是指以顾客为导向、有可持续竞争优势、重视知识资产经营的战略。今天，可以说企业的经营环境已经进入质量经营时代，企业的质量经营战略至关重要。随着全球经济一体化的进程，现代企业的经营理念发生了两个前所未有的根本性转移：①企业经营目标从追求企业利益最大化向体现企业的社会责任转移，这也充分体现了企业质量管理目标的转移；②企业经营活动的质量主体，从产品的设计质量和制造质量以及工作质量向服务质量转移。

无论是有形产品，还是无形产品，服务已经成为企业向顾客提供的最终产品形式。据有关案例调查和资料显示，世界一流企业的管理层认为，追求企业利益最大化是企业的短期行为表现，而企业通过“顾客完全满意”（简称 TCS），对消费者的责任和义务，以及对环境保护的承诺来体现企业的社会责任，才是企业经营的唯一的、最终的目标。并且，他们基于这一理念对员工进行教育培训。以创造崭新的企业文化和质量文化。这一“目标转移”充分体现了时代经济的发展和人类社会的进步。同国际一流企业相比较，我国企业的质量战略意识存在明显差距。根据对国内有一定代表性的企业案例调查和资料显示，管理层和普通员工对经营理念的认识模糊，尤其是对“体现社会责任”一项的选择，管理层所占比率明显比普通员工选择此项所占的比率低。管理层对“体现社会责任”一项持明显不赞同态度。而普通员工有更为“超脱”的表现也是可以理解的。总之，一个企业无论规模大小，无论属于哪一种生产类型，只要走向“大市场”，就必须要提供足够的证据，证明你是一个有社会责任感的组织。这已经是未来发展不可抗拒的必然趋势。

现在，越来越多的企业认识到，即使是有形产品，顾客所购买的也并非“硬件”本身，而是产品价值。产品价值则是通过围绕产品的综合服务体现出来。例如，不妨提出这样的“荒谬”问题：“你花钱买空调究竟买的是什么？”听者起初疑惑，然后恍然大悟，回答说：“我买的是冷气和暖气。”空调机的价值体现就是满足顾客对冷气和暖气需求的综合服务。所以，可以说企业所经营的最终产品是服务。就有形产品而言，产品质量是从顾客需求识别开始，包括设计、制造、检验以及售前售中和售后服务的全过程。顾客满意度（简称 CSI）评价是对上述综合服务质量的最终评价。对以服务为特征的无形产品而言，则不难理解服务是企业向顾客提供的最终产品形式。

3. 质量竞争意识

竞争规律是市场经济的固有规律，竞争的重要基础之一是质量。WTO 的所有规则都强调以市场经济为基础，自由竞争为基本原则。市场经济的竞争强调公平、公正、公开，优胜劣汰，产品的服务质量则是竞争的焦点，所以竞争意识也就是市场意识。为使我国企业逐步成为真正的市场竞争主体，无论是生产者或销售者，都必须履行好产品质量的责任和义务，培育健康的质量竞争意识，否则，将会在竞争中被淘汰。也可以说，企业的质量竞争意识是当代企业质量文化的特征之一。

4. 质量参与意识

质量参与意识，是指企业的高层管理者能主动参与，并带动企业的全体员工积极参与企业的质量管理，这也是企业质量文化的重要特征之一。质量文化的真正接受者和体现者是企业全体员工，没有他们的参与，没有他们的积极性、主动性和创造性，质量目标是无法实现的。但是质量的最终评判者是顾客，只有顾客满意的产品，才能算是真正优质的产品。所以，广大消费者的评判、监督和质量信息反馈，能促使企业不断改进和提高产品质量。现在，一些企业已经开始建立顾客情报系统，对自己的产品实行质量跟踪，了解产品在使用中的真实质量状况，包括及时、妥善处理顾客意见和投诉，并且，定期进行顾客访问调查，这也是顾客参与质量管理的重要形式。

关于企业培育和提高员工对质量的参与意识，通常主要依靠两个方面的工作。

（1）加强对全体员工的质量管理教育培训，首先是对企业高层经营管理者的教育，只有他们树立了质量的责任感和紧迫感，才能不遗余力地积极投入，并带领全体员工参与质量活动，从而增强企业的凝聚力。

（2）企业必须建立并不断调整完善沟通方式和渠道，在企业内部及外部形成一个简捷、有效的沟通网络，以利于企业的内部顾客和外部顾客全面参与企业的质量管理活动。

3.4 质量目标的制定与实施

战略实施过程始于决策，而不是发生在决策之后。当福特汽车公司开始研制后来非常成功的“金牛座”汽车时，管理层放弃了通常的、连续性的设计过程，将一个初步的设计交给员工，并请示他们协助设计一种容易制造的汽车。汽车研制组收到来自雇员的建议多达 1401 项。这与该产业典型的秘密研制方式形成了鲜明的对照。当人们被看做是动力和“主机”，而不是可随意更换的零件时，作为战略实施必要条件的动力、创造力、质量意识和责任心便会大幅度提高。作为质量总监，在战略执行过程中要敢于克服阻力，推动质量战略有效地运行，实现质量战略目标。

3.4.1 质量目标的内涵

> *小知识*
>
> 质量目标在 ISO 9000：2008 标准的定义是：在质量方面所追求的目的。〔注 1：质量目标通常依据组织的质量方针制定。注 2：通常对组织的相关职能和层次分别规定质量目标。〕

质量目标是组织为了实现质量方针所规定的在质量方面所追求的目的，组织在建立质量方针的基础上应针对质量方针规定的方向和做出的承诺，确立组织的质量目标，作为组织全体员工共同努力应达到的具体要求。所以，组织的质量目标必须以质量方针为依据，并且始终与质量方针保持一致。质量目标应是可以测量的，以便在实现质量目标的检查、评价是否达到目标时便于对比。建立质量目标时要具有现实性又有挑战性，以激发全体成员的积极性。目标的内容应符合质量方针所规定的框架，还应包括对持续开展质量改进的承诺所提出的质量目标以及满足产品要求的内容。在建立组织质量目标的基础上，应将组织质量目标分解和展开到组织各个相关职能和层次，按照组织结构的形式建立各部门的质量目标，目标要定量化，有目标值。通过系统的管理方法将组织质量目标自上而下地分解落实到各个部门和各层次，才能有效地自下而上保持组织质量目标的如期实现。

3.4.2 质量目标的制定与展开

1. 质量目标制订的依据

（1）国家的有关政策法令的要求以及国家建设对产品的要求和上级的指令安排等。

（2）通过市场调查预测用户对质量、品种、数量、价格的要求。

（3）国内外同行业竞争对手的技术质量状况。

（4）社会经济动向包括能源以及其他资源的状况。

（5）本企业状况包括企业的长远计划、条件、现状以及上期完成计划目标的情况和存在的问题等。

2. 企业制订质量目标的程序

（1）收集信息资料。依照质量方针目标制订的内容搜集有关信息资料即上面提到的资料。

（2）信息交流，座谈讨论集思广益。

（3）起草。由质量管理部门根据掌握的信息和各方面的意见，经过统筹规划，综合平衡，目标优化，最后归纳整理成文字形式的质量目标。

（4）修订。由企业最高领导召集有关职能部门和基层单位会议，对初稿进行讨论征求意见，并由质量管理部门集中正确的意见归纳分析，写成审定稿后，提供领导审定。

（5）审定通过。由组织决策层进行审定通过。

（6）发布。在职工代表大会讨论通过后由高层管理者召开发布会正式发布，或以正式文件方式进行发布。

（7）展开。

3. 质量方针目标的展开

展开，就是把一个方针，一个目标，一个措施，按其实施过程或实施部门扩展成若干个详细的具体的实施项目。组织目标的展开过程实际上是组织动员各个部门职工，为实现企业方针目标集中智慧和力量，群策群力想办法，提合理建议的过程。

组织质量目标的展开，主要包括：目标展开、措施展开、目标协商、明确目标责任、编制目标展开图等五项内容。

（1）目标展开。组织制定了总目标后，为了实现这一目标，就要把组织目标展开为各部门、车间、班组和个人等各层次的分目标，形成组织目标体系。

对目标展开的基本要求是：①各个分目标应能保证组织总目标的实现，组织总目标与分目标在内容上是上下贯通的；②目标展开不仅有指标性内容展开，还必须有工作性内容展开；③各分目标之间应考虑时间上的协调和平衡，注意同步进行，防止因时差而影响实现组织目标的进程；④各分目标应力求简明，有目标值；⑤应充分考虑完成各分目标所需要的条件及限制因素。

（2）措施展开。所谓措施展开，就是针对每一层次的分目标制定出实施该目标的具体措施。措施要具体可行，而且要有落实的期限，负责的部门或人员以及检查考核的办法。还要防止把措施写成冠冕堂皇的空话和到处都可以通用的口号。

措施展开的方法，是按照层次，通过研究分析，掌握现状，找出各部门实际情况与目标之间存在的差距，对这些差距进行归纳、整理、分类，找出实现企业目标所必须解决的重要问题，针对各个问题点，研究、制定措施，以便有的放矢地缩短现状与目标之间的差距，保证企业总目标的实现。

（3）目标协商。在目标展开过程中，组织上下级之间围绕各层次目标之间的关系处理，以及各层次目标的落实所进行的思想交流和意见商讨，称为目标协商。目标协商是目标展开中的一个重要环节。实行方针目标管理，在方针目标展开时，上下级之间要进行充分的协商、讨论和交流意见。例如部门展开的分目标是否合理，制订分目标的依据是否充足，这些分目标是否能够被上下左右部门所接受，承担目标的主次关联单位责任分配是否合理，各关联部门的目标衔接是否适当，以及对目标的完成期限、重要程序、成果评价等意见，在上下级之间、部门之间进行协商。在协商的基础上，一般尽量尊重层次目标执行者本人的愿望，制订该层次目标。对某些事关全局性的目标，若目标执行部门有困难，领导要创造条件帮助解决以保证目标的实现。

（4）明确目标责任。经过目标协商，确定企业、部门、车间、个人各个层次的目标，接着就要把各层次的目标与各层次的具体人员紧密结合起来，即明确目标责任。这是目标展开中最重要的一个环节。

明确目标责任的基本要求，就是根据每个职工个人工作目标，使每人进一步明确自己在实现企业目标过程中应尽的责任。具体地说，就是明确自己应该做什么，怎么做，做到什么程度，达到什么要求等。

明确目标责任也应从上到下，上下结合，按每一层次要求，层层落实。每一层次都应该在明确集体目标责任基础上，明确个人目标责任。在具体明确目标责任时，应注意明确目标责任在范围、内容、数量、质量、时间、程度等各个方面的要求，努力使责任指标化，便于执行、核查和考核。

（5）目标展开图。为了使全体职工更直观地明确各自的目标和目标责任，还要编制好目标展开图。目标展开图也就是用图表方法，将组织的方针目标、层次目标、目标措施（对策）、责任者等方面的主要内容公布于众，由职工共同执行。

4. 质量目标的实施

目标一经确定和展开，从上到下，各个方面都要按目标体系的要求，同心协力，努力为实现方针目标而尽职尽责尽力。这也就是方针目标的实施过程。实施过程活动的重点是在中层和基层，而上层的主要任务是抓进度、抓协调、抓考核、抓重点目标的管理。要充分发挥各部门和个人的积极性，重点抓好以下几个方面的工作。

（1）实施的准备工作。实施目标能顺利进行要做好人员的准备、技术文件的准备、设备和工具的准备、原材料的准备、资金的准备等。如果因准备工作不充分而影响了目标的实施，其主要责任在于有关的管理者，而不在于具体的执行者。

（2）目标责任制度化。实施目标的中心环节，就是要在明确目标责任基础上，按层次、按人员落实目标责任。把目标责任与企业内部的经济责任制相结合，用经济责任制来保证目标的实施，使目标责任制度化。并坚持责任、权力、利益相结合的原则，对完成任务特别出色的集体和个人予以奖励，对完成任务差的特别是对实施组织目标造成重大影响的应进行处罚。

（3）自我控制。自我控制就是职工按照自己所担负的目标责任，按照目标责任的要求，在实施目标中进行自主管理。自我控制的最大成效，就是使广大职工感到不是哪个上级"要我干"，而是从内心发出"我要干"的愿望并以此指导自己的行动，从而充分发挥自己最大的积极性把各项工作做好。搞好自我分析和检查，是实行自我控制的重要手段，通过自我分析和检查，把握实施目标的进度、质量和协作情况，找出自我工作与目标要求的差距，及时采取措施加以解决。实行自我控制并不是不要组织领导，而应该不断地与上级和有关部门取得联系，做到上下左右的情况互相沟通，使组织领导建立在更广泛的自觉的群众基础之上，从而提高领导协调目标管理的有效性。

（4）检查和考核。目标虽然主要依靠广大职工的自我控制，但考察目标实施过程的情况和问题，对每阶段目标实施的结果进行及时的审核，都是目标实施过程中不可缺少的环节。实施目标中的检查考核，是指企业各级管理组织，对实施目标过程所进行的察看、指导和审核。检查和考核的目的，是为了掌握实施目标的情况，表扬实施目标中的好人好事，纠正偏离目标要求的情况和问题，保证目标实施过程有秩序、有成效地进行。

在实施目标过程中，检查的内容一般包括：①目标实施的项目数；②目标实施的情况，包括进度、均衡情况、实施的质量等；③实施中存在的困难和产生的问题。

根据不同情况可采取不同的检查方式：①自我检查，即由目标执行的部门或个人，对照本阶段承担的目标检查执行情况和存在问题；②上级检查，即由上到下，上级对下级进行检查，厂部对车间，车间对班组进行检查；③归口检查，即由各职能部门按自己的业务范围，对各车间目标实施情况进行检查；④重点检查，即对影响面大、关联面广的重点项目，由厂领导亲自组织有关科室和车间进行专题重点检查。

考核往往是与检查一起进行的，检查是考核的基础，检查结果是考核的依据。考核一定要严格按有关制度进行。对部门、车间及个人目标的考核，均以目标展开项目内容为准，同时还要结合本人实施目标的有关规定一并考虑进行考核。

一般采用三种考核方式：①日考核，即对每日执行情况进行考核，可通过调度日报的形式进行；②月考核，即根据目标管理月度的任务书的内容进行考核；③季考核，即先采用自我检查方式进行全面检查，写出每季度实施目标情况及存在问题报告，然后由质量管理部门组织有关人员对各部门目标执行情况进行复查，复查结果作为成果评价的依据。

（5）开展质量管理小组（QC）活动。针对实现质量目标的问题点或薄弱环节，引导和加强质量管理小组活动，这种形式使质量目标的实现更具有广泛的群众性、明显的自主性、明确的目的性、严密的科学性、高度的民主性。

第 4 章

建立适宜的质量管理体系

将良品率预定为85%，那么便表示容许15%的错误存在。

——质量管理大师　菲利普·克劳斯比

能力提示

- 理解 ISO 9000 族标准的主要特点和适用范围
- 掌握 ISO 9000 族标准的结构
- 能够正确运用质量管理八项原则指导质量管理实践
- 能够运用管理的系统方法和过程方法，策划、建立、实施和保持质量管理体系
- 掌握 ISO 9001：2008 标准的实施要点
- 掌握质量管理体系的编制依据、要求和方法

导读　三鹿集团因何覆没

石家庄三鹿集团股份有限公司，这个曾经在中国乳品行业响当当的企业，在2008 年 12 月接到石家庄市中级人民法院受理破产清算申请民事裁定书后，正式进入破产清算的法律程序。三鹿，这个经过 50 年打拼树立起来的品牌，因其生产的婴幼儿配方奶粉受到三聚氰胺污染而被打垮。“三鹿奶粉”成为“问题奶粉”的代名词。

三鹿集团这个曾经通过 ISO 9001：2000 质量管理体系认证和 ISO 14001：2004 环境管理体系认证的企业，我们从质量管理体系的角度反思，该公司至少在三个方面不适宜：一是没有以顾客为关注焦点，作为直接关系到消费者身体健康和生命安全的乳制品生产企业，在明知三聚氰胺对人体有害的情况下，而放任受其污染的奶粉进入市场，显然没有以顾客作为关注重点；二是供方控制特别是进货检验过程控制存在漏洞，造成问题原奶进入生产过程；三是没有按质量管理体系持续改进的要求，发现问题后及时采取纠正和纠正措施，如紧急补救召回等措施，致使问题奶粉在市场上造成更严重的后果，最终导致三鹿集团的覆没。

4.1 什么样的质量管理体系最适宜

4.1.1 管理体系的种类

目前，国际上通行的管理体系有三种：质量管理体系、环境管理体系和职业健康安全管理体系。与之相对应，分别有 ISO 9001、ISO 14001 和 OHSAS 18001 三项认证标准。它们的关注对象和受益主体各不相同（见图 4－1）。

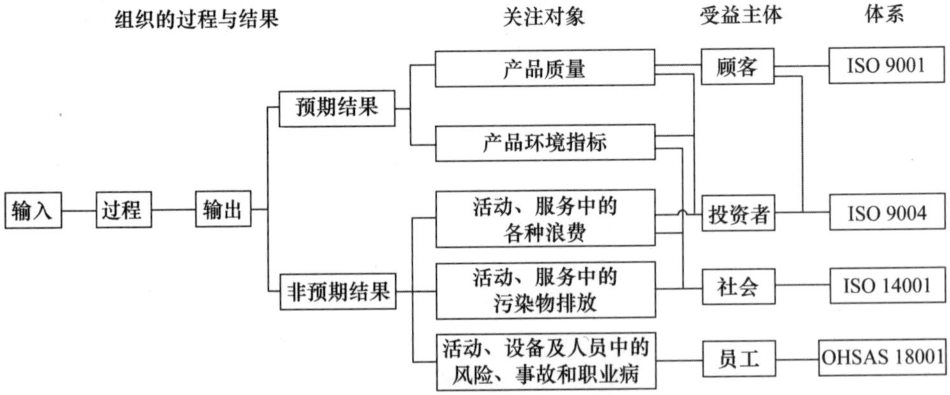

图 4－1　三项认证标准的关注对象、受益主体与过程之间的关系

就质量管理体系而言，组织可先按 ISO 9001 建立质量管理体系，取得质量管理体系认证证书，待体系成熟后，再按 ISO 9004 建立体系，以提高自身的质

量管理水平，取得更好的绩效。

> **小知识**
>
> 目前，国内外规范企业管理行为并用于认证的管理体系有三个。一是质量管理体系（QMS）——ISO 9001 体系，通过 QMS 认证，可以持续满足顾客要求，开拓国内外市场；不断创新产品技术，确保产品质量稳定；减少废品损失，实现过程增值，对顾客负责。二是环境管理体系（EMS）——ISO 14001 体系，通过 EMS 认证，可以节约能源资源，降低企业成本；持续达标排放，减少污染物排放；改善产品环境性能，提高市场竞争力，对社会负责。三是职业健康安全管理体系（OHSMS）——OHSAS 18001，通过 OHSMS 认证，可以减少工伤事故，杜绝职业病危害；改善劳动条件，减少财产损失；体现以人为本，调动员工积极性，对员工负责。其中，ISO 9001 和 ISO 14001 为国际标准，OHSAS 18001 为英国标准协会、挪威船级社等 13 个组织提出的标准。

4.1.2 质量管理体系的种类及其应用

ISO 9000 族标准中，可用于建立体系的标准有两个：ISO 9001 和 ISO 9004。前者规定了组织的质量管理体系要求，可用于认证；后者可进一步健全、改进质量管理体系，全面提高组织的整体绩效，但不能用于认证。

国际标准化组织或其他有关组织为解决不同行业更好地应用 ISO 9001 标准的问题，特针对不同行业的特点，制定了适合于某些特定行业的标准（见表 4 - 1）。

表 4 - 1　　ISO 9001 标准在不同行业的应用

序号	行　业	质量管理体系标准	备　注
1	汽车及其零部件	ISO/TS 16949	
2	电信	TL 9001	
3	军工	GJB 9001A - 2001	该标准为中国人民解放军总装备部制定
4	机械	机械产品安全质量管理体系要求	中联认证中心制定

> **小知识**
>
> ISO/TS 16949 因覆盖了 ISO 9001 标准的全部要求，所以，通过 ISO/TS 16949 认证的企业通常不再申请 ISO 9001 认证。而 GJB 9001A、《机械产品安全质量管理体系要求》等虽然也覆盖了 ISO 9001 标准的全部要求，但由于其产品和标准制定者的限制，应用范围受到局限，因此，通过 GJB 9001A 或机械产品安全认证的企业通常还要同时通过 ISO 9001 认证。

4.1.3 建立适宜的质量管理体系

1. 质量管理八项原则

ISO 9000：2005《质量管理体系　基础和术语》在引言中提出了可使组织获得成功、领导者能据以领导组织进行业绩改进的八项质量管理原则。八项质量管理原则及其关系如图 4－2 所示。

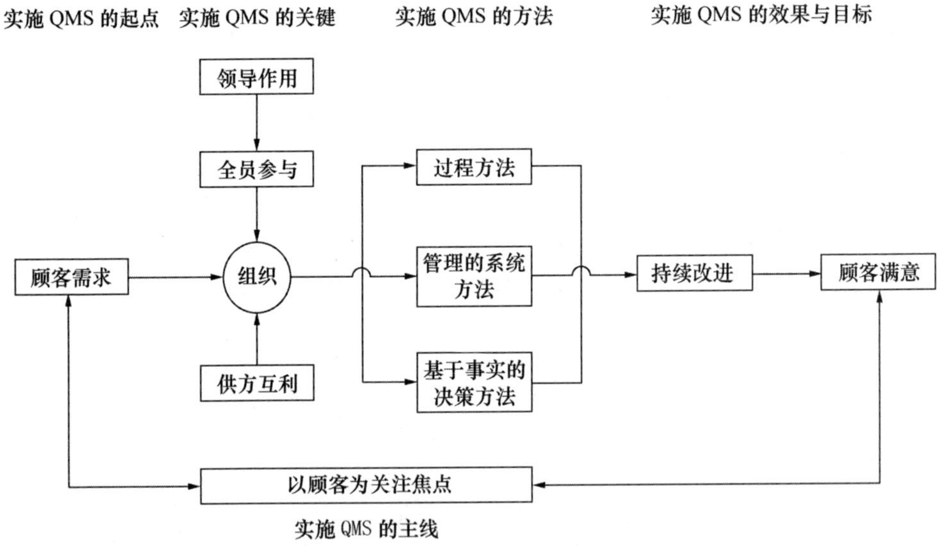

图 4－2　八项质量管理原则及其相互关系

（1）以顾客为关注焦点。以顾客为关注焦点既是实施质量管理体系的起点——了解并掌握顾客当前的、潜在的和未来的需求与愿望；又是实施质量管理体系的目的——持续改进产品和质量过程，提高顾客满意度，争取超越顾客期望。

（2）领导作用。最高管理者的领导作用、承诺和积极参与，对建立并保持一个有效和高效的质量管理体系，并使所有相关方获益是必不可少的。

（3）全员参与。全体员工的是每个组织的基础。组织的质量管理不仅需要最高管理者的正确领导，还有赖于全员的积极参与。所以要对全员进行质量意识、职业道德、以顾客为关注焦点的意识和敬业精神的教育，还要激发他们的积极性和责任感。此外，员工还应具备足够的知识、技能和经验，才能胜任工作，实现充分参与。

（4）过程方法。任何利用资源并通过管理，将输入转化为输出的活动，均可视为过程。系统地识别和管理组织所应用的过程，特别是这些过程之间的相互作用，就是过程方法。

过程方法的目的是获得持续改进的动态循环，并使组织的总体业绩得到显著提高。过程方法通过识别组织内的过程，特别是关键过程，随后加以实施和管理并不断进行持续改进来达到顾客满意。

（5）管理的系统方法。系统的特点之一就是通过各分系统协同作用，互相促进，使总体的作用大于各分系统作用之和。系统方法，实际上可包括系统分析、系统工程和系统管理三大环节。它从系统地分析有关数据、资料或客观事实开始，确定要达到的优化目标；然后通过系统工程，设计或策划为达到目标而采取的各项措施和步骤，以及应配置的资源，形成一个完整的方案；最后在实施中通过系统管理而取得高有效性和高效率。

在质量管理中采用的系统方法，就是把质量管理体系作为一个大系统，对组成质量管理体系的各个过程加以识别、理解和管理，以达到实现质量方针和质量目标。

（6）持续改进。为了改进组织的整体业绩，组织应不断改进其产品质量，提高其质量管理体系及过程的有效性和效率，以满足顾客和其他相关方日益增长和不断变化的需求与期望，只有坚持持续改进，组织才能不断进步。持续改进是永无止境的，因此持续改进应成为每一个组织永恒的追求、永恒的目标、永恒的活动。

（7）基于事实的决策方法。决策是组织各级领导的职责之一。决策就是针对预定目标，在一定约束条件下，从诸方案中选出最佳的一个付诸实施。达不到目标的决策就是失策。正确的决策需要领导者用科学的态度，以事实或正确的信息为基础，通过合乎逻辑的分析，作出正确的决断。

（8）与供方互利的关系。供方向组织提供的产品将对组织向顾客提供的产品产生重要影响，因此处理好与供方的关系，直接影响到组织能否持续稳定地提供顾客满意的产品。在专业化和协作化日益发展、供应链日趋复杂的今天，与供方的关系还影响到组织对市场的快速反应能力。因此对供方不能只讲控制，不讲合作互利，特别是对关键供方，更要建立互利关系。

2. 根据企业特点建立适宜的质量管理体系

质量管理体系虽然执行的是同一个标准，但不同的企业仍可建立不同的质量管理体系。表 4－2 列出了一些企业建立质量管理体系的模式。

表 4－2　　不同的企业建立的不同的质量管理体系

序号	行业	质量管理体系	可否删减	企业举例
1	汽车及其零部件	ISO/TS 16949：2002	可以删减	发动机厂、汽车制造厂等
2	军工	GJB 9001A－2001	可以删减	重型机器厂、造船厂等
3	所有行业	GB/T 19001－2008	可以删减	变压器厂、政府部门、学校等

3. 关于 ISO 9001 标准的应用

由于组织及其产品的特点，标准的某些要求不适用时可进行删减，但删减仅限于标准的第 7 章“产品实现”所列出的要求，前提是这样的删减不影响组织提供满足顾客要求和适用法律法规要求的产品能力或责任。

例如，一个组织提供的产品是标准产品或者全部来自顾客的设计，该组织既不承担具体的设计和开发及其修改工作，又不承担设计和开发责任，则标准的“7.3 设计和开发”的内容可以被删减；当组织对所提供的产品的可追溯性没有要求时，可删减标准“7.5.3 标志和可追溯性”中可追溯性的要求；当组织在产品实现过程中不使用顾客财产，则可以删减标准“7.5.4 顾客财产”。

小知识

八项管理原则是 ISO/TC 176 在 1995 年专门成立的一个工作组（WG15）广泛征集世界知名质量管理专家的意见而形成的，在 1997 年正式提交 ISO/TC 176 年会获得通过。

4.2　ISO 9000 族标准的发展与标准理解

4.2.1　ISO 9000 族标准的产生背景

1. 客观必要性

科技进步与经济发展，为 ISO 9000 族标准的产生创造了客观条件。

发达国家早在 20 世纪 30 年代就形成了“产品责任”（product liability）的概念。1936 年，在美国纽约成立的“消费者联盟”，是世界上最早成立的消费者组织。到了 20 世纪 60 年代，世界各国保护消费者利益的团体纷纷成立，这时的顾客已不再以供方的一般责任担保、事后赔偿为满足，而是着眼于获得长期稳定使用的可靠产品，并且要求在产品质量的形成过程中加强管理和监督，要求产品的供方建立起相应的质量体系，并提供足以证明其产品符合要求的依据。一些企业为提高信誉和竞争力以谋求发展，在加强质量管理、开展质量控制活动的同时，还向权威的第三方机构申请对其质量体系进行认证。所有这些，都为 ISO 9000 族标准的产生创造了必要的客观条件。

2. 现实可行性

（1）各国推行质量管理和质量保证活动的成功经验，为 ISO 9000 族标准的产生奠定了实践基础。1959 年美国先后发布了两个标准。首先是军标 MIL－Q－9858A《质量大纲要求》的发布，产生了世界上最早的关于质量保证方面的标准。该标准要求军品承制厂商“应在实现合同要求的所有领域和过程中充分保证质量”。同时，美国还发布了军标 MIL－I－45208A《检验系统要求》，作为对生产一般武器以检验系统为主的质量控制要求。此外，美国还制定了 MIL－HDBK－50《承包商质量大纲评定》和 MIL－HDBK－51《承包商检验系统评定》，作为对前两个标准的补充，从而形成了一套比较系统、完整的质量保证标准。

在军品生产中开展质量保证活动的成功实践，对民品的生产领域也产生了积极的影响和推动作用。

美国的成功经验，很快被一些发达国家所借鉴。它们也相继制定了质量保证的国家标准。但是，由于各国标准具体反映各自的质量管理水平，标准的内容、要求各有不同，不利于国际合作与贸易往来，因此建立国际统一的标准，便成为国际性的要求。而且，各国的成功经验，实际上已经逐渐为ISO 9000族标准的产生奠定了实践基础。

（2）质量管理学的发展为ISO 9000族标准的产生提供了理论基础。近代数理统计学和系统论等学科的建立和发展，为质量管理理论的产生提供了支持。质量管理从质量检验到统计质量管理，进而向全面质量管理发展，无论是从质量管理学的理论，还是管理的实践看，都是一个“质”的飞跃过程。尤其是全面质量管理，它不仅是一种学说，而且是集管理思想、理念、手段、方法于一体的综合体系，是一种以顾客满意为前提的突出产品质量本身，既使企业盈利，又造福社会的新的经营技术基础和消费哲学。全面质量管理的实践，在丰富、深化和发展质量管理学理论的同时，又为ISO 9000族标准的产生提供了理论基础。

（3）国际贸易的激烈竞争，是产生ISO 9000族标准的现实要求。当今的国际市场，竞争手段已经从价格竞争为主转变为以质量竞争为主，质量成为决定胜负的第一要素。另外，由于国际贸易往来的增多，产品超越国境带来的国际产品质量保证与产品责任问题，愈加引起国际社会的广泛关注。质量管理的国际化成为国际性的一种迫切要求，在世界范围内形成了以质量保证评价为前提的贸易交往。

基于国际贸易及技术经济交流活动要求在质量方面应有统一的依据以防止非关税壁垒，而且还要消除因质量认证体制不同而造成的技术壁垒，为此国际标准化组织于1979年成立了“质量保证技术委员会”（1982年更名为“质量管理和质量保证技术委员会”），即ISO/TC 176，着手制定质量管理和质量保证方面的国际标准，进而导致ISO 9000族标准的产生。也正是由于该标准是在国际市场大流通格局的条件下产生的，因此它所规范的质量体系与市场机制保持了较好的一致性。

4.2.2 ISO 9000族标准的发展

1. 与ISO 9000族标准有关的国际标准化组织

与ISO 9000族标准有关的代表性国际标准化组织有国际标准化组织和国际电工委员会。

（1）国际标准化组织（International Organization for Standardization，ISO）。ISO成立于1947年，总部设在瑞士日内瓦，是世界上最大的具有民间性质的标准化机构，是联合国经社理事会和贸发理事会的最高一级咨询机构。

ISO的任务是：建立国际标准，以开展与促进国际货物贸易与服务贸易相关的各项活动，在科学、技术、经济、智能活动等方面开展合作。它的主要活动是制定 ISO 标准，协调世界范围内的标准化工作，报道国际标准化的交流情况，以及同其他国际性组织进行合作，共同研究有关标准化问题。

ISO 的组织机构包括全体大会、理事会、技术管理局和中央秘书处。全体大会是 ISO 的最高权力机构；技术管理局按专业性质设立若干技术委员会（TC）和分技术委员会（SC）、工作组（WG）、技术咨询小组（TAG）、特别研究小组、与 IEC 共同成立的联合技术委员会（JTC）、联合技术咨询小组（JTAG）。各成员国代表在这些委员会中参与国际标准的制定、修订工作。中国于 1978 年成为 ISO 的正式成员，目前承担 TC202 微束分析、TC20/SC1 航空电器等 6 个 TC、SC 秘书处工作。

（2）国际电工委员会（International Electrotechnical Commission，IEC）。IEC 成立于 1906 年，1947 年 IEC 作为一个电工部门并入 ISO，1976 年又从 ISO 中分立出来。IEC 是制定和发布国际电工、电子标准的非政府性国际机构，1906 年成立时总部设在英国伦敦，1947 年因并入 ISO 迁至瑞士日内瓦。

IEC 的宗旨是促进电工、电子和相关技术领域有关电工标准化等所有问题上（如标准的合格评定）的国际合作。该委员会的目标是：有效满足全球市场的需求；保证在全球范围内优先并最大限度地使用其标准和合格评定计划；评定并提高其标准所涉及的产品质量和服务质量；为共同使用复杂系统创造条件；提高工业化进程的有效性；提高人类健康和安全；保护环境。

2. ISO 9000 系列（族）标准的发展历程

（1）成立 ISO/TC 176，首次发布系列标准。1979 年 ISO 成立“质量管理和质量保证标准化技术委员会（TC 176）”，着手制定 ISO 9000 系列标准。于 1986 年发布了 ISO 8402《质量——术语》，1987 年 3 月，发布了 ISO 9000《质量管理和质量保证标准——选择和使用指南》、ISO 9001《质量体系——设计开发、生产、安装和服务的质量保证模式》、ISO 9002《质量体系——生产和安装的质量保证模式》、ISO 9003《质量体系——最终检验和试验的质量保证模式》、ISO 9004《质量管理和质量体系要素——指南》等 6 项国际标准，通称为 ISO 9000 系列标准，或称为 1987 版 ISO 9000 系列国际标准。

（2）进行有限修订，发布 ISO 9000 族标准。1990 年，负责制定 ISO 9000 系列标准的 ISO/TC 176 决定对 1987 年版的 ISO 9000 系列标准进行修订，并采纳 1987 年最初提出的 ISO 9000 系列标准的修订战略，即将修订分为两个阶段进行。第一阶段称之为“有限修改”，即在标准结构上不作大的变动，仅对标准的内容进行小范围的修改。1994 年 ISO/TC 176 完成了对标准的第一阶段修订工作，并由 ISO 发布了 1994 版的 ISO 8402、ISO 9000 - 1、ISO 9001、ISO 9002、ISO 9003、ISO 9004 - 1 等 6 项国际标准，通称为 1994 版 ISO 9000 族标准。这些标准分别取代 1987 版的 6 项标准。

1994 年发布 ISO 9000 族标准修订本时，ISO/TC 176 提出了"ISO 9000 族"的概念。ISO 9000 族是指由 ISO/TC 176 制定的所有国际标准。ISO 在发布上述 6 项国际标准时，已陆续发布了其他 10 项指南性国际标准。这样，ISO 9000 族标准已从 1987 年的 6 项发展到 1994 年的 16 项。

（3）彻底修订，发布 2000 版 ISO 9000 族标准。ISO/TC 176 在完成对标准的第一阶段的修订工作后，随即启动了标准修订战略的第二阶段工作，称之为"彻底修改"。2000 年 12 月 15 日 ISO 正式发布 2000 版 ISO 9000 族标准中的三个核心标准，即 ISO 9000：2000《质量管理体系　基础和术语》、ISO 9001：2000《质量管理体系　要求》、ISO 9004：2000《质量管理体系　业绩改进指南》；2005 年，对 ISO 9000 标准进行修订，发布了 ISO 9000：2005《质量管理体系　基础和术语》。

2002 年，ISO/TC 176 和 ISO/TC207 正式发布了 ISO 9000 族标准中的另一个核心标准——ISO 19011：2002《质量和（或）环境管理体系审核指南》。

（4）根据八年的应用实践，对 ISO 9001：2000 标准进行修正。根据世界上 170 个国家大约 100 万个通过 ISO 9001 认证组织的 8 年实践，ISO/TC 176 于 2008 年 11 月 15 日发布了 ISO 9001：2008 标准。ISO 和 IAF（International Accreditation Forum，国际认可论坛）认为，ISO 9001：2008 没有引入新的要求，只是更清晰、明确地表达 ISO 9001：2000 的要求，并增强了与 ISO 14001：2004 的兼容性。

（5）ISO 9000 族标准的现状。ISO 9001：2008 标准发布后，ISO 和 IAF 一致同意平稳转换全球应用最广泛的质量管理体系标准：从 2009 年 11 月 15 日起，所有认证机构只能依据 ISO 9001：2008 颁发新的质量管理体系（QMS）认证证书；从 2010 年 11 月 15 日起，所有已经颁发的依据 ISO 19001 - 2000 的 QMS 认证证书均不再有效。换句话说，新标准发布后，有两年的过渡期，即在这两年的过渡期内，ISO 9001：2000 和 ISO 9001：2008 标准同时有效。自 2008 年 11 月 15 日至 2009 年 11 月 15 日止，认证机构既可以颁发 ISO 9001：2000QMS 认证证书，也可以颁发 ISO 9001：2008QMS 认证证书。2009 年 11 月 16 日至 2010 年 11 月 15 日，认证机构不能再颁发 ISO 9001：2000QMS 认证证书，但以前颁发的 ISO 9001：2000QMS 认证证书依然有效。

ISO 9000 族标准中，核心标准仍为四个：ISO 9000：2005、ISO 9001：2008、ISO 9004：－（待发布）、ISO 19011：2002。

3. 我国应用 ISO 9000 系列（族）标准简介

ISO 9000 族标准问世以来，在全球范围内得到广泛采用，对推动组织的质量管理工作和促进国际贸易的发展发挥了积极作用。我国成立 CSBTS/TC 151（全国质量管理和质量保证标准化技术委员会），负责 ISO 9000 系列（族）标准的转化工作。1988 年，我国等效转化的 ISO 9000 系列标准，即 GB/T 10300. 2、GB/T 10300. 3 和 GB/T 10300. 4 等，并在全国推行认证工作。但由于不是等同采用，在国际上不被承认。于是在 1992 年发布了等同采用 1987 版的 ISO 9000 系列标准，其中用于认证的标准是 GB/T 19001 - 1992、GB/T 19002 - 1992 和 GB/T 19003 - 1992。1994 版、2000 版、2008 版 ISO 9000 族标准发布后，我国很快便等同转化为国家标准。其中，GB/T 19001 - 2008 标准于 2008 年 12 月 30 日发布，2009 年 3 月 1 日起实施，转换期与国际标准一致。现行有效的认证标准是 GB/T 19001 - 2000 和 GB/T 19001 - 2008。我国国家标准与国际标准的对照见表 4 - 3。

表 4 - 3　我国用于认证国家标准与国际标准的对照

序号	国际标准	国家标准	等同/等效采用
1	ISO 9001：1987 ISO 9002：1987 ISO 9003：1987	GB/T 10300. 2 - 1988 GB/T 10300. 3 - 1988 GB/T 10300. 4 - 1988	等效采用（iqv）
		GB/T 19001 - 1992 GB/T 19002 - 1992 GB/T 19003 - 1992	等同采用（idt）
2	ISO 9001：1994 ISO 9002：1994 ISO 9003：1994	GB/T 19001 - 1994 GB/T 19002 - 1994 GB/T 19003 - 1994	等同采用（idt）
3	ISO 9001：2000	GB/T 19001 - 2000	等同采用（idt）
4	ISO 9001：2008	GB/T 19001 - 2008	等同采用（idt）

4. 2. 3　ISO 9000 族四个核心标准的性质、用途和关系

ISO 9000 族四个核心标准的性质、用途和关系如表 4 - 4 所示。

表 4-4　　四个核心标准的不同性质、用途和实施目的

序号	标准代号		准名称	性质	内容和用途	实施目的
	ISO	GB/T				
1	9000	19000	质量管理体系：基础和术语	基础性标准	表述 QMS 的基础，确定相关术语；是制定、理解、运用 ISO 9000 族标准的基础	为本族标准明确指导原则，奠定理论基础，统一术语概念
2	9001	19001	质量管理体系：要求	认证性标准	规定 QMS 要求，可供组织内部和外部使用，用于评定组织满足顾客、法规和组织自身要求的能力	建立、评价 QMS；通过向顾客提供满足其要求的产品，增进顾客满意
3	9004	19004	质量管理体系：业绩改进指南	指南性标准	与 ISO 9001 都是 QMS 标准，这两项标准相互补充。其内容为 QMS 更宽范围的目标提供了指南，但不直接用于认证、法律法规和合同	通过系统和持续改进组织绩效，满足所有相关方的需求和期望
4	19011	19011	质量和（或）环境管理体系审核指南	指南性标准	对审核原则，审核方案管理、审核实施以及审核员的能力提供了指南；适用于实施 QMS 和（或）EMS 内外部审核的所有组织	规范 QMS 和 EMS 的内外审核工作，同时为多体系一体化审核提供统一的指南

小知识

目前，ISO 9000 族标准中四个核心标准的最新版本情况为：ISO 9000：2005、ISO 9001：2008、ISO 9004：-（待发布）、ISO 19011：2002。与之相对应，我国国家标准的最新版本情况为：GB/T 19000-2008、GB/T 19001-2008、GB/T 19004-（待发布）、GB/T 19011-2003。

4.2.4 质量管理术语

质量管理体系术语共分十类共84个，其中“能力”术语有3个：“3.1.5能力（capability）”特指组织、体系或过程的能力；“3.1.6能力（competence）”特指人员的能力；“3.9.14能力（competence）”则特指审核员的能力。各术语的定义一览表见表4-5。

表4-5　质量管理体系术语及其定义一览表

序号	术语类别	术语代号及名称	定　义
3.1	有关质量的术语	3.1.1 质量	一组固有特性满足要求的程度
		3.1.2 要求	明示的、通常隐含的或必须履行的需求或期望
		3.1.3 等级	对功能用途相同的产品、过程或体系所做的不同质量要求的分类或分级
		3.1.4 顾客满意	顾客对其要求已被满足的程度的感受
		3.1.5 能力	组织、体系或过程实现产品并使其满足要求的本领
		3.1.6 能力	经证实的应用知识和技能的本领
3.2	有关管理的术语	3.2.1 体系（系统）	相互关联或相互作用的一组要素
		3.2.2 管理体系	建立方针和目标并实现这些目标的体系
		3.2.3 质量管理体系	在质量方面指挥和控制组织的管理体系
		3.2.4 质量方针	由组织的最高管理者正式发布的关于质量方面的全部意图和方向
		3.2.5 质量目标	在质量方面所追求的目的
		3.2.6 管理	指挥和控制组织的协调的活动
		3.2.7 最高管理者	在最高层指挥和控制组织的一个人或一组人
		3.2.8 质量管理	在质量方面指挥和控制组织的协调的活动
		3.2.9 质量策划	质量管理的一部分，致力于制定质量目标并规定必要的运行过程和相关资源以实现质量目标
		3.2.10 质量控制	质量管理的一部分，致力于满足质量要求
		3.2.11 质量保证	质量管理的一部分，致力于提供质量要求会得到满足的信任
		3.2.12 质量改进	质量管理的一部分，致力于增强满足质量要求的能力
		3.2.13 持续改进	增强满足要求的能力的循环活动
		3.2.14 有效性	完成策划的活动并得到策划结果的程度
		3.2.15 效率	达到的结果与所使用的资源之间的关系

续表

序号	术语类别	术语代号及名称	定　义
3.3	有关组织的术语	3.3.1 组织	职责、权限和相互关系得到安排的一组人员及设施
		3.3.2 组织结构	人员的职责、权限和相互关系的安排
		3.3.3 基础设施	组织运行所必需的设施、设备和服务的体系
		3.3.4 工作环境	工作时所处的一组条件
		3.3.5 顾客	接受产品的组织或个人
		3.3.6 供方	提供产品的组织或个人
		3.3.7 相关方	与组织的业绩或成就有利益关系的个人或团体
		3.3.8 合同	有约束力的协议
3.4	有关过程和产品的术语	3.4.1 过程	将输入转化为输出的相互关联或相互作用的一组活动
		3.4.2 产品	过程的结果
		3.4.3 项目	由一组有起止日期的、协调和受控的活动组成的独特过程，该过程要达到符合包括时间、成本和资源约束条件在内的规定要求的目标
		3.4.4 设计和开发	将要求转换为产品、过程或体系的规定的特性或规范的一组过程
		3.4.5 程序	为进行某项活动或过程所规定的途径
3.5	有关特性的术语	3.5.1 特性	可区分的特征
		3.5.2 质量特性	与要求有关的，产品、过程或体系的固有特性
		3.5.3 可信性	用于表述可用性及其影响因素（可靠性、维修性和保障性）的集合术语
		3.5.4 可追溯性	追溯所考虑对象的历史、应用情况或所处位置的能力
3.6	有关合格（符合）的术语	3.6.1 合格（符合）	满足要求
		3.6.2 不合格(不符合)	未满足要求
		3.6.3 缺陷	未满足与预期或规定用途有关的要求
		3.6.4 预防措施	为消除潜在不合格或其他潜在不期望情况的原因所采取的措施

续表

序号	术语类别	术语代号及名称	定　义
3.6	有关合格（符合）的术语	3.6.5 纠正措施	为消除已发现的不合格或其他不期望情况的原因所采取的措施
		3.6.6 纠正	为消除已发现的不合格所采取的措施
		3.6.7 返工	为使不合格产品符合要求而对其采取的措施
		3.6.8 降级	为使不合格产品符合不同于原有的要求而对其等级的变更
		3.6.9 返修	为使不合格产品满足预期用途而对其采取的措施
		3.6.10 报废	为避免不合格产品原有的预期用途而对其所采取的措施
		3.6.11 让步	对使用或放行不符合规定要求的产品的许可
		3.6.12 偏离许可	产品实现前，对偏离原规定要求的许可
		3.6.13 放行	对进入一个过程的下一阶段的许可
3.7	有关文件的术语	3.7.1 信息	有意义的数据
		3.7.2 文件	信息及其承载媒介
		3.7.3 规范	阐明要求的文件
		3.7.4 质量手册	规定组织质量管理体系的文件
		3.7.5 质量计划	对特定的项目、产品、过程或合同，规定由谁及何时应使用哪些程序和相关资源的文件
		3.7.6 记录	阐明所取得的结果或提供所完成活动的证据的文件
3.8	有关检查的术语	3.8.1 客观证据	支持事物存在或其真实性的数据
		3.8.2 检验	通过观察和判断，适当时结合测量、试验或估量所进行的符合性评价
		3.8.3 试验	按照程序确定一个或多个特性
		3.8.4 验证	通过提供客观证据对规定要求已得到满足的认定
		3.8.5 确认	通过提供客观证据对特定的预期用途或应用要求已得到满足的认定
		3.8.6 鉴定过程	证实满足规定要求的能力的过程
		3.8.7 评审	为确定主题事项达到规定目标的适宜性、充分性和有效性所进行的活动

续表

序号	术语类别	术语代号及名称	定义
3.9	有关审核的术语	3.9.1 审核	为获得审核证据并对其进行客观的评价，以确定满足审核准则的程度所进行的系统的、独立的并形成文件的过程
		3.9.2 审核方案	针对特定的时间段所策划并具有特定目的的一组（一次或多次）审核
		3.9.3 审核准则	一组方针、程序或要求
		3.9.4 审核证据	与审核准则有关并能够证实的记录、事实陈述或其他信息
		3.9.5 审核发现	将收集的审核证据对照审核准则进行评价的结果
		3.9.6 审核结论	审核组考虑了审核目标和所有审核发现后得出的最终审核结果
		3.9.7 审核委托方	要求审核的组织或人员
		3.9.8 受审核方	被审核的组织
		3.9.9 审核员	经证实具有实施审核的个人素质和能力的人员
		3.9.10 审核组	实施审核的一名或多名审核员，必要时，由技术专家提供支持
		3.9.11 技术专家	（审核）向审核组提供特定知识或技术的人员
		3.9.12 审核计划	对审核活动和审核安排的描述
		3.9.13 审核范围	审核的内容和界限
		3.9.14 能力	（审核）经证实的个人素质以及经证实的应用知识和技能的本领
3.10	有关测量过程质量保证的术语	3.10.1 测量管理体系	为完成计量确认并持续控制测量过程所必需的相互关联和相互作用的一组要素
		3. 10.2 测量过程	确定量值的一组操作
		3.10.3 计量确认	为确保测量设备符合预期使用要求所需要的一组操作
		3.10.4 测量设备	为实现测量过程所必需的测量仪器、软件、测量标准、标准物质或辅助器械或它们的组合
		3.10.5 计量特性	能影响测量结果的可区分的特征
		3.10.6 计量职能	确定和实施测量管理体系的具有管理和技术责任的职能

小知识

ISO 9000：2005 标准表述了 ISO 9000 族标准主题内容的质量管理体系的基础，并定义了相关的术语。这些内容对环境管理体系、职业健康安全管理体系也有一定的指导作用。

4.2.5 质量管理体系结构

按 GB/T 19001－2000 idt ISO 9001：2000 标准建立的质量管理体系结构如图 4－3 所示。

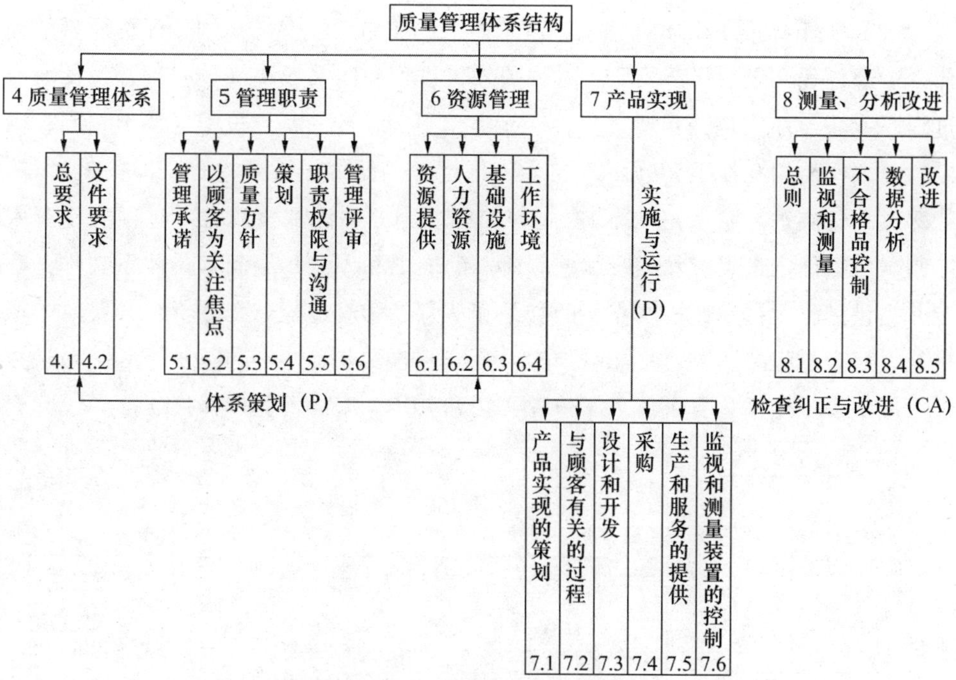

图 4－3 质量管理体系结构

GB/T 19001－2008（ISO 9001：2008，IDT）标准与 GB/T 19001－2000 没有发生结构性变化，只是 7.6 条款的名称改为“监视和测量设备的控制”，其余各条款的名称也完全一样。

小知识

ISO 9001：2008 标准的第 4、5、6、7、8 章是标准的主要内容，构成了质量管理体系结构。标准的五个章节即构成质量管理体系的四大过程五大板块：总要求和文件要求、管理职责、资源管理、产品实现、测量分析和改进。其顺序排列和体系结构基本符合 PDCA 运行模式要求。

4.2.6 GB/T 19001－2008（ISO 9001：2008，IDT）《质量管理体系要求》理解与实施要点

（1）关于标准实施中的删减（见 4.1.3.3）。

（2）关于标准 4.1 质量管理体系总要求的实施要点。①识别、评价质量管理体系全部过程，包括与产品质量有关的外包过程和四大板块（过程）涉及的所有过程（其中产品实现是主要过程，产品类型不同，产品实现过程也各不相同；确定过程之间的相互作用和顺序，综合分析过程，评价出重要过程，即关键过程、特殊过程、质量控制点）；②确定过程控制准则、方法和资源，对过程实施有效控制，包括确定过程有效运行和控制所需的准则和方法，编制相关体系文件，确定并提供过程运行和监控所需要的资源和信息；③对过程监测分析，必要时采取措施，实现过程持续改进；④按“7.4 采购”的要求对外包过程进行控制。

质量管理体系总要求体现了过程方法和 PDCA 流程（见图 4－4）。

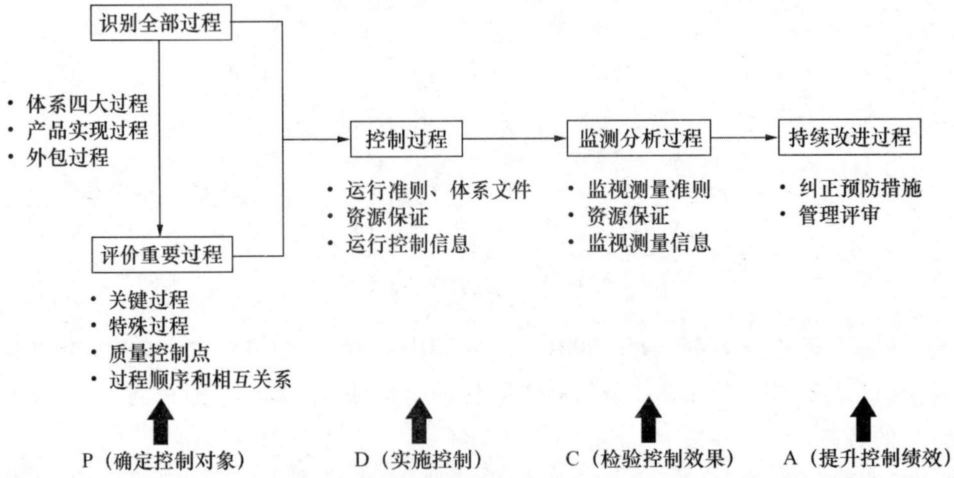

图 4－4　质量管理体系总要求的过程方法和 PDCA 流程

（3）关于标准 4.2.1 文件要求总则的实施要点。组织可以根据自身的规模和活动类型、过程的复杂程度和员工的能力，确定文件的详略程度和使用的承载媒介。标准要求的质量管理体系文件包括以下四类：①形成文件的质量方针和质量目标（通常包含在质量手册中）；②质量手册；③形成文件的程序和记录；④为确保其过程的有效策划、运行和控制所需要的文件，包括记录，如质量计划、规范、检验准则、作业指导书等。

（4）关于标准 4.2.2 质量手册的实施要点。质量手册是指“规定组织质量管理体系的文件”。它描述了一组相互关联或相互作用的过程，旨在实现质量方针和质量目标。质量手册的内容包括：①清楚地阐述质量管理体系的范围，若存在删减，应说明被删减的标准条款，包括任何删减的细节和正当理由；②结合产品流程，清楚地阐述应覆盖的所有主要过程，包括外包过程以及这些过程的相互作用；③包括或引用程序文件。

（5）关于标准 4.2.3 文件控制的实施要点。文件控制是指对文件的编制、评审、批准、发放、使用、更改、再次批准、标志、回收和作废等全过程的管理。文件控制的要点是受控和有效，具体实施要点有：①文件发布前要经过批准，确保其适宜性和充分性；②在实施中根据情况的变化，对文件的适宜性和充分性进行评审，若有修改则文件须经再次批准；③所有文件的修订状态应得到标志；④确保在使用场所能得到适用文件的有关版本；⑤文件应清晰，易于识别；⑥组织能识别所确定的策划和运行质量管理体系所需的外来文件并控制其发放；⑦明确作废文件的标志，必要时收回处理，防止非预期使用。

（6）关于标准 4.2.4 记录控制的实施要点。记录是指“阐明所取得的结果或提供所完成活动的证据的文件”。只要具有证明产品、过程和质量管理体系与要求的符合性或证明质量管理体系是否已得到有效运行的记录，都属本条款要控制的记录范畴。记录控制的要求包括记录的标志、贮存、保护、检索、保存期限和处置。

（7）关于标准 5.1 管理承诺的实施要点。最高管理者是指在最高层指挥和控制组织的一个或一组人。这一个或一组人应通过以下活动证实承诺的有效实施：①向组织的全体员工及时传达满足顾客和法律法规要求的重要性，这种传达不能只停留在会议传达、张贴标语和宣传上，而应通过标准的“与产品有关要求的确定”、“顾客沟通”、“设计和开发输入”、“顾客满意”等条款加以落实；②制定质量方针，并确保与其有框架关系的质量目标在组织的相关职能和层次上得到制定；③确保获得与建立、实施和持续改进质量管理体系有效性所必需的资源；④

进行管理评审。

(8) 关于标准5.2以顾客为关注焦点的实施要点。组织的生存和发展依赖于顾客，最高管理者应以增强顾客满意为目标，领导好下列活动：①进行市场调研，了解顾客当前和未来的需求或期望；②将顾客的需求或期望转化为要求，如产品要求、过程要求等；③使转化的要求和法律法规要求得到满足；④监视、测量顾客满意的信息。

(9) 关于标准5.3质量方针的实施要点。质量方针是由组织的最高管理者正式发布的该组织的总的质量宗旨和方向。质量方针应满足以下要求：①在内容上应符合“一适应、两承诺、一框架”的要求，即与组织的宗旨相适应、包括对满足要求的承诺和对持续改进质量管理体系有效性的承诺、为组织制定和评审质量目标提供框架；②在组织内贯彻执行，并在实施过程中应对质量方针的适宜性进行评审。

(10) 关于标准5.4.1质量目标的实施要点。质量目标是指在质量方面所追求的目的。它对满足要求和持续改进质量管理体系有效性的承诺方面应与质量方针保持一致；应包括满足产品要求所需的内容。为使质量方针得以实现，质量目标应分解到各相关的职能和层次；质量目标应是可测量的，尤其在作业层次上的质量目标尽可能定量。

(11) 关于标准5.4.2质量管理体系策划的实施要点。质量策划是质量管理的一部分。为了实现组织的质量目标，满足质量管理体系总要求，必须进行质量管理体系策划。策划的结果应形成文件。这种策划包括：①质量管理体系所需过程的策划；②当质量管理体系发生变更时，应及时进行策划，确保质量管理体系的完整性。

(12) 关于标准5.5.1职责和权限的实施要点。最高管理者应确保组织内的职责、权限得到规定和沟通，促进质量管理体系的有效性。

(13) 关于标准5.5.2管理者代表的实施要点。管理者代表受最高管理者委托对质量管理体系所需的过程的建立、实施和保持负责，他应该是组织中管理层中的一员，其职责包括：建立、实施和保持质量管理体系；向最高管理者报告质量管理体系的运行情况、改进机会；采取适当方法，提高全体员工满足顾客要求的意识；负责与质量管理体系有关事宜的外部沟通。

(14) 关于标准5.5.3内部沟通的实施要点。内部沟通是了解质量方针、质量目标、岗位职责、业绩和改进信息的重要过程，有利于增强质量管理体系的有效性。应根据沟通内容的不同建立起适当的沟通过程，如质量例会、内部刊物、声像、电子媒体等。

（15）关于标准5.6管理评审的实施要点。管理评审是最高管理者为确定质量管理体系达到规定目标的适宜性、充分性和有效性所进行的系统评价。其主要内容包括：①管理评审是最高管理者的职责之一，应按策划的时间间隔进行（两次管理评审的时间间隔通常不超过12个月），并由最高管理者负责主持，管理评审应保持记录；②管理评审输入的内容包括审核的结果、顾客反馈、过程业绩和产品的符合性、纠正和预防措施的状况、以往管理评审的跟踪措施、可能影响质量管理体系的改变、改进的建议等方面；③管理评审的输出应包括质量管理体系及其过程的改进、与顾客要求有关的产品的改进、资源需求的决定。

（16）关于标准6.1资源提供的实施要点。资源包括人力资源、基础设施、工作环境和技术资源。组织应识别由于顾客要求的不断变化而引起对资源需求的变更。及时通过提供所需资源，实现和保持现有的质量管理体系和为持续改进质量管理体系的有效性；满足顾客要求，进而达到顾客满意。

（17）关于标准6.2人力资源的实施要点。组织应根据质量管理体系各工作岗位、质量活动及规定的职责对人员的能力要求选择能够胜任的人员从事该项工作，而人员的能力则可基于教育程度、接受的培训、具备的技能和工作经验来考虑。组织对从事影响产品质量工作的人员应做到：①确定从事影响产品质量工作的人员所必要的能力需求；②对拟从事这些工作的人员提供培训或采取其他措施，使其具备满足这种需求的能力；③对所有与产品质量有关的岗位人员的培训及所采取的其他措施的有效性进行评价，如通过面试、笔试、实际操作的方式检查培训或其他措施的效果，是否达到培训计划或其他措施所策划的目标；④注重培养员工认识所从事活动的相关性和重要性，树立为实现质量目标作出贡献的意识；⑤对教育、培训、技能和经验的适当记录应予保持。

（18）关于标准6.3基础设施的实施要点。基础设施是组织实现产品符合性的物质保证。为了确保组织提供的产品满足要求，组织应确定为实现这种产品符合性所需要的基础设施，并在提供这些基础设施的同时还要对这些基础设施给予维修和保养。基础设施可包括：①建筑物、工作场所和相关的设施；②过程设备（如各类过程运行、控制和测试设备等）；③支持性服务（如交付后的维护网点、配套用的运输、通讯或信息系统等）。

（19）关于标准6.4工作环境的实施要点。工作环境是指工作时所处的一组条件，包括物理的、环境的和其他因素，如噪音、温度、湿度、照明或天气等。组织必须对这些实现产品符合性所需的工作环境加以确定，并对工作环境中与产品符合性有关的因素加以管理。

(20) 关于标准 7.1 产品实现的策划的实施要点。产品实现过程是组织质量管理体系中产品形成并提交给顾客的全部过程，是直接影响产品质量的过程。产品实现过程的策划是指针对具体产品、项目或合同的实现过程的策划。其内容包括：①针对具体产品、项目或合同，确定产品的质量目标；②识别并确定产品实现所需的过程和子过程，确定需建立的过程文件，以确保过程有效运行并得到控制，确定实现过程所需的资源（如人力资源和设备设施等），以确保产品能得以实现；③确定所要求的验证、确认、监视、检验和试验活动以及产品接收准则；④确定能证明过程运行和过程结果符合各项要求的记录。

策划的输出形式可以是质量计划，或产品实现规范（如工艺文件）、服务提供规范、软件行业的编程规范、注释规则等。

(21) 关于标准 7.2.1 与产品有关的要求的确定的实施要点。与产品有关的要求包括对产品的固有的质量特性的要求（如预期的使用性能、可靠性、美学要求等）、对产品的交付要求（如交货期、包装等）、交付后的要求（如售后服务等）等。组织应从以下方面来确定与产品有关的要求：①顾客明示的要求，包括对产品、对交付及交付后的要求；②顾客未明示，但这种隐含要求对规定用途或已知的预期用途是必要的或不言而喻的；③适用于产品的法律法规要求，如某些产品的安全性、环保要求等；④组织认为必要的任何附加要求。

(22) 关于标准 7.2.2 与产品有关的要求的评审的实施要点。组织对与产品有关的要求进行评审，通过评审达到以下目的：①确保准确理解了顾客的要求包括顾客明示及隐含要求和法律法规要求，特别是供需双方对合同或订单理解不一致的要求已经得到解决——在此基础上对产品要求做出明确规定，通常这些规定形成文件，如合同、订单等——组织有能力满足产品的使用、交付和服务各方面的要求；②评审应当在组织向顾客作出提供产品的承诺前进行，如在投标前、接受每项合同或订单前、在接受每项合同或订单修改前进行评审；③评审的结果及评审引起的措施应予以记录并保存；④若产品要求发生变更，除在接受合同或订单前作评审外，还应将变更的信息及时传达到有关部门，确保相关文件得到相应的更改，确保相关人员获悉已变更的要求。

(23) 关于标准 7.2.3 顾客沟通的实施要点。与顾客进行有效沟通，是充分与准确了解顾客要求的前提。识别并确定与顾客沟通的渠道，沟通顾客关于产品要求的信息；问询、合同或订单的处理，包括对其修改；在产品实现过程中以及向顾客提供产品后顾客的反馈信息，包括抱怨。

（24）关于标准 7.3.1 设计和开发策划的实施要点。设计开发过程是产品实现过程的关键环节，它决定产品的固有特性。对产品设计开发策划的重点是对设计和开发过程的控制：①根据产品特点、组织的能力和经验等因素，明确划分设计和开发过程的阶段，规定每一阶段的工作内容和要求；②明确规定在每个设计开发阶段需开展的适当评审、验证和确认活动，包括活动的时机、参与人员和活动要求；③明确各有关部门和人员在参加设计开发活动中的职责和权限以及不同部门或小组之间的接口关系，确保工作的有效衔接与信息的正确交流；④策划的输出可以采用文件的形式（如设计开发计划），也可以采用其他形式。随设计开发的进展，策划的输出应随情况的变化及时更新。

（25）关于标准 7.3.2 设计和开发输入的实施要点。与产品要求有关的设计开发输入应予确定、评审，并准确记录。评审应特别注意那些不完整的、含糊或矛盾的要得到解决，确保输入信息的充分性和适宜性。输入应包括：①产品功能和性能方面的要求；②适用的法律法规要求；③过去类似设计中证明是有效的和必要的要求（适用时）；④其他所必需的要求。

（26）关于标准 7.3.3 设计和开发输出的实施要点。设计和开发输出是产品设计和开发的成果，提供了关于产品固有特性的全面信息。其控制要求是：①不同类型的产品的设计和开发输出可以有不同的形式，但应能对照输入进行验证，且内容应满足设计和开发输入的要求；②给出采购、生产和服务提供的适当信息，主要是产品特性信息（可能包括产品防护的信息），以保证通过采购、生产和服务提供过程提供符合规定要求的产品；③包含或引用产品的接受准则，如产品检验标准等；④确定对产品安全和正常使用所必需的产品特性；⑤设计和开发输出通常采用图样、产品规范、服务规范的文件形式表达。无论采用何种形式，在发布前均应按规定由有关部门或责任人审查批准。

（27）关于标准 7.3.4 设计和开发评审的实施要点。组织应按设计和开发策划的安排，在适宜的阶段开展设计开发评审：对本阶段的设计成果满足质量要求的能力作出评价；识别和发现设计中任何问题和不足，并提出必要措施，以期有效解决。

评审结果及跟踪措施应予以记录并保持。

（28）关于标准 7.3.5 设计和开发验证的实施要点。组织应按设计和开发策划的安排，在适宜的阶段开展设计开发验证并记录验证的结果与跟踪措施。

（29）关于标准 7.3.6 设计和开发确认的实施要点。组织应按设计和开发策划的安排，对设计和开发进行确认，证实产品能够满足规定的使用要求或已知的预期用途的要求，并记录确认的结果与跟踪措施。确认一般应在设计开发完成之后、批产品正式生产或服务正式提供之前进行，对于单件产品则应在正式交付之前进行。但如果在产品交付或实施前全部确认不可能做到（如控制软件、建筑设计等），则必须在此前最大限度地完成可能进行的部分确认。

（30）关于标准 7.3.7 设计和开发更改的控制的实施要点。当设计和开发需要更改时，组织应对设计和开发的更改进行控制：识别、确定更改的需要与可行性；发生更改时应对更改进行评审、验证和确认，在认定合理可行的基础上，更改在实施前应得到批准；记录更改、更改评审的结果与跟踪措施。

（31）关于标准 7.4.1 采购过程的实施要点。采购产品指任何影响本组织产品质量的采购及过程的外包项目。采购控制包括：①确定采购产品对本组织产品的影响，主要考虑对本组织中间产品和最终产品的影响、对加工过程或服务提供过程等产品实现后续过程的影响、直接影响或间接影响、影响的重要程度；②对采购产品及其供方的控制程度取决于上述影响；③通过对供方按要求提供产品的能力的评价，选择合格供方，并记录评价结果和跟踪措施；④对现有的供方仍需定期或不定期重新评价其按要求提供产品的持续保证能力，并记录重新评价的结果与跟踪措施；⑤规定评价、选择和重新评价供方的准则。

（32）关于标准 7.4.2 采购信息的实施要点。采购信息应清楚准确地表达拟采购产品的要求，即采购要求。适当时包括：有关产品的质量要求或外包服务要求；有关产品提供的程序性要求，如供方提交产品的程序、生产或服务提供的过程要求、设备的要求等；有关供方人员资格的要求；有关供方质量管理体系的要求。

在与供方沟通前，对采购信息进行审查批准，确保所规定的采购要求是充分与适宜的。

（33）关于标准 7.4.3 采购产品的验证的实施要点。采用检验或其他方式对采购产品进行验证，确保采购产品满足规定的要求。如果验证活动由组织或顾客在供方现场实施，则在采购信息中应规定采购产品的验证和放行方式。

（34）关于标准 7.5.1 生产和服务提供的控制的实施要点。策划生产和服务提供过程的控制，确保生产和服务提供过程得到有效控制。适宜时，受控条件包括：①获得有效的产品特性的信息，如产品规范、图样、服务规范等；②必要时，能得到生产和服务提供过程的作业指导文件；③使用、维护适合于生产和服务提供的设备；④配置、使用合适的监视和测量设备；⑤规定监视和测量方法，并按规定实施；⑥实施产品放行、交付和交付后的活动。

(35）关于标准 7.5.2 生产和服务提供过程的确认的实施要点。当生产和服务提供过程的输出不能由后续的监视或测量加以验证，使问题在产品使用后或服务已交付之后才显现出来，这样的过程通常称为“特殊过程”。组织应识别并确定是否存在这样的过程，并对其进行确认，证实这些过程具备实现策划结果的能力。

(36）关于标准 7.5.3 标志和可追溯性的实施要点。①在生产和服务提供过程中，当需要对不同产品加以区别时，应规定采用适宜的方法标志产品；②在产品实现全过程中，使用适当方法标志产品的监视和测量状态；③在有追溯性要求的场合，规定唯一性的标志方法，并对需要追溯的情况做出相应记录。

(37）关于标准 7.5.4 顾客财产的实施要点。顾客财产是指顾客所拥有的、为满足合同要求交由组织控制的或提供给组织使用的财产。当顾客财产在组织控制之下或由顾客使用时，组织应对其进行专门的标志，接收进行验证。贮存或使用时给予保护和维护，并得到正确使用；当发生丢失、损坏或发现不适用的情况，应加以记录并报告顾客。顾客财产可包括知识产权和个人信息。

(38）关于标准 7.5.5 产品防护的实施要点。当产品在组织内部处理，直至成品完成送至与顾客约定的地点之前，组织对产品均负有防护责任，包括：①建立适当的防护标志，如包装标志并正确使用；②提供适当的搬运方式和设备，防止在生产和服务提供及交付的搬运时损坏产品；③根据产品特点和顾客要求包装产品，重点在有利于产品搬运和贮存时的防护；④采购产品、中间产品和最终产品杂贮存期间应提供必要的环境和设施条件，采取有效的管理措施，防止产品损坏、变质或误用。

(39）关于标准 7.6 监视和测量设备的控制的实施要点。监视和测量设备直接影响产品或过程监视和测量结果的正确性，应予以控制以保持其测量能力与测量要求的一致性。①确定需要开展的监视和测量活动以及为完成这些监视和测量活动的设备；②对监视和测量过程进行控制，确保监视和测量活动的有效性；③测量设备的控制要求（对照能溯源到国际或国家的测量标准，按规定的时间间隔或在使用前进行校准或检定，当不存在上述标准时，应记录校准或检定的依据；在使用过程中，按规定要求进行调整或再调整；具有标志，以确定其校准状态；采取措施防止在调整时偏离校准状态，以使测量结果失效；在搬运、维护和贮存时防止损坏或失效；使用中若发现偏离校准状态，应对以往测量结果的有效性进行评价和记录，并采取适当措施）；④用于监视和测量的计算机软件，应确认其满足预期用途的能力，必要时重新确认。

(40) 关于标准 8.1 测量、分析和改进的总则的实施要点。为证实产品的符合性、确保质量管理体系的符合性、持续改进质量管理体系的有效性，组织应策划并实施针对这些目标的测量、分析和改进过程，策划结果中应确定包括统计技术在内的适宜方法及其应用程度。

(41) 关于标准 8.2.1 顾客满意的实施要点。顾客满意是指“顾客对其要求已被满足的程度的感受”，是测量质量管理体系绩效的方法之一。组织应监测顾客满意的信息，规定收集的渠道、方法和频次，并对收集到的信息加以分析利用。

(42) 关于标准 8.2.2 内部审核的实施要点。开展内部审核是为了查明质量管理体系实施效果及是否达到规定要求，及时发现存在问题并采取纠正措施，使质量管理体系持续有效运行。

(43) 关于标准 8.2.3 过程的监视和测量的实施要点。采用适宜的方法对质量管理体系的所有过程进行监视，必要时进行测量，证实过程是否保持其实现预期结果的能力。可考虑的方法有内部审核、过程审核、工作质量的检查活动、过程及其输出的监视和测量等。未达到预期目标和要求时应采取适当的纠正和纠正措施确保产品的符合性和过程的有效性。

(44) 关于标准 8.2.4 产品的监视和测量的实施要点。在产品实现的策划中，明确恰当地安排在产品实现的哪个阶段对哪些产品（采购产品、中间产品、最终产品）的特性如何进行监视和测量，记录符合接收准则的证据，表明经授权放行产品的责任人。

只有完成了各阶段的监视和测量活动，且产品符合接收准则，方可放行。如果得到授权人或顾客的批准，可以提前放行或交付。

(45) 关于标准 8.3 不合格品控制的实施要点。明确规定不合格品的判定、标志、记录、评审和处置。不合格品处置措施有：①采取返工等措施，消除不合格，经重新验证合格后放行或交付；②让步使用、放行或接收不合格品，这需经授权人员或顾客批准；③改变使用方式和用途（如降级使用或报废）。

在交付甚至开始使用后发现产品不合格时，仍应采取适当措施消除不合格的影响。

(46) 关于标准 8.4 数据分析的实施要点。①组织应确定、收集与评价质量管理体系和识别改进机会的有关数据，包括与产品质量有关的数据、过程运行能力有关的数据、同类产品的市场动态数据等；②选择适当的方法，包括统计技术进行数据分析；③数据分析的结果应能提供的信息（顾客满意方面的信息，包括满意和不满意的方面；产品要求的符合性；产品和过程的特性的现状及其趋势；供方产品和过程的相关信息）。

（47）关于标准8.5.1持续改进的实施要点。持续改进是增强满足要求的能力的循环活动，改进的重点是改善产品的特性和提高质量管理体系的有效性。①通过质量方针的建立和实施，营造一个激励改进的氛围与环境；②建立质量目标，明确改进方向；③通过数据分析、内部审核不断寻求改进的机会；④实施纠正和预防措施实现改进；⑤在管理评审中评价改进效果，确定新的改进目标。

（48）关于标准8.5.2纠正措施的实施要点。针对现存不合格的原因，采取适当措施，防止不合格再次发生。纠正措施包括以下步骤：①识别和评审不合格，特别关注顾客抱怨所引发不合格的评审；②通过调查分析确定不合格的原因；③评价确保不合格不再发生的措施需求，通过权衡风险、利益和成本，决定是否采取纠正措施；④确定、实施合适的纠正措施；⑤记录不合格的事实、原因、措施和结果；⑥评审纠正措施的有效性。

（49）关于标准8.5.3预防措施的实施要点。针对潜在不合格的原因，采取适当措施，防止不合格发生。预防措施包括以下步骤：①识别并确定潜在不合格并分析其原因；②评价采取措施的必要性和可行性；③确定、实施合适的预防措施；④记录潜在不合格的事实、原因、措施和结果；⑤评审预防措施的有效性。

小知识

在目前国内外通行的三种管理标准中，只有ISO 9001：2008的内容可以删减。从理论上讲，ISO 9001标准第7章“产品实现”均可删减，但实际工作中，常见删减的内容是：7.3设计和开发、7.5.2生产和服务过程的确认、7.5.4顾客财产等。只要有正当的删减理由，对标准删减后，仍可声称符合ISO 9001标准。而ISO 14001和OHSAS 18001标准则不能删减。

4.2.7 质量管理体系的建立与完善

质量管理体系的建立与完善一般要经历质量管理体系的策划与设计、文件编制、体系试运行与完善等三个阶段。

1. 质量管理体系的策划与设计

质量管理体系策划是质量策划的重要组成部分。它是质量管理体系总体设计，以及最终编制质量管理体系文件并加以实施的前提。质量管理体系的建立和实施不仅是对既定的质量方针和目标的实现出示了证据，也是对过去的承认和肯定，过去知识是未来的一个起点，而未来只有依靠不断的改进和创新去构筑。

质量管理体系策划与设计的步骤如下。

（1）组织落实，制订计划。建立统一规划、分级负责的组织机构是建立和完善质量管理体系的关键。一般根据企业的规模、产品特点和组织结构的不同可以有不同的形式。对于大中型组织一般应建立领导小组和工作小组两个层次的班子。

首先，应成立由决策层成员为首、各部门负责人参加的领导小组，日常工作由指定的管理者代表负责，承担总体设计和协调、指导工作。

其次，成立由各部门负责人及业务骨干参加的工作小组，负责过程的展开和落实，以及接口部分的协调和文件的编写工作，同时，他们也是保持质量管理体系有效运行和持续改进的骨干力量。

（2）教育培训，统一认识。质量管理体系的建立和完善的过程，也是提高认识、统一认识的过程。培训的重点是决策层及领导小组的标准宣贯、工作小组及骨干队伍的内审员培训。

（3）现状调查和分析。现状调查是确定体系涉及的产品及过程、体系覆盖的范围、体系文件的结构等的前提和基础。现状调查和分析的内容包括：产品及过程的特点，特别是主导产品的特点和工艺流程，包括关键过程和特殊过程的确定、外包过程的识别等；目前的组织机构设置及职能分工与质量管理体系要求的差异分析；组织内部涉及的区域、场所，以确定体系覆盖的范围；资源状况，包括各类人员、生产设备和检测设备的状况等；管理的基础工作，包括标准、计量、质量方面的工作，以及现行的质量文件、记录和信息等。

（4）质量管理体系总体设计。总体设计方案应由管理者代表领导下的工作小组提出，经最高管理者主持的决策会议审定。主要内容包括：质量方针和质量目标；质量管理体系覆盖的范围；组织结构及质量职能的分配；质量管理体系过程及接口关系；质量管理体系的文件结构及编制要求。

2. 质量管理体系文件编制

质量管理体系文件编制的原则及其注意事项如下。

（1）文件的形成不是目的，而是一项增值的活动。质量管理体系文件既是对现有的管理活动的肯定，又是为进一步的改进和创新奠定基础。同其他标准一样，作为一个管理标准，它既有规范的功能，又有制约的机制。从某种意义上讲，产品质量的改进，总是伴随着质量管理体系的创新，而这些又都会随着质量管理体系文件的实施和文件的更改。

（2）在编制质量管理体系文件时，应当遵守符合性和有效性这两个原则。体系文件应符合 ISO 9001 标准的要求，符合组织的实际情况，注重实效，不做表面文章。一个有效的质量管理体系的前提是有一套适用质量管理体系的文件，使之成为开展质量活动的依据。

（3）组织可以运用灵活的方式将其质量管理体系形成文件。文件与组织的全部活动或所选择的部分活动有关，可采取任何形式或类型的媒体。没有文件不行，但并不是文件越多越好或越细越好。组织所制定的文件的多少和详略程度应以能够证实其对质量管理体系及其过程进行了有效的策划、运作、控制和持续改进为宜，文件的多少和详略程度取决于组织的规模和活动的类型、过程及其相互作用的复杂程度、人员能力。

（4）体系文件的编制要制定统一的规范，做到结构层次、编写格式的规范、统一、完整，文件之间的接口关系清晰、明了。

3. 质量管理体系的试运行与改进

实践是检验真理的唯一标准。编写的文件是否有效，过程网络的运行是否协调，都需要通过试运行来检验。经过试运行，暴露出诸多矛盾和问题，采取纠正措施加以改进，进一步修改和完善体系文件。在体系运行中不断改进，在改进中不断运行。质量管理体系的试运行与改进主要应注意以下四个环节。

（1）体系文件的培训。试运行阶段的培训重点在执行层，可举办各种形式的质量管理体系文件培训，以及岗位职责培训，特别是与体系运作有关的人员应当明确应该做什么、怎么做、为什么这么做、记录什么，以及发现差异如何纠正等问题。

（2）重视信息管理。信息管理是质量管理体系试运行乃至今后体系正式运行中的重要工作，应做好信息的收集、分析、传递、反馈及处理。只有做好了这些工作，才可以说组织的质量管理体系真正建立起来了。

（3）内部审核和管理评审。质量管理体系试运行一段的时间后，通常是 3 个月以后，就应由内审员对质量管理体系进行审核，即进行内部审核来检验质量管理体系的符合性和有效性。在内部审核的基础上，由组织的最高管理者对质量管理体系的运行情况进行评审，即管理评审，确保质量管理体系的适宜性、充分性和有效性。

（4）纠正措施和预防措施。在质量管理体系运行过程中，不可避免会发生或可能发生不合格，对已发生的不合格及其原因进行分析，采取纠正措施以防止其再次发生；对可能发生的即潜在的不合格及其原因进行分析，采取预防措施以防止其发生。纠正措施和预防措施，以及内部审核和管理评审，是保持质量管理体系活力，形成质量管理体系自我发现、自我控制、自我完善机制必不可少的环节。

> **小知识**
>
> 质量管理体系一旦建立，企业就应该按照体系规定的要求运行，但它并不是一成不变的。随着体系的运行，经过日常检查、内部审核和管理评审，通过纠正措施和预防措施的实施，对体系不适宜之处会进行修订，不断完善。这就是质量管理体系所具有的持续改进功能。

4.3　让质量管理体系发挥威力

如何让质量管理体系发挥威力？关键是编写符合组织实际的质量管理体系文件。

4.3.1　质量管理体系文件

1. 质量管理体系文件的目的和作用

ISO 9000族标准强调指出，组织应建立质量管理体系并形成文件。质量管理体系文件的编制与正式实施是质量管理体系建立与实施的重要标志。质量管理体系文件可帮助组织实现以下目的。

（1）描述组织的质量管理体系。

（2）将管理者对质量的承诺传达给员工。

（3）帮助员工理解其在组织中的作用，从而加深其对工作的目的和重要性的认识。

（4）为期望的工作绩效提供基础。

（5）为新员工培训和现有员工的再培训提供基础。

（6）通过将过程形成文件以达到作业的一致性。

（7）通过将体系形成文件为顾客提供信心。

（8）向相关方证实组织的能力。

续表

质量手册目录（QMS 过程）	程序文件（第二层次）	作业指导书（第三层次）	记录及其他文件
7 产品实现			
7.1 产品实现的策划	产品实现策划程序		质量计划、产品实现流程图
7.2 与顾客有关的过程	与顾客有关的过程控制程序	合同管理办法	投标文件评审表
			重点合同评审表、一般合同评审表
7.3 设计和开发	产品设计和开发控制程序	设计评审、验证、确认办法；设计更改作业指导书；图样标准化审查及工艺性审查办法；应用软件设计作业指导书	设计和开发计划
			设计任务书、任务分配单
			设计评审、验证、确认报告
			图样更改单
7.4 采购	采购控制程序	外协加工的监制、验收要求；关键零部件、原材料采购规范	合格供方清单
			供方评价报告
			外协加工监制、验收记录
7.5 生产和服务提供			
7.5.1 生产和服务提供的控制	工艺设计开发控制程度；生产和服务提供过程控制程序	关键过程（工序）作业指导书；特殊过程（工序）作业指导书；电控设备装配工艺规程；总装配调试通用规程；安装及售后服务通用要求	工艺流程图、生产计划
7.5.2 生产和服务过程的确认			关键过程（工序）控制卡
7.5.3 标志和可追溯性			特殊过程（工序）确认表
7.5.4 顾客财产			顾客财产验证/维护记录
7.5.5 产品防护			产品交付单
7.6 监视和测量设备的控制	监视和测量设备控制程序	计量器具检验规范	监视和测量装置台账
8 测量、分析和改进			
8.1 总则			

续表

质量手册目录（QMS过程）	程序文件（第二层次）	作业指导书（第三层次）	记录及其他文件
8.2 监视和测量			
8.2.1 顾客满意	顾客满意监视和测量控制程序	顾客满意程度统计评价方法	顾客满意程度调查表
			顾客不满意问题处理表
8.2.2 内部审核	内部审核控制程序		审核方案（年度内审计划）
			内部审核实施计划
			内部审核现场检查表
			不合格项报告及纠正措施表
			内部审核报告
8.2.3 过程的监视和测量		特殊工序工艺参数监测记录	
8.2.4 产品的监视和测量	产品的检验和试验控制程序	产品检验规范	采购产品检验记录
			中间产品检验记录
			例外转序（紧急放行）申请表
			首件/关键工序检验记录
			最终产品检验记录
8.3 不合格品控制	不合格品控制程序		不合格品报告单
			废品/次品统计记录
			让步接收申报单
8.4 数据分析	数据分析控制程序		排列图、因果图、直方图、相关图
8.5 改进			
8.5.1 持续改进			
8.5.2 纠正措施	正和预防措施控制程序		不合格纠正措施记录
8.5.3 预防措施			潜在不合格及预防措施表

小知识

质量管理体系文件的结构可以按 ISO 9001 标准的章节顺序编写，也可以根据企业的生产或工作流程编写。无论采取何种编写方式，只要包括了标准要求的全部内容即可。

4.3.2 质量手册

1. 质量手册的一般结构组成

主要包括：手册封面，文件更改记录，目录，章节编号及内容等。

2. 质量手册的主要内容要求

（1）手册封面。包括企业名称、手册标题、版本编号、受控状态及受控号（手册编号）、发布日期、实施日期。

（2）手册目录。列出手册各章节号码及名称，便于查阅。

（3）评审、批准和修订状态标志及手册发布令。在手册中应清楚标注其评审、批准和修订状态及日期；在手册中应有最高管理者的质量手册发布令。

（4）术语和定义。首先注明手册中使用的通用术语所依据的标准（一般是ISO 9000：2005 标准），再对本企业特有的相关术语和概念进行定义或说明。

（5）企业概况。简要介绍本企业名称、规模、历史沿革、在行业中的地位、主要产品、生产工艺和装备特点、业务及市场、质量管理发展及成绩、地点及联系方式等。

（6）质量方针和目标。质量方针发布令，对质量方针和质量目标的解释或说明。

（7）质量管理体系覆盖范围及删减说明。写明质量管理体系依据的管理体系标准及覆盖范围（包括适用的产品范围、地域和工作场所范围、过程范围）。示例：某市某地某厂的电冰箱和分体式空调器的设计开发、生产、安装和售后服务全过程。

如对标准条款有删减，应对删减细节和合理性进行说明。

（8）质量管理体系描述。它是手册的最重要的核心内容，也是篇幅最多的内容（一般占70% ~80%）；要覆盖 ISO 9001 标准的所有内容（合理删减除外），重点描述对质量管理体系过程的要求及其相互作用；要表明与程序文件的接口关系，可以引用相关程序文件的概略内容（相当于程序内容的摘要），也可将程序文件直接编入手册的该部分（小型企业）；由于制造业的产品实现过程与 ISO 9001 标准的条款顺序十分吻合，因而建议可完全按标准的条款顺序编写（参见表 4-7），但注意写出本企业的特点。

（9）支持性文件附录。包括质量管理体系职能关系及查询途径。

小知识

质量手册是规定组织质量管理体系的文件，它是 ISO 9001 标准所要求的，每个按 ISO 9001 标准建立质量管理体系的企业必不可少，但其内容可繁可简。繁可将程序内容的概要甚至整个程序纳入手册，简可将描述体系过程的要求及其接口，包括程序文件的引用。

4.3.3 程序文件

程序文件的通用结构和基本内容如下。

（1）封面标题：企业标志、名称、文件名称、文件编号、版本号、受控号、发布日期、实施日期等。

（2）目的和范围：阐明该程序的目的，适用的过程、产品、质量活动和部门、场所、人员，以及不适用的界限。

（3）职责和权限：明确实施该程序的责任部门、相关部门及其职责与相互关系。

（4）工作程序：程序文件的主体。应按质量过程的工作流程和逻辑顺序逐项列出过程要求、控制要点。一般应满足 5W1H 的要求，即：明确做什么（What）；为什么要做（Why）；明确各项活动的执行人（Who）；规定各项活动的时间、频次等（When）；各项活动的地点（Where）；具体的过程控制办法及如何做（How），如有必要，可在此处引出第三层次的相关文件。

（5）记录：明确相关的记录要求和记录表单。

小知识

程序文件是以文件的形式将完成 QMS 过程所需要的方法和途径进行描述的第二层次文件。在 ISO 9001 标准中，要求形成程序的 6 个过程是：文件控制、记录控制、内部审核、不合格品控制、纠正措施、预防措施。其他过程是否编制程序由企业根据自身特点确定。

4.3.4 作业指导书

作业指导书的一般内容包括如下六方面。

（1）标题，适用范围，文件标志，批准实施日期。

（2）作业资源，即工具、设备、工作环境、人员要求、工艺流程卡、图纸等。

（3）作业标准，包括工艺参数、过程的质检标准、统计抽样标准。

（4）作业方法与步骤。

（5）控制及管理重点、注意事项。

（6）记录要求。

> *小知识*
>
> 作业指导书是用来阐明某项具体的过程或活动如何实施的操作性文件，其性质分技术性和管理性两种，其内容也涉及5W1H，但重点是讲明如何做(1H)。由于所涉及的活动和过程具体、单一，使用人员也相对固定，因而内容要求简明扼要，使操作者能够准确理解并按期操作即可。

4.4 策划质量管理体系的组织结构

质量管理组织结构示例如图4－5所示。

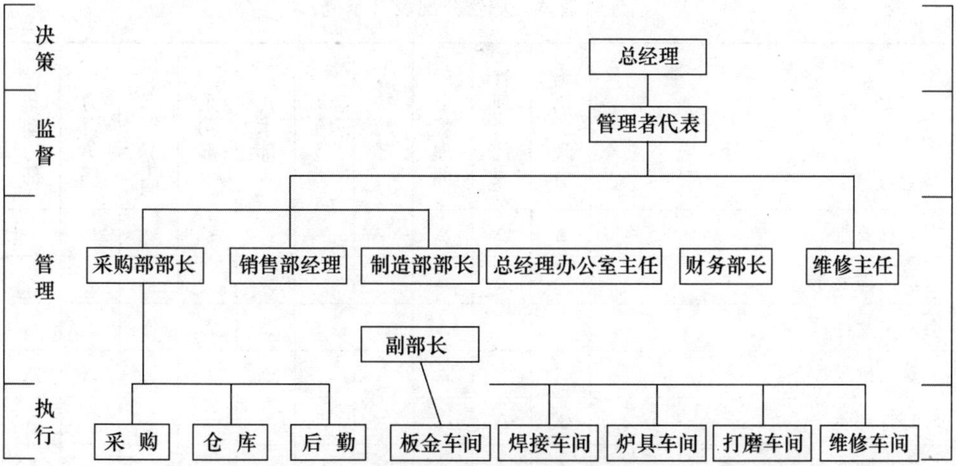

图4－5　某厨具有限公司的质量管理组织结构

组织结构是质量管理体系运行的基础，策划时应注意以下问题。

4.4.1 发挥领导的作用

在质量管理组织结构中，领导起着非常重要的作用：首先要明确组织的发展方向，即制定质量方针；其次，要明确组织内的机构及其职责；最后，要按策划的时间间隔主持管理评审，检查质量管理体系的充分性、适宜性和有效性，同时为下一步工作指明新的方向。

4.4.2 任命管理者代表

最高管理者应在管理层中指定一名管理者代表，并授予其相应的权利：在体系建设方面，确保建立、实施和保持质量管理体系；对管理层和执行层，确保在组织提高满足顾客要求的意识；对决策层，向最高管理者报告质量管理体系的业绩和改进的建议。充分发挥管理者代表承上启下的作用。

4.4.3 落实各部门的质量职责

与质量管理体系有关的部门都应在体系中承担相应的职责，与之相对应，质量管理体系要求中的各个条款均应有相应的责任部门和相关部门负责。质量管理体系的职责分配示例见表 4－8。

表 4－8　　质量管理体系职责分配表（示例）

职责 / 部门 / 质量管理体系要求	最高管理者	管理者代表	质量管理部	检验部	市场部	技术部	采购部	制造部/车间	人力资源部	设备动力部
4.1 总要求	▲	△	△							
4.2 文件要求		△	▲							
4.2.3 文件控制			▲	△		△	△	△		△
4.2.4 记录控制			▲	△	△	△	△	△	△	△
5.1 管理承诺	▲	△								
5.2 以顾客为关注焦点	▲	△	△		▲					
5.3 质量方针	▲		△		△					
5.4 策划/质量目标	△	▲	△	△	△	△	△	△	△	△
5.5.1 职责和权限	▲	△	△	△	△	△	△	△	△	△

续表

职责 部门 / 质量管理体系要求	最高管理者	管理者代表	质量管理部	检验部	市场部	技术部	采购部	制造部/车间	人力资源部	设备动力部
5.5.2 管理者代表		▲								
5.5.3 内部沟通	△	▲	△	△	△	△	△	△	△	△
6.1 资源提供	▲								△	△
6.2 人力资源	▲	△	△					△	▲	
6.3 基础设施	▲	△	△			△		△		▲
6.4 工作环境	▲	△	△			△		▲		▲
7.1 产品实现的策划		△	△	△		▲		△		△
7.2 与顾客有关的过程			△		▲	△				
7.3 设计和开发			△			▲	△	△		
7.4 采购			△	△			▲	△		
7.5.1 生产和服务提供的控制			▲	△		△	△	▲		△
7.5.2 生产和服务提供过程的确认			△	△		▲	△	▲	△	△
7.5.3 标志和可追溯性			△	△		△	△	▲		
7.5.4 顾客财产			▲			△	△	△		
7.5.5 产品防护					△		▲	▲		
7.6 监视和测量装置的控制			△	▲				△		△
8.1 测量分析和改进总则	▲	△	△							
8.2.1 顾客满意	△	△	△		▲					
8.2.2 内部审核		▲	△							
8.2.3 过程的监视和测量			▲	△	△	△	△	△	△	△
8.2.4 产品的监视和测量			△	▲		△	△	△		
8.3 不合格品控制		△	▲	△	△	△	△	△		
8.4 数据分析			▲	△	△		△	△		
8.5.1 持续改进	▲	△	△	△	△	△	△	△	△	△
8.5.2 纠正措施		▲	△		△		△			
8.5.3 预防措施		▲	△		△		△			

注：▲为责任部门；△为相关部门。

小知识

明确质量管理体系的组织结构，目的是分清层次及其相互关系、明确职责和权限。各部门在质量管理体系中的职责和权限既不能有遗漏，又不能重复交叉。职责和权限遗漏时，会造成某项工作无人负责，重复交叉又会在成政出多头、扯皮推诿现象。

4.5 组织好内审和管理评审

4.5.1 审核及内部审核基本知识概述

1. 审核的基本概念

在 ISO 9000：2005 标准中，审核的定义是“为获得审核证据并对其进行客观的评价，以确定满足审核准则的程度所进行的系统的、独立的并形成文件的过程”。

该定义可理解为：

- 审核是一项基于审核证据的活动，是对审核证据进行收集、整理、分析和评价的过程；
- 审核是系统的、独立的及形成文件的过程；
- 审核是一项符合性的检查活动，即将收集到的审核证据与审核准则相比较，以确定审核证据满足审核准则的程度。

2. 与审核有关的三个术语

（1）过程：审核是一个过程，是一组将输入转化为输出的相互关联或相互作用的活动。

（2）审核证据：与审核准则有关的并且能够证实的记录、事实陈述或其他信息。

（3）审核准则：用作依据的一组方针、程序或要求。

3. 审核的类型

审核的分类如表 4 - 9 所示。

（1）按审核委托方不同可将审核分为第一方审核、第二方审核和第三方审核。第一方审核，即内部审核，由组织自己或以组织的名义进行，出于管理评审或其他内部目的，确保组织自身质量管理体系持续有效，以取得组织的管理者的

表 4-9　　　　审核的分类

序号	分类依据	审核类型
1	审核委托方	第一方审核、第二方审核、第三方审核
2	实施的主体	内部审核、外部审核
3	审核的对象	体系审核、产品审核、过程审核
4	审核的领域	质量审核、环境审核、职业健康安全审核

信任，可作为组织自我合格声明的基础。第二方审核，由组织的顾客或以顾客的名义进行的审核，旨在促进组织保持和改进其产品质量和管理体系，赢得顾客的信任。第三方审核，由外部独立的第三方机构进行的审核，旨在促进受审核方保持和改进其产品质量和管理体系，为顾客或潜在顾客提供信任。

（2）按审核实施的主体不同可将审核划分为内部审核和外部审核。上述第一方审核为内部审核，第二方审核和第三方审核属于外部审核。

（3）按审核对象不同可分为体系审核、产品审核、过程审核。

（4）按审核领域的不同可分为质量管理体系审核、环境管理体现审核、职业健康安全管理体系审核。当质量管理体系和环境管理体系、环境管理体系和职业健康安全管理体系或质量管理体系和环境管理体系、职业健康安全管理体系一起接受审核时，这种情况称为结合审核。当两个或两个以上的审核机构合作，共同审核一个受审核方时，这种情况称为联合审核。

4. 内部审核的作用、特征和实施关键

（1）内部审核的作用和目的。定期评价体系的符合性（标准和体系文件）和有效性；集中发现一批体系运行中的问题，纠正预防，持续改进；管理评审的重要输入，与管评一道为迎接外审做准备。

（2）内部审核与日常监测、管理评审的联系与区别（见图 4-6 和表 4-10、表 4-11）。

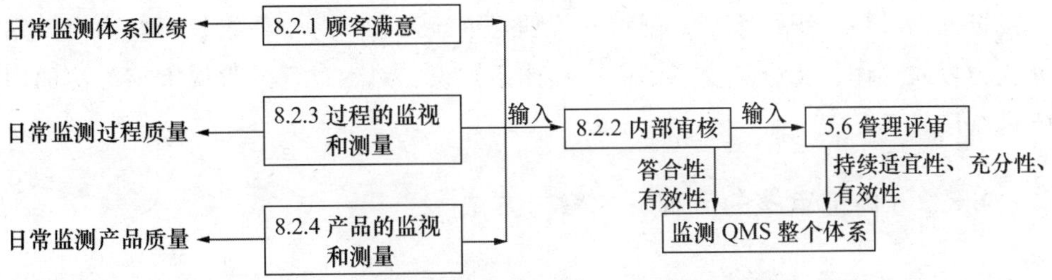

图 4-6　内部审核与日常监测、管理评审的联系

表 4-10　　内部审核与过程监视和测量的比较

比较项目	8.2.3 过程监视和测量	5.6 内部审核
监测对象	过程（包括四大过程，重点为产品实现过程）	管理体系（QMS） （包括过程、结构职责、资源、文件）
目的	监测过程的状况，确定过程是否受控	评价 QMS 的符合性、有效性
执行者	过程的管理人员和操作人员	管理者代表及内审员
频次	日常，与过程实施同时进行	定期（一年 1~2 次）
方法	工序审核、工艺纪律检查、过程有效性评价、重要过程工艺参数及输出结果的检验等	提问交谈、查阅文件记录、现场观察
记录形式	日常监测记录、过程评价报告等	现场检查表、内审报告、不合格报告等
两者联系	可视作内审工作的延长，是日常的内审	是对 QMS 全部过程的集中的系统性监测

表 4-11　　内部审核和管理评审的比较

比较项目	8.2.2 内部审核	5.6 管理评审
监测对象	管理体系	
目的及内容	评价体系的符合性和有效性；针对发现的不合格项进行改进	评价体系的持续适宜性、充分性、有效性；提出持续改进的方向和大的改进措施
依据	三项审核准则	七项管评输入：顾客期望和需求
执行者	管理者代表和内审员	最高管理者主持，相关管理层参加
方法及场所	管理和生产活动全部现场（提问交谈、查阅文件记录、现场观察）	在会议室召开管评会议
两者联系	是后者的输入	包括对前者的评定

（3）提高内审质量和有效性的关键：①各级领导层重视，亲自组织并参与；②推进部门具体组织与策划，制定并管理好审核方案；③审核组长编好内审计划并全力投入工作；④有一支了解标准和体系知识、熟悉过程、掌握审核方法的内审员队伍。

4.5.2　内部审核的流程、内容与方法

1. 内部审核基本概念

（1）审核范围。同体系覆盖范围，由覆盖的产品范围决定，涉及对产品、过

程、部门和场所的范围界定。

（2）审核准则。GB/T19001－2008 标准；组织编制的 QMS 文件；适用的法律法规和强制性标准。

（3）审核方法。提问交谈，查阅文件和记录，现场观察。

（4）审核方式（编制现场检查表的思路）：①按部门审核，适合大多数中型以上企业（以部门为线索实施审核：负责过程必查、深入查；配合过程选查、一般查）；②按过程（条款）审核，适合特小型或小型企业（以过程或条款为线索实施审核：责任部门必查、深入查；相关部门选查、一般查）。

2. 内部审核的一般流程与步骤

如图 4－7 所示。

3. 制定审核方案及审核方案的管理

（1）审核方案与审核计划的区别（见表 4－12）。

表 4－12　审核方案与审核计划的比较

	审核方案	审核计划
定义	针对特定时间段所策划，并具有特定目的的一组（一次或两次）审核	对一次审核活动和安排的描述
对象	对一个项目（组织）的一组审核的总体策划	对一次审核活动的具体策划，可视为审核方案的一部分
性质	长期计划，总体安排	近期计划，具体安排
内容	针对接受审核的一个组织（项目）： ·审核类型、类别、数目、频次、时间间隔的总体策划和组织 ·可包括多次审核 ·可包括不同审核目的、准则、范围 ·可包括一体化（结合）审核和联合审核 ·包括职责、程序和资源 ·制定、实施、监视评审和改进，体现 PDCA	针对一次具体的审核活动： ·审核组组成和分工 ·审核目的和准则 ·审核范围 ·受审核部门及过程（要素） ·现场审核地点和日程安排 ·制定和实施
编制和实施者	审核方案管理者	审核组长

（2）如何制定审核方案。

- 时间段的选取：最好为 3 年（外审周期），也可为 1～2 年的年度审核工作

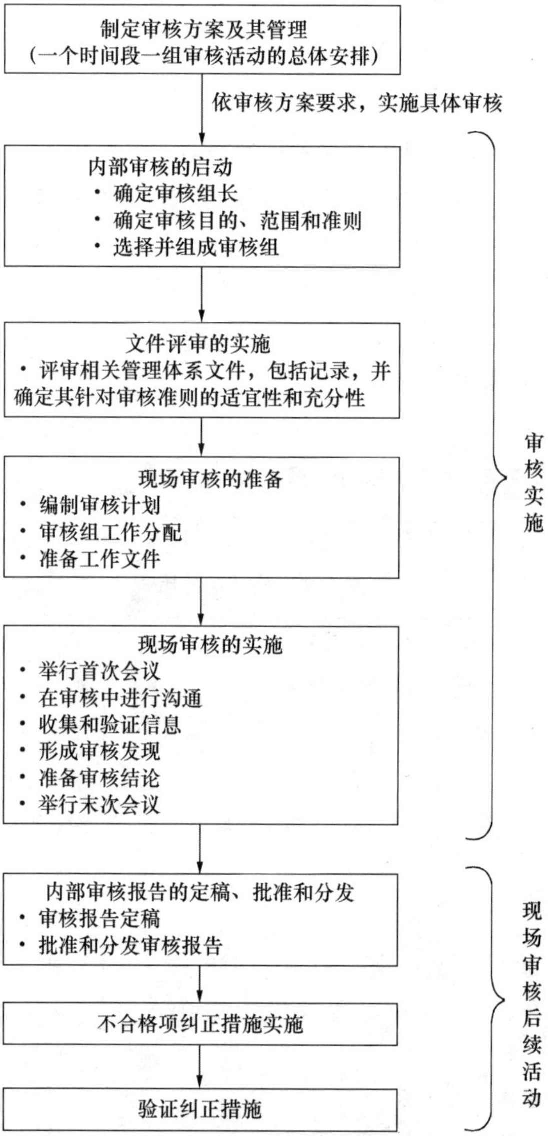

图 4－7　内审活动一般工作流程

的总体安排。

●内容：时间段内不同体系、审核类型、审核类别的总体安排；审核工作的资源及程序。

●依据：企业实施管理体系的进度及历史；顾客及认证机构的要求；企业的

规模、性质和复杂程度。

4. 内审活动的实施

（1）审核的启动。确定审核组长；确定审核目的、范围和准则；选择并组成审核组。

（2）文件评审的实施。

（3）现场审核准备。①编制审核计划。首先决定审核方式（按部门审核、按过程审核）；一次完整审核要覆盖体系所有部门和标准所有条款（删减例外）；合理安排各部门审核时间，保证对最高管理层、推进部门和重要过程部门的审核时间；按部门审核共性的必查条款（如 5.4.1、5.5.1）可在计划中统一说明；中型以上企业一般应分为两个以上审核小组实施审核；审核计划要提前下发到相关部门。②审核组工作任务分配。③准备工作文件。编制现场审核检查表，其他审核用记录表单。

（3）现场审核的实施（见图 4-8）。①召开首次会议。②收集和跟踪验证信息，获取审核证据。正面（符合性、有效性）证据；负面（问题）证据。③对照准则评价证据，形成审核发现。体系符合性、有效性的审核发现；存在问题的审核发现（包括不合格项）。④讨论并形成审核结论。体系符合性、有效性评价和改进方向；不合格项报告。⑤召开末次会议。

5. 现场审核后的后续活动

审核报告的定稿、批准和分发；不合格项的纠正措施和验证活动。

4.5.3 提高内部审核有效性的思路和技巧

1. 编制现场审核检查表

编制现场审核检查表可以明确受审核部门所需审核的过程和审核重点；使审核按规定的时间进度规范化、系统化进行；作为重要的内审记录归档。

现场审核检查表的设计原则、依据及方法如下。

（1）根据审核方式，设计不同类型的检查表，均要采用过程方法。

- 部门检查表：覆盖该部门涉及的所有过程和活动（适用大多数企业）。
- 过程检查表：覆盖该过程涉及的所有部门和活动（适用特小型企业）。

过程检查表是部门检查表的基础和依据，两者均采用过程方法。

（2）根据受审核部门的职能和过程特点，设计检查的过程及重点。根据职能，决定审核的过程（条款）；根据过程（产品、设施、人员）特点，决定审核重点、获取的证据和抽样方法。

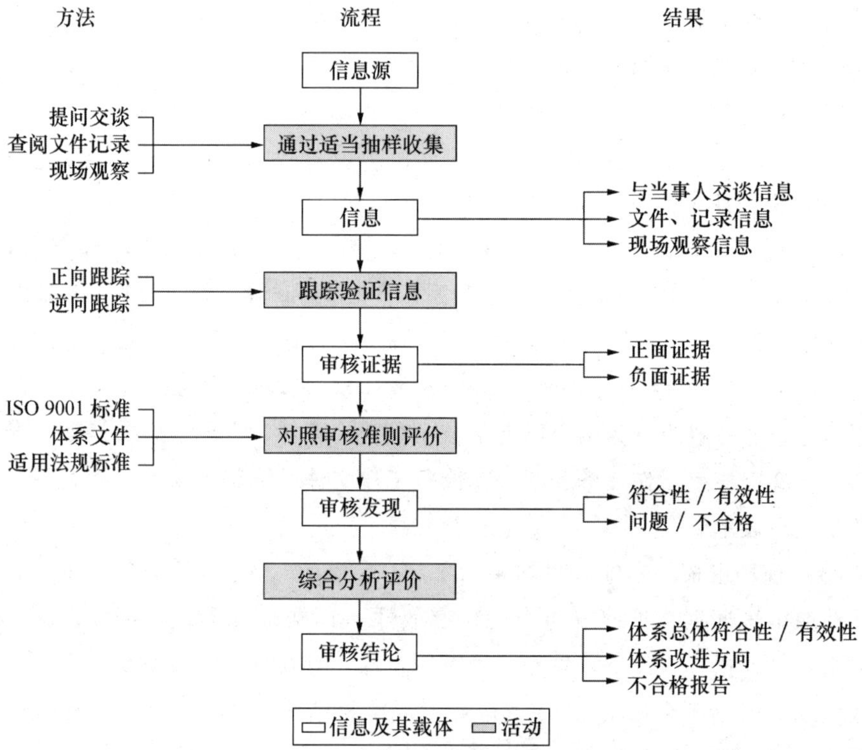

图 4－8　从信息源→审核结论的审核实施流程及主要内容图

（3）根据审核准则的要求，设计检查的条款和检查项目。

• ISO 9001 标准：注意条款不能遗漏，同一条款可能涉及多个部门，有的条款所有部门必检。

• 体系文件：根据文件决定不同部门的审核重点及检查项目更有可操作性。

• 法规要求：编制某些部门（最高管理层、质管质检、设计开发）检查表的重要依据。

（4）审核方法及抽样的代表性。三种审核方法在不同部门的比例要合理；抽样要有代表性；合理抽样的数值一般可按总样本数 X 的$\sqrt{x}$抽取；突出重点，注意分层。

3. 审核技巧和注意点

（1）审核组长控制好审核全过程。

（2）现场审核掌握好“问、听、看、记”四字要诀。善于提问；注意倾听；仔细查看（查阅相关文件和记录、重视现场观察）；做好记录。

（3）合理抽样（见 4. 3. 1）。

(4) 掌握好深入审核的切入点。以 ISO 9001 标准各条款的联系特别是顾客主线作为切入点；以体系文件的职责分工和具体要求作为切入点；以从管理层和主管部门了解到的宏观、综合、全面信息作为审核基层部门的切入点；以审核员掌握的专业知识作为切入点。

(5) 追踪验证，从体系高度追根溯源，找出问题的根源。①正向跟踪，如顾客要求→顾客满意度，文件→实施，订单→交付，原材料→成品完工，质量影响因素→结果，设备台账→车间使用，培训计划→关键岗位人员操作；②逆向追溯，如顾客满意度→顾客要求，现场记录→文件规定，交付→订单，装配调试→原材料及零部件采购，产品质量→影响因素的控制，设备使用→设备台账，关键岗位人员操作→培训计划。

(6) 综合分析评价，得出客观、公正的审核结论。

4. 如何判定不合格项及书写不合格项报告

(1) 不合格项分类。文件性不合格、实施性不合格、效果性不合格。

(2) 不合格项的性质（严重程度）。

严重不合格项即可能导致管理体系失效或产生严重后果的不合格，造成系统性失效或区域性失效的不合格。次之为一般不合格项。

不合格项的确定原则主要有：必须以客观事实为基础；必须以审核准则为依据；与受核方共同确认事实；审核组内形成一致意见。

(3) 以认证标准为准则的判标（判定不符合条款）方法和技巧。

- “就近不就远”：选定最贴切、直接相关的条款。
- “先进门再对号入座”：能细则细，至少判至二级条款，尽量判至三级条款及至三级条款下。

注意区分联系紧密但有差别的条款，避免混淆。

(4) 不合格项报告的内容。不合格事实及理由的描述，依据的审核准则，不符合条款，严重程度（性质），对纠正措施的时间及形式要求，审核员的验证方式及验证记录。

4.5.4 管理评审

1. 管理评审的目的、依据和任务

管理评审是为了确保质量管理体系的适宜性、充分性和有效性，达到预定的目标所进行的活动，应评价组织的质量管理体系变更的需要，包括质量方针与质量目标。

(1) 管理评审的目的。管理评审的目的，是验证质量管理体系及质量方针、质量目标能否持续满足顾客现实的和潜在的需求与期望，确保质量管理体系适应组织内外部环境变化的能力。

（2）管理评审的依据。顾客的期望；组织经营发展的战略、目标；质量方针和质量目标；组织资源的实力和产品寿命周期；组织的质量环境及其变化趋势；ISO 9001 标准的要求。

（3）管理评审的任务。评价质量方针和质量目标的实现情况，确保组织不断满足顾客的期望和要求；识别质量管理体系的薄弱环节，寻求改进机会；评价质量管理体系外部环境或质量体系变化而改进的需求；评价体系的充分性、适宜性和有效性；评价质量管理体系持续改进所需的各种资源。

2. 管理评审的策划

应根据质量管理体系的整体运行的需要，按策划的时间间隔，由最高管理者主持、管理层及各部门负责人参加管理评审。

（1）管理评审的时机。组织通常每年进行一次管理评审，两次评审的时间间隔不超过 12 个月；当质量管理体系环境发生重大变化后应适时组织管理评审。管理评审可安排在每年年底或年初，与组织的工作总结结合进行。

（2）管理评审内容。为保证管理评审的效果，应有足够的信息输入。管理评审的输入通常包括：审核的结果，包括内部审核、第二方审核和第三方认证审核的结果；顾客的反馈，包括顾客的投诉和顾客满意或不满意的信息；过程的业绩和产品的符合性，如过程能力分析、资源配置及利用率分析、产品合格率分析等；预防和纠正措施的状况；以往管理评审的实施情况及效果评价；可能影响质量管理体系的变更，如出现新技术、相关法律法规和标准的变化等；改进的建议。

3. 管理评审会议的召开

（1）评审准备。管理评审的准备工作通常由管理者代表负责，主要内容有：检查管理评审计划中分配的任务的完成情况，确定会议时间，确定参加会议的人员，组织有关部门准备评审输入资料。

（2）评审会议。评审会议由最高管理者主持，各部门负责人和有关人员参加，按评审内容开展讨论和评价。主持人应注意评价结果的有效性。会议过程应有记录。

（3）评审报告。根据管理评审输入和评审会议记录，编制评审报告。管理评审报告是一份完整、规范的会议总结文件，需经最高管理者批准后发布。管理评审报告中，应对质量管理体系的适宜性、充分性和有效性作出正式的评价。

管理评审报告的示例见表 4 – 13。

表 4－13　　　　××公司管理评审报告

<table>
<tr><td>评审目的</td><td colspan="7">评价公司质量管理体系的适宜性、充分性和有效性，确定第三方认证审核的可能性和审核时间</td></tr>
<tr><td>评审日期</td><td colspan="2">2007 年 5 月 10 日</td><td>地点</td><td colspan="2">二楼会议室</td><td>主持人</td><td>张总</td></tr>
<tr><td>评审输入</td><td colspan="7">略</td></tr>
<tr><td>与会人员</td><td colspan="7">见会议签到</td></tr>
<tr><td colspan="8">管理评审综述</td></tr>
<tr><td colspan="8">质量管理体系建立和实施概况
质量方针贯彻、质量目标完成情况（略）
质量管理体系内部审核情况（见内审报告）
产品质量分析（略）
市场分析（略）
过程质量分析（略）
纠正和预防措施的实施情况（略）
各部门工作报告及改进建议（略）
上次管理评审措施跟踪：（本次评审为第一次评审，故暂无此项内容）</td></tr>
<tr><td colspan="8">评审结论</td></tr>
<tr><td colspan="8">公司的质量方针和质量目标适宜，质量管理体系文件适宜、充分，管理体系运行有效，能够以防止不合格品来满足顾客的要求，符合法规，能够贯彻公司的方针，实现公司的目标。本次评审反映比较欠缺的数据分析和预防措施方面，是今后改进的重点。改进计划由管理者代表组织制定并实施。</td></tr>
<tr><td>序号</td><td colspan="2">问题点</td><td colspan="2">改进措施</td><td colspan="2">完成期限</td><td>负责人</td></tr>
<tr><td></td><td colspan="2"></td><td colspan="2"></td><td colspan="2"></td><td></td></tr>
<tr><td>批准</td><td colspan="7">同意评审结论，对会上确定的改进事项应抓紧落实，请管理者代表安排实施并跟踪验证。
批准人：张××2007 年 5 月 12 日</td></tr>
</table>

小知识

内审和管理评审虽然是质量管理体系所特有的工作，但也可以和企业的日常工作结合进行。内审既可以结合日常工作检查采取滚动方式进行，也可采取集中的方式统一实施。管理评审可以结合半年或年度工作总结实施，从而实现体系与日常工作的有机结合。

4.6 质量管理体系建设和完善的难点

4.6.1 质量管理体系与原有管理的结合问题

绝大多数企业在建立质量管理体系之前，都有一些管理制度，形成了企业的管理方式。在新建质量管理体系时，如果目的不是为了提高管理水平，而主要是为了取得认证证书，往往容易造成质量管理体系是一套东西，而且完全与企业的实际脱节，这就形成了“两张皮”的问题。

要解决这一问题，必须从认识上有所转变，通过认证不仅仅是为了取得认证证书，还要把取得证书作为一个新的起点，逐步提高企业的管理水平。在建立体系的初期，可能是咨询人员不太了解企业的实际情况，或者是企业的人员对标准的理解不够深入，因此，编制出来的程序文件可能有很多不符合企业实际的地方，以至于造成原来的工作还必须要做，质量管理体系的要求也要完成。

（1）体系建立初期，为保证体系的正常运行，各项质量活动必须严格按照体系文件的要求执行，即使文件规定有问题也先执行。

（2）在执行过程中，对问题进行客观的分析，如果是文件规定合理，原来企业的做法不对，那么坚决按要求执行；如果企业原来的做法没有问题，只是文件规定不合理，那完全可以文件控制程序的规定对文件进行必要的修订。

（3）体系运行实际上就是一个不断磨合的过程，经过上述两个步骤的磨合，质量管理体系必定会不断完善、管理水平会不断提高。

4.6.2 只注意表面文章而忽略实际效果

从表面上看，有很多企业的管理体系运行似乎很好——标准要求的文件的都很齐全，程序要求的记录也都不缺，企业自己做的顾客满意度也在提高，但产品的实物质量未见明显提高反而还下降，企业经营业绩也不见明显改善。究其原因，多为体系要求并没有真正落到实处。

实施质量管理体系，很重要的一条是要取得实效，否则，只做表面文章，每年在认证机构审核前临时编造出比较齐全的记录，获得一个很好的现场审核的评价，只能是自欺欺人，既浪费了资金，又消耗了企业的人力和物力。

4.6.3 数据分析与统计技术应用问题

数据分析在质量管理体系中占有很重要的地位，许多条款的实施结果要有数据分析的支持。如质量目标的实现情况、供方的质量情况、顾客的满意或不满意情况、产品质量状况和趋势等，都要通过数据分析即应用适当的统计技术才能得出相应的结果。

适时、正确的数据分析，不仅可以了解企业过去的质量状况，还可以分析将来的发展趋势，为决策提供可靠的依据。

第 5 章

迎接全面质量管理的新挑战

质量必须由最高管理者负责领导，劝说员工更努力地工作并不能带来质量。

——质量管理大师　威廉·戴明博士

能力提示

- 能领悟全面质量管理的关键点
- 能创造出独特的全面质量管理方法
- 能独立在一个组织推行全面质量管理工作
- 掌握推行全面质量管理的基本程序以及各阶段所要做的工作
- 能做好全面质量管理基础工作。

导读　中铁物流推行全面质量管理的做法

中铁现代物流作为一家现代物流企业，自创立伊始，就瞄准国内蓬勃发展的现代物流产业，把发展现代物流确定为公司发展的基本方向。公司组建以来，以先进的物流理念为指导，高起点、高标准，大力发展全程的、一体化的综合物流业务，通过网络化运作，在业务拓展上取得了一系列突破，业务涉及快速消费品、汽车、医药、危险品运输、化工、煤炭、生产资料等诸多领域。在不断扩大自身实体网络、优化网络结构、发展物流信息网络、全力拓展市场和改善客户服务的同时，为实现“在中国处于领先地位的国际性现代物流公司”的目标，中铁现代物流积极推进完善企业内部管理机制建设工作，上下齐心，持之以恒，抓住关键，利用卓越绩效模式实施全面质量管理。该公司推行全面质量管理的做法如下。

第一，将“管理者”置于“过程”中。公司筹建时，管理者在经过反复深入的市场调研和分析之后明确指出，企业的发展战略应该是由外向内，明确地将公司的主业定位于物流，并建立卓有远见的战略规划，并基于此设计考核指标。管理者确立目标后，将“勇于担当、雷厉风行、远见卓识、深刻成熟、坚忍刚毅、乐观豁达”的管理者风格写入公司的CIS，使之成为公司的灵魂之一，并引导和带领公司员工努力实现目标。

第二，更多关注客户价值。中铁现代物流于2003年4月25日通过了中国船级社质量认证公司的ISO 9001质量体系认证。公司在《质量管理手册》中就明确提出了“合同兑现率≥95%，客户满意率≥90%，客户投诉处理及时率100%”的质量目标。这三条目标都是紧紧围绕着客户价值而提出的。公司在客户要求的基础上，不断改进和提高工作质量，力求超出顾客的期望。公司编制了《顾客满意度测量控制程序》，各业务部门定期向客户发放《顾客满意度调查表》，确定顾客的需求和潜在需求。通过对客户的需求和期望进行充分识别，中铁现代物流在公司内部规定了相应的职责和权限，并给予充分的资源保障，利用运作管理控制系统，使客户的需求和期望得到了最大满足。同时运用自我完善机制持续改进公司质量管理体系，进而连续三年实现了质量方针和质量目标。

第三，关注员工职业生涯发展。对公司而言，无论是一般资源还是作为资本的资源，都必须为公司创造价值。然而人力资源的特殊性决定了对资源本身的过程投入是影响资源有效利用的关键要素。因此，公司非常重视人力资源，为员工制订系统的职业生涯规划，同时也鼓励员工对自己的职业生涯进行规划。

第四，保持绩效测量的一致性和敏感性。“测量、分析与改进”是校准公司运营与战略目标的“大脑”。通过数据信息的分析，公司得以监控日常运作，减少过程波动，评价公司及公司内各部门、层次的绩效，不断修正战略行动计划，校准战略目标，确保公司始终朝着其宏伟愿景和发展方向前进。

利用卓越绩效管理实施全面质量管理后，公司产生了翻天覆地的变化：公司主营业务收入猛增，公司荣获“2004年度中国二十家最具竞争力物流企业”称号和中国物流与采购联合会授予的“中国物流实验基地”称号，并在中国第一批A级物流企业评定中，中铁现代物流被评为中国AAAAA级综合服务型物流企业；2005

年11月中国物流与采购联合会将中铁现代物流评为中国物流企业50强。此外，中铁现代物流还连续三年被世界品牌实验室评为“中国500最具价值品牌”，被《世界经理人周刊》评为“中国100最佳雇主”之一。

资料来源：文艺：《中铁现代物流：全面质量管理》，载于《中国物流与导购》，2006年第20期。

可见，全面质量管理是现代企业管理的中心环节，是企业获得竞争优势、提高效益的重要管理方法。

5.1 全面质量管理的内涵和本质

案例 美国西南航空公司的全面质量管理

美国西南航空公司是建立高绩效组织进行全面质量管理的成功典范。该公司从成立起就坚持宣传“快乐和家庭化”的服务理念和战略，并通过员工的力量将这种理念的价值充分体现和发挥出来，成功降低成本的同时使顾客满意。

西南航空公司对新员工的技术培训时间根据不同部门的要求从两个星期到六个星期不等。西南航空公司承担所有的培训费用，并保证其完成培训后能够被雇用。西南航空公司要求所有员工（包括飞行员）每年都要参加“关心顾客”课程的学习。西南航空公司的“人民大学”为员工和管理人员开设很多专门的课程。这些课程包括质量管理、团队建设、绩效评价、心理压力控制、安全、职业发展等。

西南航空公司在航空公司业内创造了第一个利益共享计划。通过公司的业务通讯、周报和每季度发行的新闻录像带向员工提供公司财务和营业情况的信息。员工通过多种委员会（工人管理人员联合委员会）参与决策，这些委员会对各种问题做出决策，这些问题涉及的范围很广，有很多涉及全面质量管理问题。

西南航空公司建立起一种独特的政策开放体系，这一体系渗透到公司的各个部门。管理层走近员工，参与一线员工的工作，倾听员工的心声，告诉员工关于如何改进工作的建议和思想。在西南航空公司，管理层的工作首先是确保所有的员工都能得到很好的关照、尊重和爱。其次是处理看起来进展不顺利的事情，并推动它的进展，帮助它变得好点，或者快点。第三是维护西南航空公司的战略。

西南航空公司的综合策略已经得到了回报。到2006年，西南航空拥有的飞机已由最初的4架发展到450余架，成为美国最大的航空公司之一，每年将超过8300万旅客运送到美国境内63个城市。西南航空这一品牌也已经成为美国乘客心目中“黄金航班”的象征。短航线、低价格、准点、航班服务简单朴实、员工高效及归属感等系列体系使美国西南航空的低价竞争战略得以实现，成为其他企业无法模仿的核心竞争力。西南航空公司成功运用“以人为本、全员参与”的质量管理方法为企业带来了巨大利润并创下了良好声誉。

资料来源：佚名：《质量管理案例分析：西南航空公司的全面质量管理》，载于鸿博咨询网，2008年12月22日。

5.1.1 全面质量管理的含义及特点

1. 全面质量管理是更高层次、更高境界的质量管理

全面质量管理是通用电气公司工程师费根堡姆博士于20世纪60年代初首次提出，并和质量专家朱兰等人同时倡导，其后，在一些工业发达国家得到了推行，特别是日本。日本企业结合本国实情在创造性地推行和应用全面质量管理中，取得了举世瞩目的成就。日本企业的领导十分重视全面质量管理，认为它是一种经营思想，是在激烈的市场竞争中取得胜利的法宝，要求企业内部必须有目的、有系统地组织研究开发、设计、采购、制造、技术乃至总务等各部门，动员全体职工参加质量管理（改进）活动，具体落实在质量战略管理，新产品开发的质量管理，建立、健全生产制造过程的质量保证体系，组织群众性的质量管理（QC）小组活动，实施质量管理诊断活动等五个方面。

小知识

全面质量管理概念：一个组织以质量为中心，以全员参与为基础，目的在于通过让顾客满意和本组织所有成员及社会受益而达到长期成功的管理途径。

全面质量管理不等于质量管理，它是更高层次、更高境界的管理。

2. 全面质量管理与ISO 9000族标准密切相关

二者的相同点主要表现在：指导思想是一致的，都强调系统、为用户服务、预防为主、质量第一、用数据说话、质量经济性、质量控制、质量改进等思想；遵循的原理相同，都遵循质量环；基本要求一样，强调全过程管理、全员参与、各部门承担质量责任。

二者之间的差异表现在：全面质量管理是一门科学，而 ISO 9000 族标准是一项科学技术成果；ISO 9000 族标准是质量管理科学发展的产物；全面质量管理所涉及的内容比 ISO 9000 族标准广。

3. 全面质量管理的基本特点

全面质量管理的基本点主要体现在：把从过去的就事论事、分散管理转变为从系统的观点进行全面的综合治理，管理的范围是全面的，包括产品的设计、生产、供应、销售及使用的全过程的质量管理；管理的内容是全面的，不仅事后要检查、改进和事中把关，还要事前预防，不仅要管好产品质量，还要管好工作质量；管理的方法是全面的，要从管结果转变为管因素，把影响质量的诸因素查出来，根据影响因素和不同情况，采用各种管理技术和方法；参加质量管理的人员是全面的，要发动全员及各部门参加，依靠科学管理的理论、程序和方法，使经营、生产、作业的全过程处于受控状态，以达到保证和提高产品及服务质量，满足用户要求的目的。

5.1.2 全面质量管理的基本要求

全面质量管理是一种具有丰富内涵的管理方法，它的基本要求主要体现在以下的“三全一多样”。

1. 全过程的质量管理

任何产品质量，都有一个产生、形成和实现的过程，这个过程由多个相互联系、相互影响的环节组成，每个环节都会影响最终的质量状况。因此，为了保证和提高质量，就必须把影响质量的所有环节和因素都控制起来。而影响产品质量的全过程主要包括：市场调研、产品设计开发、原材料采购、生产制造、销售、服务等。所以，全面质量管理要求对全过程进行管理，做到以预防为主，防检结合，重在提高。

全过程的质量管理意味着全面质量管理要“始于识别顾客的需求，终于满足顾客的需要”。那么如何实施全过程的质量管理呢？

（1）树立预防为主、不断改进的思想。

（2）为顾客服务，满足顾客的期望。

（3）科学编制程序文件并有效执行。

（4）加强对质量策划。

（5）加强过程接口控制管理。

2. 全员的质量管理

产品质量人人有责，因此，全面质量管理要求人人关心质量，人人做好本职工作，人人参与质量管理。全员的质量管理强调质量管理要始于教育，终于教育。要实现全员质量管理，应当做好以下工作。

（1）抓好全员的质量教育和培训，重点要提高领导质量意识；

（2）明确职责和权限，建立高效、协调的质量管理工作系统；

（3）建立明确的中、长期愿景和战略；

（4）加强团队合作；

（5）开展多种形式的群众性质量管理活动，如质量管理小组（QC）、优秀团队（EOT）等。

3. 全企业的质量管理

全过程和全员的质量管理要求有全企业的协调，要求企业高层、中层、基层共同参与质量管理，要求加强各个部门之间的组织协调，使企业研制、维持和改进质量的所有活动构成一个有效的整体。

全企业的质量管理意味着全面质量管理要“以质量为中心，领导重视，组织落实，体系完善”。那么如何实施全企业的质量管理呢？

（1）明确企业不同层次的质量职能，高层重于质量决策，中层要贯彻高层的质量决策，制订本部门的质量目标、研究发展对策，下层侧重于执行，不断进行作业改善。

（2）严格按照标准进行生产，加强分工合作。

（3）开展群众质量管理合理化建议活动。

（4）加强各部门之间的合作。

（5）建立和完善质量管理体系。

4. 多方法的质量管理

影响质量的因素很多，有人的因素、技术的因素、物质的因素、管理的因素、环境因素等。要把这些因素系统地控制起来，全面管好，就必须根据不同的情况，区别不同的因素，广泛、灵活地运用多种多样的现代化管理方法，其中，最重要的是系统工程思想、统计技术。

多方法的质量管理意味着全面质量管理要“程序灵活，实事求是，讲求实效”。那么如何实施多方法的质量管理呢？

（1）尊重客观事实和数据，以解决有关质量的实质性问题。

（2）善于学习和引进国内外先进的管理方法和应验。

（3）不断改进本企业的业务流程和工作方法。

（5）不断提高企业员工的质量技能。

（5）注重实效，理论联系实际。

上述“三全一多样”都是围绕“有效利用人力、财力、物力、信息、时间等资源，以最经济手段生产出顾客满意的产品”这一目标的，这是企业推行全面质量管理的出发点和落脚点，也是全面质量管理的基本要求。

5.1.3 全面质量管理的关键点

实践表明，开展全面质量管理可以取得多方面的成效。得到人们普遍公认的成效主要包括：高质量、低成本、高收益、顾客忠诚和员工的活性化。在实施全面质量管理应注意以下思想基础问题。

（1）质量是企业的生命，全面质量管理是各类组织提升竞争力的强大武器。现在大多数的企业和组织都认识到质量是企业的生命，是企业自下而上的根本。因此，绝大部分的企业已经将质量作为企业经营的第一项重要内容，加强全面质量管理，并投入相应的人力、物力来确保产品质量的不断提高。

（2）为顾客服务。随着市场经济的发展，产品供不应求的状况已经结束，市场呈现出产品数量和种类都非常繁多的局面，顾客拥有了绝对性的选择权，产品必须符合顾客的要求才有可能销售出去。因此，全面质量管理的中心思想是为顾客服务，而不是为标准服务。

（3）质量形成于生产全过程。产品质量形成于生产的全过程，这一过程是由若干个相互联系的环节所组成的，从供应商提供原料、进厂检验控制、上线生产、质量检验，直到合格品入库，每一个环节都或大或小地影响着产品质量的最终状况。这样也就决定了全面质量管理的管辖范围。

（4）质量具有波动的规律。有需求才有市场，产品在市场中的销售情况完全是由顾客的需求决定的。一般说来，随着市场经济的发展，产品质量会不断地提高，但顾客的需求也会相应变得更高。因此，必须意识到产品质量和市场规律一样具有波动的规律，即在允许范围内有一定的波动。

（5）质量控制以自检为主。在全面质量管理过程中，对质量的控制应该以自检为主。这样的质量管理方式也就意味着在全过程的生产制造中必须树立强烈的自我质量意识，而不是等到质量部门检验以后才形成质量的概念。

（6）质量的好坏用数据来说话。全面质量管理的科学性与严谨性体现在质量的好坏要靠翔实的数据来证明，而不是靠人员的感觉来确定。只有那些真实的统计数据，如客户的满意程度、产品销售量和对市场的占有率等，才能够说明产品质量的优劣。

（7）质量以预防为主。在传统的质量管理中，往往是通过产品生产后的检验来控制产品的质量，这种质量保证方式并不能防止缺陷的产生，仅仅是一种补救措施。因此在全面质量管理中，必须意识到质量应该以预防为主，通过事前管理的方式来降低产品的成本。

（8）科学技术、经营管理和统计方法相结合。全面质量管理尤其要注重科学技术、经营管理和统计方法相结合。从 1961 年提出全面质量管理的概念开始，科学技术对生产的推动作用越来越巨大和明显，因此，需要将这些科学技术和统计方法充分利用到全面质量管理之中。

5.1.4 全面质量管理的实施程序

（1）决策。对很多企业来说，存在很多推行全面质量管理的驱动力，因此，它们有实施的愿望。而是否实施，需要高层全面评估本组织的质量状况后做出决策。

（2）准备。准备各项活动，如教育培训、建立组织机构、确立目标、选择项目、建立团队等。

（3）开始。进行试点和评估，发现问题和改进机会，有针对性地改进。

（4）扩展。在试点成功的情况下，向所有部门和团队扩展。

（5）综合。经试点和扩展后，企业就具备了实施全面质量管理的能力，需要对整个企业的质量管理体系进行综合。通常从目标、人员、关键业务流程以及评审与审核四个方面进行整合和规划。

5.2 有效推行全面质量管理的 12 条秘诀

全面质量管理是一个全员参与的管理模式，参与管理的任何一部分都要努力协调一致，这样才能达到最终目的。那么，作为质量总监，如何在全面质量管理上有所突破呢？

1. 要有提高质量的决心

这是 12 条秘诀中最重要的一个。如果高层管理人员真有决心就要言行一致，避免高层管理人员之间会出现缺乏共识的现象。同时，做质量决策前应反省决心有多大，要坚定地推行全面质量管理，然后用创造力、想象力及魄力去协助及感染其他高层同事，使高层形成提高质量的共识和行动。

2. 聆听顾客心声

聆听顾客心声看似简单，但对大多数管理人员来说是一个不小的挑战。你是否真正做到了聆听内部及外部顾客心声？

这里所指的心声是指顾客的真正需求。推行全面质量管理，首先要树立“全面顾客导向”理念。管理人员要发掘机会，创造工具，持之以恒地了解顾客的需求。管理人员可以通过个人接触、市场调查、访问、顾客热线等方式做到这一点。

3. 加强教育，提高质量意识

落实决心的是第一个行动便是质量教育及意识提高，这至少应该包括以下三点。

（1）向各级员工介绍公司宏图、政策及目标。

（2）通过适当方式聆听员工心声，让员工认同公司的目标，并有内在推动力，贯彻执行公司质量方针。

（3）为各级员工分期分批提供必需的训练，让员工掌握必须的知识及技巧去符合新的工作要求。

4. 做好招聘与入职培训

全面质量管理有一个基本的理念，就是“第一次便要做好”。招聘工作也应如此。作为质量总监，应重视员工招聘，若招聘回来的人不合适，就要花费更大的成本去弥补。此外，入职后的培训也是很重要的。如果招聘工作做得很细致，那么对于入职培训更是不能马虎。入职培训给新职工的印象异常深刻，所以，要安排得周详而有效。

5. 提高人际关系技能

人际关系技巧似乎是一个“老生常谈”的问题。这主要是因为它确实是最基本、最关键的技巧。在全面质量管理中发挥重要的人际关系技巧包括：倾听、提问、借鉴别人的观点、进行建设性讨论、核实、总结、促进参与、致谢与信息反馈。

小知识

美国著名学府普林斯顿大学对一万份人事档案进行分析，结果发现：“智慧”、“专业技术”和“经验”只占成功因素的25%，其余75%决定于良好的人际沟通。

什么是有效沟通？是指沟通者（sender）为了获取沟通对象（receiver）的反应和反馈（respond）而向对方传递信息（message）的全部过程（media）。一个有效的沟通过程必须满足这五个基本要素：message、sender、receiver、media、respond。如果将其细化则分为：信息源、听众、沟通目标、环境、媒介、反馈。

首先，沟通的内容非常重要，应明确什么是对方需要的和能帮助有效达到目标的信息。

其次，沟通的方法也是多种多样的，可以是语言、文字，也可以是行为、表情，可利用各种媒体工具，也可以采用会议、讲座等方法，关键看传播的受众效果。

再次，沟通的双方应做好角色的定位，沟通对象不同，沟通的目标和方法也是不同的，不同的目标和方法必然带来不同的结果。

最后是反馈，没有反馈的沟通是无效的沟通。通过反馈可以检讨沟通的效果，并改进沟通的方法。并通过多次的反复过程使沟通达到最佳效果。如可口可乐业务拜访的八步骤，是一种与客户和消费者沟通的方式。通过拜访了解到产品销售状况、客户异议、竞争态势等有效信息，并为公司发展提供有效帮助。对待反馈倾听是最重要的，管理人员通过倾听、确认、探索、回应的过程，对沟通的反馈进行有效回应，从而使管理成为一次有效的沟通过程。

6. 质量总监要掌握教练技巧

在今天的竞争环境里，为了提高竞争能力，每一个质量总监都要努力让自己成为一个好教练。如果一个质量总监发挥了教练的职能，就会在提高下属本领、发挥合作精神、保持求胜斗志方面发挥关键作用，从而，推动全面质量管理顺利开展。

7. 加强团队合作技巧训练

一个管理体系必须设立各种团队，如由高层管理人员组成的策略小组、由中层管理人员组成的“不断改进”小组、由基层管理人员组成的类似质量圈的小组以及其他攻关小组。

这些小组要充分发挥作用，团队技巧的训练是不可或缺的。训练内容包括三方面：领导技巧、辅导技巧及队员参与技巧。由于全面质量管理活动80%的内容是通过小组来推行的，因此，团队技巧的发挥及发展对整个计划的成败与进度都有重要影响。

8. 制订灵活性高的制度

任何制度必须保持高的灵活性，才能适应客观环境的变化。要做到这一点有两个关键点需要注意：第一，负责执行制度运作的人并没有真正地“以顾客为导向”，相反他们多是制度导向，这就导致往往忽略顾客的需求而去满足制度上的需要；第二，改变制度需要勇气，但很遗憾，在很多机构中有这种勇气的人并不多。由此，要以顾客导向为指导思想来衡量一切制度的适用性、合时性，要从满足顾客需要的角度来改变现有不适宜的规章制度。同时要培养、奖励有勇气提出改变制度的员工。

9. 奖励及赏识

奖励和赏识会刺激员工努力工作，达到既定目标。很多企业向全体员工宣布，企业十分重视质量，甚至决定推行全面质量管理，还鼓励员工合力投入。然而，奖励制度却丝毫未改，仍是以营业额为标准实施奖惩，那员工也仍会忽略质量盲目追求营业额的增加。所以，推行全面质量管理的一个重要条件就是同时检讨现有的奖励制度，包括薪金、花红、工资调整标准等，必须将这些制度与全面优质管理的要求与期望相结合。

10. 改进活动

在西方很多文献中都把“全面质量管理”与“不断改进”等同起来。可见，持续的改进活动是非常重要的。一个机构的改进活动至少有三个层次：个人、小组以及公司整体。在现今竞争激烈的市场条件下，企业整体不断改进是关键性的因素。如果保持竞争力，必须在改进的速度上比竞争对手快。企业改进活动的推进是通过内部不同整体协调一致完成的。所以部门的不断改进活动是否积极、是否有效变得非常重要。要实现全面质量管理就必须有一套完整的计划去推动不同层次、不同形式的部门做不断改进的活动。任何部门都是由员工个人组成的，所以，每一个员工都要要求自己不断地改进。要推进改进活动，首先要从个人的教育及转化入手。

11. 明确标准及尺度

管理界有一句名言：“有人量度的事情就有人会去做。”那么，对于一个企业来说，要实现全面质量管理就需要制定标准。首先量度的是质量成本，这是反映质量改善、成本下降的指标。其次是顾客满意度。最常见的方法是顾客满意度调查，但不同行业应采取不同形式，基本的做法是通过客观的途径获取顾客对产品或服务的反应。顾客满意度的量度，对制定产品及服务质量标准有很大的指导作用。内部标准是建立在外部市场需求之上的，但不少企业却偏偏忽略了这一点。简单说，制定人和质量标准的原则，必须是以顾客为导向的。

12. 形成质量策略与市场策略的有机结合

质量策略和市场策略是不可分割的。两者配合得宜，可以相得益彰；反之，可能产生致命效果。以下是一些两者不配合的例子。

（1）市场策略缺乏明确重点，即没有清楚界定目标顾客群，反而想面面俱到，照顾不同种类的顾客。这样质量策略很难见效。

（2）花大量资源去挖掘新顾客，但不重视维系现有顾客。失去的顾客可能散布不利的言论，导致更多顾客流失，因而要花费更多资源去留住新顾客。

（3）把太多精力放在广告或其他推广活动上。很多公司经验证明，花在广告上的费用若用来改善产品及服务质量，可能效果更大。但市场部门的同事往往忽略这一点。

以上例子说明，市场策略必须与质量策略结合起来，这样才能达到优质的全面质量管理。

5.3　全面质量管理实施的五大支柱

案例　　电力公司的全面质量管理

某电力公司，以“质量”为中心，依靠电力系统中的各个层次和所有部门的人员即全体职工；强调人的作用、全员参与、建立有效的质量体系并不断改进，以搞好企业内部各项管理为基础，以提高人的素质，调动人的积极性，做好本职工作为核心，实现企业自身发展，不断提高经济效益和社会效益；既达到了产品或服务的质量标准、规范，实现符合性质量，又不断地改进了质量，开发出新产品，提高服务质量，实现适用性质量，促进了电力行业的发展。该公司实施了全面质量管理时成立了QC小组（质量管理小组）。该小组实施管理过程为：一是现场调查，二是设定目标值，三是原因分析，四是确定主要原因，五是制定对策，六是实施对策，七是检查效果，八是制定巩固政策，九是遗留问题及下步打算。该公司通过实施全面质量管理，提高了产品质量，降低了成本，收益显著。

通过以上案例可以看出，全面质量管理可以非常有效地提高企业组织效率。不同企业在实施全面质量管理时，采用的途径和措施可能不同，但以下五点是一般企业推行全面质量管理普遍采用的途径和措施。

> *小知识*
>
> 据有关部门调查，推行全面质量管理成功的原因有：高层管理的决心和毅力、全体员工都明白保证质量是每位的职责、清晰而明确的目标、具有灵活性的制度。
>
> 推行全面质量管理失败的原因：高层决心不足及参与不够、缺乏清晰目标、产品导向而非顾客导向、制度缺乏灵活性、质量方针和目标执行不力。

5.3.1 领导重视并参与

全面质量管理涉及企业的方方面面，会在实施中遇到挫折和阻碍，决定是否推行全面质量管理，是企业领导的重要职责。实践证明，实施全面质量管理，领导必须在思想上重视，强化自身的质量意识，带头学习，亲自参与，才能对企业实施全面质量管理形成强有力的支持。没有领导的参与，全面质量管理的一切方法都是徒劳。因此，高层领导必须亲自去策划、推行，必须做好确定方向、激励员工、协调活动和营造一个良好的内部环境等工作，并要不断培养各级管理人员。作为质量总监，在推行全面质量管理中，必须亲自领导这项工作，一抓到底。

（1）全面考虑所有相关方的需求，相关方包括：顾客、所有者、员工、供方、当地社区乃至整个社会。

（2）作好全面质量管理发展规划，为组织勾画一个清晰的远景。

（3）为整个组织及各级、各有关部门设定富有挑战性的全面质量管理目标。

（4）在组织各级创造并坚持共同的价值观，树立职业道德榜样，形成企业的精神和企业文化。

（5）使全体员工工作在一个比较宽松、和谐的环境之中，建立信任，消除忧虑。

（6）为员工提供所需的资源、培训及在职责范围内的自主权。

（7）激发、鼓励并承认员工的贡献。

（8）提倡公开和诚恳的交流和沟通。

（9）实施为达到目标所需的发展战略。

5.3.2 团队合作

全面质量管理以人们之间牢固的相互合作为基础。全面质量管理的第二大支柱是团队合作。团队合作是全面质量管理这一方案的引擎，所有有关全面质量管理的工作都是由团队完成的。

1. 把握团队合作内涵

1994 年，组织行为学权威、美国圣迭戈大学的管理学教授斯蒂芬·罗宾斯首次提出了“团队”的概念：为了实现某一目标而由相互协作的个体所组成的正式群体。在随后的十年里，关于“团队合作”的理念风靡全球。

团队合作是一种为达到既定目标所显现出来的自愿合作和协同努力的精神。它可以调动团队成员的所有资源和才智，并且会自动地驱除所有不和谐和不公正现象，同时会给予那些诚心、大公无私的奉献者适当的回报。如果团队合作是出于自觉自愿时，它必将会产生一股强大而且持久的力量。

2. 抓住团队合作的四大基础

（1）建立信任。要建设一个具有凝聚力并且高效的团队，第一个且最为重要的一个步骤，就是建立信任。这不是任何种类的信任，而是坚实地以人性脆弱为基础的信任。

（2）良性的冲突。团队合作的一个最大的阻碍，就是对于冲突的畏惧。质量总监应学会识别虚假的和谐，引导和鼓励适当的、建设性的冲突。

（3）坚定不移地行动。要成为一个具有凝聚力的团队，质量总监必须学会在没有完善的信息、没有统一的意见时做出决策。

（4）纠正有损团队目标的行为。卓越的团队不需要领导提醒团队成员竭尽全力工作，因为他们很清楚需要做什么，他们会彼此提醒注意那些无助于成功的行为和活动。质量总监就损害团队的行为批评自己的伙伴是一件不容易的事情。但是，如果有清晰的团队目标，有损这些目标的行为就能够轻易地纠正。

5.3.3 持续改进

全面质量管理的第三大支柱为持续改进。为实现全面质量，组织内部成员应该视持续改进为正常现象。组织的不断改进是保证全面质量的基本条件之一，团队合作、人际关系技巧以及对全面质量管理方法和技术的正确运用为持续改进提供了必要条件。

持续改进有三个层次的含义：每个员工都要有不断改进的意识，既是发自内心，也是来自于个人发展及企业价值的实现；有关部门应统一协调，群策群力，不断改进；整个企业具有质量持续改进的动力。

对大多数企业来说，要持续改进并不是一件容易的事情，只有系统的教育、培训以及正确的引导才能实现。

5.3.4 顾客导向

全面质量管理的第四大支柱是顾客导向。顾客导向就是企业所做的一切，都是以“能否比竞争对手为顾客提供更理想的产品”为中心。顾客导向说起来容易，但做起来很难，因为对大部分内部员工来说，他们看不到这方面的重要性。为了推行全面质量管理，使企业及时抓住市场机遇，做出快速而灵活的反应，提高顾客对组织的忠诚度，保持一批基本的老顾客或招来回头客，必须要树立顾客导向的理念，满足和超越顾客的期望。

5.3.5 全面参与

全面质量管理的第五大支柱是全面参与。为了推行全面质量管理，应采取有效措施，让企业内部以及相关的外部人员，都参与管理，例如供应商、分销商、代理商等。因此，要对员工进行职业道德的教育，使员工了解他们贡献的重要性和在组织中的作用，教育员工要识别影响他们工作的制约条件，并通过努力学习或实践，突破这些制约条件，启发员工积极寻找机会来提高自己的能力、知识和经验，在组织内部，应提倡自由地分享知识和经验，使先进的知识和经验成为共同的财富。同时，要充分发挥员工的主动性、创造性和合作性，共同为质量改进认真、努力工作。

5.4 有效的全面质量管理方法

案例 红蜻蜓集团的“卓越绩效管理模式”

近年来，红蜻蜓集团（以下简称红蜻蜓）质量品牌领域取得的成就和荣誉是一个接着一个，但是他们在2007年对浙江质量奖的评选依然十分关注，并利用评奖这个抓手在集团公司全面导入了“卓越绩效管理模式”，实现了管理水平的一次跨越。

“尊重关心每一位员工、支持爱护的团队精神、从距离中寻求接近”是红蜻蜓企业文化核心内容。经过多年的沉淀和熏陶，红蜻蜓优秀的企业文化内涵为这家企业带来了丰富的市场效益和社会效益。

红蜻蜓经过细致的考察和深入的调查了解，并结合公司发展的现状，找到了一种适合自己且能有效地推行全面质量管理的方式，这就是卓越绩效模式。卓越绩效模式实质上是全面质量管理（TQM）的一种实施细则，是对全面质量管理实践的标准化、条理化和具体化。导入“卓越绩效管理模式”并不是一个口号，关键是让这套管理模式进一步规范、梳理企业内部管理方法和流程，使企业实现无缝隙的科学管理。

红蜻蜓于2007年6月成立卓越绩效模式与整合型管理体系领导小组与执行小组，董事长亲任组长，确保整个项目顺利、有序和高效地实施。红蜻蜓在卓越绩效模式导入时，聘请外部专家组首先对企业进行全面的管理诊断，在这一基础上，将GB/T 19580《卓越绩效评价准则》与ISO 9000、ISO 14000、GB/T 28001系统整合起来，形成四位合一的管理体系，提高了体系运行的效率和有效性。

红蜻蜓在企业内部组织了多次卓越绩效模式标准及相关的管理培训；用卓越绩效模式梳理了公司的价值体系和发展战略；提出了职能战略，构建了公司战略绩效关键指标体系；完善了公司绩效评价体系和测量体系，使公司所有的经营管理活动都围绕价值主线和战略主线进行；所有的行动计划都以顾客和市场为关注焦点，避免盲目和无价值的行为；设立了扁平化的组织机构，使公司管理活动更具效率，经营管理活动更规范。

实施卓越绩效模式对红蜻蜓企业的管理有着深层次的作用。在倡导让外部顾客满意的同时，该公司也大力推行内部顾客满意工程，即公司内生产流程中下游环节是上游环节的顾客，下道工序是上道工序的顾客。在产品的设计和制造上实施全过程的质量控制，对从新产品的构思到新产品的封样确认，都有一系列的流程控制，以确保产品的设计要求和质量符合顾客的要求。公司引进先进的生产设备和一流的制造工艺，对影响产品质量的六大因素“人、机、料、法、环、测”进行重点控制和动态监控；员工作业按标准、按工艺、按图纸，做到不合格原辅材料和半成品不流入下道工序，不合格产品杜绝出厂；对难点问题和工艺复杂问题，组建QC小组和工艺革新小组予以解决。

卓越绩效评价准则为红蜻蜓生产管理系统构筑了“一张设计图”。它为指导组织的计划工作提供了一种框架，勾勒出了必须重视的各个主要方面，即领导、战略计划、顾客与市场、测量、分析和知识管理、人力资源、过程管理、经营结果。

卓越绩效模式与整合型管理体系实施机构，确保了红蜻蜓整个项目得到顺利、有序和高效的实施。

每个企业情况不同，采用的管理方法不同。但作为企业质量总监，就要善于分析不同企业推行全面质量管理的方法和经验，借鉴先进质量管理方法，并根据本企业的实际情况，创造出有效的管理方法。

5.4.1 质量目标管理法

管理学家们曾经专门做过一次摸高试验。试验内容是把20个学生分成两组进行摸高比赛，看哪一组摸得更高。第一组10个学生，不规定任何目标，由他们自己随意制定摸高的高度；第二组规定每个人首先定一个标准，比如要摸到1.60米或1.80米。试验结束后，把两组的成绩全部统计出来进行评比，结果发现规定目标的第二组的平均成绩要高于没有制定目标的第一组。

摸高试验证明了一个道理：目标对于激发人的潜力有很大作用。

1. 目标管理的含义

小知识

目标管理是以目标的设置和分解、目标的实施及完成情况的检查、奖惩为手段，通过员工的自我管理来实现企业的经营目的的一种管理方法。

目标管理的核心是：让员工自己当老板，自己管理自己，变“要我干”为“我要干”。

目标管理与我国现行经济责任制的区别如下。

（1）目标设置的方法不同——自己制定个人目标。目标管理中的“目标”是由上下级共同制定的，下级在制定中有充分的自主权；而经济责任制中的“目标”一般是由上级领导部门制定并作为任务下达的，下级有时可能有讨价还价的余地，但并没有自主权。

（2）目标间的关系不同——完成企业目标就是完成个人目标。目标管理强调个人目标、团体目标和企业目标的统一，个人和团体的利益同企业的利益融合在一起；而经济责任制强调的是下级目标对上级目标的服从，个人和团体利益往往与企业整体利益发生冲突（讨价还价、拼设备、互相拆台等）。

（3）管理方式不同——自己确定工作方法。目标管理采用员工自我管理的方式，上级通过分权和授权来实施例外控制。经济责任制则往往采用命令方式，下级只有责任却没有完成任务所需的权力，造成个人和团体负赢不负亏；或是采用承包的方式，实行放任管理。

（4）成果评价方法不同——自我评价，自我改进。目标管理根据上下级结合制定的评价标准由员工自我评价工作成果并做出相应改进；经济责任制则根据上级制定的评价标准，由考核部门评价成果并提出改进意见。

2. 目标管理的威力

（1）通过目标连锁体系使个人和部门的责、权、利明确、具体，消除“死角、暗区和交叉带”，促进分工和协作，提高工作效率和业绩。

（2）通过上下沟通，使个人目标、团体目标和企业目标融为一体，促进全员参与，增进团结，既避免了本位主义，又能集思广益。

（3）通过授权、分权和自我管理，既提高了管理者的领导水平，又提高了员工素质。

（4）通过人人制定目标，迫使每个人为未来做准备，防止短期行为，有利于个人和企业的稳定和长期发展。

（5）通过上下级共同制定评价标准和目标，能够客观、公正地考核绩效和实施相应的奖惩，便于对目标进行调整及对目标的实施进行控制。

总之，目标管理在实现效率提高的同时，又提高了员工素质，增进了企业内部团结。

5.4.2 PDCA 循环

PDCA 循环作为全面质量管理的基本方法，在企业质量管理的实践中得到了广泛的应用。PDCA 循环的内涵及原理已在前文第 2 章 2.1.2 节讲过，此处着重叙述 PDCA 在贯标中的应用，即 GB/T 19001、GB/T 28001 标准的管理思路。

【P（策划）】

GB/T 19001：工作计划、策划（职责目标人、机、料、法、环、测 5W1H）；GB/T 28001：包括危险源识别、法律法规识别、目标指标方案制订三个方面的策划。

【D（执行）】

——明确职责（部门/岗位的质量、安保职责）。

——资源保证（能力、意识，特种作业人员上岗资格，GB/T 28001：安全员，消防、安全监控、防盗、防雷设施等）。

——编写文件（强调两标融贯）。

——信息交流和沟通（对内、对外）。

——执行：符合性痕迹管理。

GB/T 28001：运行控制（重点为消防安全、防盗抢财产和资金等、交通安全、信息安全），应急准备和响应（预案文件的演练和执行）。

【C（检查）、A（行动）】检查和持续改进

——日常工作（质量）检查、安全检查。

——目标、指标完成情况的定期验证。

——安全管理绩效的检查。

——法律法规符合性评价。

——对不合格（品）的整改，（GB/T 28001）事故的调查和处理。

5.4.3 QC小组活动

小知识

质量管理小组（QC）指在生产或工作岗位上从事各种劳动的职工围绕企业方针目标和现场存在的问题，以改进质量、降低消耗、提高经济效益和人的素质为目的，自愿组织起来，运用质量管理的理论和方法开展活动的小组。

QC小组的组成：在行政班组范围内成立的质量管理小组；跨班组、跨部门建立的质量管理小组；围绕关键质量问题建立专题性的质量管理小组。

（1）QC小组活动的宗旨。提高职工素质，激发职工的积极性和创造性；改进质量、降低消耗，提高经济效益；建立文明的令人心情舒畅的生产、服务、工作现场。

（2）QC小组活动的作用。作用主要体现在：有利于开发智力资源，发挥人的潜能，提高人的素质；有利于预防质量问题和改进质量；有利于实现全员参加管理；有利于改善人与人之间的关系，增强人的团结协作精神；有利于改善和加强管理工作，提高管理水平；有助于提高职工的科学思维能力、组织协调能力、分析与解决问题的能力，从而使职工岗位成才；有利于提高顾客的满意程度。

（3）QC 小组的活动内容。主要包括：学习质量管理知识和培训教育；根据企业方针确定小组的方针目标；制订活动计划和选择课题；确定活动的步骤；进行现场改进和攻关；交流经验和成果发表等。

5.5 全面质量管理推行的六个阶段

> *案例* 泰安市烟草专卖局的全面质量管理推行过程
>
> 泰安市烟草专卖局（公司）以“超越自我、追求完美”为质量方针，以 ISO 9000 族标准为平台，认真抓好四个结合，实现持续改进的全面质量管理创新，为实现创新型企业打下坚实的基础。
>
> 一是与订单供货工作相结合。围绕优化需求预测流程、完善货源组织规范、完善品牌管理流程、提升卷烟销售网络服务水平和工商协同营销、产销衔接等主要业务流程的整合优化，切实提高服务效率，为零售户搭建公平竞争、资源共享、有效沟通的服务平台。
>
> 二是与整顿规范工作相结合。通过建章立制，树立标准化、规范化的管理理念，完善企业规范管理制度体系，加强内部管控，形成用制度管权、管事、管人的机制。
>
> 三是与信息化建设工作相结合。通过统一的信息化平台支撑体系的运转，将质量管理体系的各项流程、制度、标准进行固化，从而实现标准的落地、落实，实现集成化管理，提高管理效率。
>
> 四是与企业文化建设工作相结合。把质量管理体系的现代管理理念、创新意识、追求卓越的精神，上升到企业文化的高度，固化为企业精神，促进企业文化真正落地生根，从而充实、提升企业文化。

通过以上案例，可以看出全面质量管理过程是分阶段不断前进的，那么，推行全面质量管理到底有哪几阶段呢？每个阶段的主要特点是什么呢？推行全面质量管理的过程可分为六个阶段，如图 5－1 所示，以下分别做详细论述。

5.5.1 酝酿期

在酝酿期间，企业应了解、探讨全面质量管理的概念及其适用性，这是企业

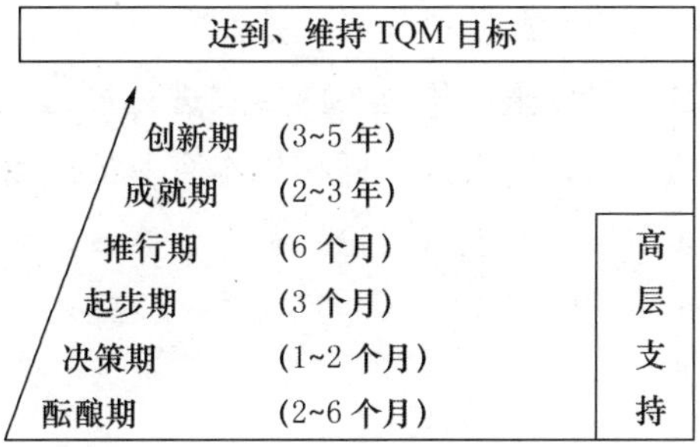

图 5-1 推行全面质量管理的过程阶段

推行全面质量管理所必须的阶段。

1. 酝酿期的活动

在酝酿期间，企业必须开展一系列宣传活动，使全体职工对全面质量管理有所了解，并提高认识。该阶段的活动如下。

（1）企业应指派有关管理人员参加有关全面质量管理的研讨会、讲座、论坛等。

（2）购买有关全面质量管理的书刊、杂志，在企业内部开展宣传、阅读活动。

（3）举行企业内部研讨会，学习和讨论全面质量管理的原理以及其他企业推行经验。

（4）组织有关人员到已经推行全面质量管理比较好的企业进行调研学习，进一步了解实施全面质量管理的全过程。

（5）了解同行业情况，调查推行全面质量管理情况及有关的成效。

（6）邀请专家来企业举行内部研讨会，探讨企业推行全面质量管理的可行性，并了解有关的费用。

（7）在企业内部开展小组讨论活动，起草有关推行全面质量管理的计划书，供高层管理人员讨论。

2. 高层管理的投入

对酝酿期的各项活动，高层管理人员参与的越多，对全面质量管理的实施就越有帮助。因为全面质量管理必须由高层管理人员亲自领导和参与，只有在刚开始推行时，就积极投入，以后的工作才能更加顺利。

5.5.2 决策期

决策期是推行全面质量管理的最关键阶段。企业是否推行或何时推行全面质量管理等重大问题，都必须在此阶段作出决定。

企业在制定决策之前，可采用研讨会的形式进行讨论。研讨会可由顾问、专家主持，高层管理人员参与，让大家共同构思本企业的质量目标，或由企业最高决策者推出其构思，其他参与者进行讨论、补充、修改，然后根据集体意见，共同规划企业未来的目标。再经过1～2星期的进一步深入探讨，最后，做出是否推行全面质量管理的决策。

5.5.3 起步期

一旦开始推行全面质量管理，就必须按部就班地进行一连串的工作。

（1）成立管理委员会。首先应成立一个由高层管理人员组成的全面质量管理的管理委员会。委员会主席可由企业总经理（或厂长）担任，成员可由各部门负责人组成，人数约在7～12人左右。委员会定期举行会议，商讨有关质量等问题。

（2）指派管理者代表。由总经理或厂长指派一名高层管理人员（一般是质量总监）作为管理者代表，负责具体推动及执行管理委员会的决议，主管全面质量管理的统筹工作。管理者代表是一个较为重要的职位，必须具有较高的领导才能，且深受同事尊重。

（3）进行全面质量管理评核。在一定时期，由管理委员会负责进行一次全面的评核，从而可以找出需要改善的地方。

（4）倾听顾客心声。通过对顾客的意见调查、小组讨论、个人接触等方式，进一步了解顾客目前对企业产品质量与服务质量的评价，然后将调查结果加以整理分析，并向企业内部各级员工传达，以增强他们的顾客导向性，从而改变他们对顾客的态度和行为。

（5）了解竞争对手的动态。在推行全面质量管理的起步期内，必须充分了解竞争对手是否在推行全面质量管理，其效果如何，员工及顾客的反应如何，高层管理人员的决心有多大，等等。通过了解竞争对手的情况，帮助企业制定策略性质量目标，以及帮助员工加强内部沟通，增强斗志，使企业争取在市场上立于领导地位。

（6）制订质量方针。重新考虑现在及未来的竞争环境，由管理委员会草拟一份质量方针。

（7）制定明确的质量目标。有了质量方针之后，就需制定质量目标，这是较为关键的一步。

（8）进行质量管理体系认证。目前，质量管理体系证书有多种，如ISO 9000质量管理体系，有较好管理基础的企业，在推行全面质量管理之前，可先申请ISO

9001 国际标准认证证书，也可两者同时进行。对管理基础不好的企业，可在推行全面质量管理后一定时期申请质量认证证书。总之，质量管理体系证书与全面质量管理是相辅相成的，企业可以根据自己的实际情况，选择申请认证的合适时间。

（9）分析质量成本。产品的质量成本包括预防成本、评估成本和失败成本三大类。必须分析各类成本支出的比例，将总成本控制在最小，这也是一项非常重要的工作。

（10）制定质量改善目标。为了反映质量改善的进度，应制定一系列质量改善指标，具体包括资品率、返工率、退货率、投诉资数、顾客满意程度等。

（11）摸清员工的接受程度。在推行全面质量管理的起步阶段，不同部门、不同阶段的员工接受、投入工作的程度会有一定的差异，管理委员会的成员应经常深入各阶层，聆听员工的决心，摸清员工的接受与投入程度，然后通过各种方式加深他们对全面质量管理的认识，从而帮助他们改变旧观念与行为。

（12）确定几项攻关的改善项目。在起步阶段，提出几项当前最为关键的难题，作为改善项目，然后，组织攻关小组集中精力，加以解决，以便使企业上升到全面质量管理的新阶段。

5.5.4 推行期

推行期的最初阶段，企业上下将会议论纷纷，各部门也都会举办一些会议，探讨如何推行。因此，必须先建立全面质量管理的宣传教育系统。

（1）向企业宣布全面质量管理的推行计划。在企业高层负责人的主持下，以简单而隆重的方式向全体员工宣布全面质量管理的推行计划，其采取的方式可以是集会、通告或录像播放等，各企业根据自己的组织机构来选择适当的方式，但必须尽可能清晰明了，对员工有震撼力。

（2）分层向下传达要求与步骤。分层向下传达，就是先由企业总经理向所有企业负责人传达，企业负责人向各部门传达，最后由部门负责人再向下传达。传达时要讲求技巧和方法，具有一定说服力，使员工认同并接受。

（3）进行基础培训。在推行全面质量管理计划中，培训是一项较为重要的工作。

（4）指派及培训督导员。督导员是指在任何项目小组中担任督导工作的人员（如质量圈中的督导员），在全面质量管理的推行过程中担任着非常重要的角色。督导员通常由一些较高层的管理人员担任，并受过专门训练，懂得协助，引导各小组成员参与工作。

（5）增强企业市场信息的交流。企业有关部门需定期整理和分析市场情报，系统地向企业其他部门及员工介绍市场信息情况，以保证企业上下员工都了解市场和顾客的需求变化及趋势。

（6）成立攻关小组。根据在起步期所提出的几项攻关改善项目，成立几个攻关小组。各小组成员可来自管理委员会及其他委任成员，组长可采取选举或委任的方法产生。各小组成员在组长的领导下，务求在最短时间内攻克难关，寻找出解决问题的方法和步骤。

（7）重新制订入职培训计划的内容。为了配合全面质量管理的实施，需重新编制入职培训计划，如企业的传统运作过程等。

（8）检查现有奖励制度。根据工作的实际表现，对质量改善有贡献的部门或个人、对企业推行全面质量管理有贡献的部门或个人，应进行适当奖励。根据不同时期的情况，对其奖励制度应作相应的调整，以反映企业处理此问题的优先次序。

（9）重新确定聘任和晋升条件。在聘请新员工时，应该考虑该员工是否有高度的上进心和不断改进的习惯。在晋升更高一级的职位时，更应考虑到此员工是否全心全力支持全面质量管理计划的推行。

（10）成立“全面质量管理评议会”。可由企业各部门不同级别的代表作为全面质量管理评议会成员，评议会人数大约 10 ~ 20 人左右，主席可由一位高层管理人员担任。成立评议会员目的主要在于方便管理委员会与各级员工之间的沟通。评议会成员可以随意提出有关全面质量管理的问题并发表意见，对一些措施或政策提出自己的观点和看法。

（11）庆祝企业获得初步成绩。在推行全面质量管理的中期或后期，企业获得初步成效之时，为鼓舞员工的志气，增强企业团结合作气氛，加深员工对开展全面质量管理活动的良好印象，应举行一些简单的颁奖活动，表扬和奖励在推行全面质量管理中有较大贡献的部门或个人。

5.5.5 成熟期和创新期

成熟期和创新期分别经历 2 ~ 3 年、3 ~ 5 年的时间。在全面质量管理的成熟期和创新期间，企业须更加注意市场环境的变化，始终以顾客为导向，坚持以 PDCA 程序办事，做到不断改进、提高，使企业在市场竞争中立于不败之地。

总之，全面质量管理突出以顾客为导向，强调主动、充分了解顾客现在及潜在的需求；另一方面，各项工作必须不断完善。

5.6 做好基础工作很重要

> *案例* 南宁卷烟厂的全面质量管理的推行
>
> 近年来，南宁卷烟厂推行全面质量管理系统坚决执行“质量否决制”，使得该厂生产的品牌香烟，在全国竞争激烈的烟草市场中异军突起，销售量直线上升。南烟人认为要在市场中站稳脚跟，必须狠抓产品质量，全面质量管理“四板斧”全面贯穿到产品生产的每一个过程中。
>
> 首先是制订和完善了企业各种规章制度。在南烟，科室部门繁多，仅生产岗位就有100多个，每个职位、岗位都有人指挥并对其负责。南烟人以这诸多的岗位职责为中心，制订了一系列相关的规章制度。由于制度的规范，大幅度地降低了成本。
>
> 其次是以创建样板车间为突破点，规范工业基础管理。一方面加强对车间的硬件投入，一方面抓软件管理，专门成立了“创建管理样板车间领导小组”，修订完善班组管理、现场管理、设备管理等方面的规章制度和考核标准，使车间管理逐步走向规范化和现代化管理轨道。
>
> 其三是加强督促考核。处罚后还将财务开具的罚款收据和对质量事故的处理决定一起张贴在大门口。
>
> 其四是进行质量体系认证。南烟不仅对组成质量体系的相关质量手册、程序文件、管理标准、技术性文件等，进行了全面系统的清理、整顿和统一编写，为提供硬件保障，还专门投入300多万元，进一步提高了检测仪器的先进性和检测数据的准确性，通过了ISO 9001质量管理体系认证。

通过以上案例可以看出，要很好地实施全面质量管理，必须做好基础工作。全面质量管理的基础工作是企业建立质量体系、开展质量管理活动的立足点和依据，也是质量管理活动取得成效，质量体系有效运转的前提和保证。根据国内外的经验，开展全面质量管理，应首先着重做好以下五方面的工作。

5.6.1 质量教育工作

全面质量管理是“以质量为中心，以人为本”的管理。因此，开展全面质量管理活动，必须从提高职工的素质抓起，把质量教育作为“第一道工序”。只有通过质量教育工作，不断提高企业全体职工的质量意识，掌握和运用质量管理的理论、方法和技术，自觉提高业务水平、操作技术水平和管理能力，不断改进和提高工作质量，生产出顾客满意的产品。

质量管理的教育工作主要包括两个方面：一方面是质量管理意识教育、质量知识培训；另一方面是职工的技术业务的培训和教育。质量教育培训的实施过程如下。

（1）识别质量教育培训的需求。可从技术发展、标准变更、远景规划、业务扩展、内部评审、管理评审、职工素质提高等角度，识别相关培训需求。在企业高层决定开展质量教育培训后，质量总监就要制订员工质量培训规划。

（2）提供质量教育培训。根据质量培训规划，分阶段、分层次灵活地进行培训。

（3）评价质量教育培训的有效性。可从经过培训后人员能力变化来评价培训有效性，有自我评价、培训后评价、跟踪评价等。评价结果应做好记录，记入个人的业务档案。

5.6.2 标准化工作

标准化是进行质量管理的依据和基础，标准化活动贯穿于质量管理的始终。

> **小知识**
>
> 标准是指为在一定的范围内获得最佳秩序，对活动或其结果规定共同的和重复使用的规则、导则或特性的文件。
>
> 标准化是指为在一定的范围内获得最佳秩序，对实际的或潜在的问题制订共同的和重复使用的规则的活动。它包括制订、发布及实施标准的活动过程。
>
> 标准与制度的区别和联系主要体现在：
>
> - 标准有明确的目标值，有量、质、期的要求；
> - 标准是生产经营活动的法规，具有一定的强制性，并有严密的审批发布程序；
> - 标准有具体考核的条件和办法，有实践性和约束性，语言简练、准确；
> - 标准是在制度基础上形成的，是制度的升华和发展，制度是标准的初级形式。

标准是标准化的产物，它是衡量产品质量和各项工作质量的尺度，也是企业进行生产技术活动和经营管理工作的依据。

1. 标准的分类与分级

标准是一种特殊的文件，是现代化科学技术成果和生产实践经验相结合的产物。它根据适用范围、规定内容、确认形式、性质分为不同类别和级别。

（1）按标准的性质分为：技术标准、管理标准、工作标准、经济标准。

（2）按适用范围分为：国家标准、行业标准、地方标准、企业标准。

（3）按法律约束性分为：指导性技术文件、强制性标准、推荐性标准。

（4）按照标准的来源以及级别分为：国际标准、国外先进标准。我国标准采用国际标准的程度分为等同采用（技术内容和文本结构相同）和修改采用（技术内容有差异，允许编辑性修改）。其表示方法分别为：GB××××——××××（idtISO ××××：××××）、GB××××——××××（modISO ××××：××××）。

2. 标准制修订程序

主要为：组织工作组；编制标准征求意见稿；广泛征求意见，确定标准送审稿和编制说明；审查标准送审稿，编制标准报批稿；标准批准和发布；标准的修改、补充和定期复审。

3. 企业实施标准化管理的途径

企业标准化管理工作必须符合权威性、科学性、群众性、连贯性和明确性等具体要求。

（1）强化标准化管理意识，充分发挥员工积极性。

（2）以“顾客第一”为指导，坚持系统化的原则，组织制订和实施企业标准，完善标准体系。

（3）一切按标准执行，一切照程序办事。

（4）重视标准的配套标准的贯彻，充分发挥标准的综合功能。

（5）加强监督检查，巩固贯彻实施的成果。

（6）以技术标准为核心带动各方面标准化。

5.6.3 计量管理工作

计量工作是关于测量和保证量值统一和准确的一项重要的技术工作。在全面质量管理中，从设计质量的验证到使用质量的考核，每个环节都离不开计量管理工作。企业计量管理工作的重要任务是统一计量单位制度、组织量值正确传递、保证量值统一。因此，做好计量管理工作，对于企业加强质量管理、提高质量具有重大现实意义。

> **小知识**
>
> 计量管理工作包括精密测量、理化试验和技术鉴定等工作，它是保证产品质量特性的数据统一、技术标准的贯彻执行、零部件的互换和生产优质产品的重要手段。因此，计量管理工作是全面质量管理的一个重要基础工作。

做好计量管理工作，应着重抓好以下几个环节。

（1）正确、合理地使用计量器具，按照生产和设计的要求配备计量检测设备。

（2）严格执行计量器具的检定。主要包括：入库检定、入室检定、周期检定、返还检定。对上述各种检定，所有计量器具必须检验合格，才能投入使用或流转。

（3）加强计量检测设备的日常管理，建立、健全计量管理制度。

（4）保证计量检测设备使用的环境条件。

（5）健全计量管理组织机构，配备高素质的计量人员队伍。

5.6.4 质量信息工作

质量信息，指的是反映产品质量和产供销各环节工作质量的原始记录、基本数据以及产品使用过程中反映出来的各种信息资料。

质量信息是质量管理不可缺少的重要依据，是改进产品质量，组织厂内外两个反馈，改善各环节工作质量最直接的原始资料，是正确认识影响产品质量诸因素变化和产品质量波动的内在联系，掌握提高产品质量规律性的基本手段，是使用电子计算机进行质量管理的基础，是加强质量管理不可缺少的一项基础工作。质量信息的准确性、完整性和及时性，将严重影响决策的质量。

要搞好质量信息工作，必须识别信息需求，要深入实践，认真调查研究，掌握大量的、齐全的、准确的质量信息资料，并利用质量信息来实现企业的质量战略和目标。

5.6.5 质量责任制

> **小知识**
>
> 质量责任制是组织中形成文件的一种规章制度，它是规定各部门和各岗位的员工在质量管理中的任务、职责、权限，并与考核奖惩相结合的一种质量管理制度和管理手段。

建立质量责任制是企业开展全面质量管理的一项基础性工作，也是企业建立质量体系不可缺少的内容。质量责任制的核心在于明确职责、落实责任，使员工更好地参与质量工作，确保产品或服务质量。企业中的每一个部门、每一个职工都应明确规定他们的具体任务，应承担的责任和权利范围，做到事事有人管，人人有专责，办事有标准，考核有依据。把同质量有关的各项工作同广大职工的积极性和责任心结合起来，形成一个严密的质量管理工作系统，一旦发现产品质量问题，可以迅速进行质量跟踪，查清质量责任，总结经验教训，更好地保证和提高产品质量。在企业内部形成一个严密有效的全面质量管理工作体系。

第 6 章

加强质量检验控制

产品质量是生产出来的，不是检验出来的。

——质量管理大师　威廉·戴明博士

能力提示

- 能够选择质量检验的方式和类型
- 掌握抽样检验方法与实施要点
- 掌握质量检验的程序要求
- 明确质量检验标准及其制定原则和方法
- 能制定质量检验作业指导书和流程
- 掌握进料检验、过程检验、半成品、成品检验的窍门

导读　许继集团严把质量检验关取得良好业绩

许继集团股份有限公司（以下简称许继集团）在吸收国外先进、成熟的配电自动化系统技术的基础上结合国内城市配电网系统特点研发了 TOSCAN－D3000C 配电自动化系统，2002 年通过国家两部鉴定。2005 年 3 月，许继集团配电自动化系统在因 2008 年奥运会而首先启动的北京城网改造项目中，中标北京配网自动化第一个工程——天安门、中南海地区的配网自动化示范工程，创造了一个新的里程

碑。系统的一期工程已于2005年5月通过出厂验收，10月顺利通过系统实用化验收。接着公司又中标了北京昌平地区（2008年奥运会主要场馆所在地）配网自动化工程，2005~2006年在北京共取得了7标6中的良好业绩。

许继集团取得良好的业绩与其质量检验控制工作密切相关，那么如何搞好质量检验控制呢？

6.1 如何选择质量检验的方式和类型

6.1.1 质量检验的含义和任务

ISO 9000：2005标准中，对检验的定义是："通过观察和判断，适当时结合测量、试验或估量所进行的符合性评价。"

一般来说，质量检验有5项基本任务：鉴别产品（或零部件、外购物料等）的质量水平，确定其符合程度或能否接收；判断工序质量状态，为工序能力控制提供依据；了解产品质量的等级或不合格的严重程度；改善检测手段，提高检测作业发现质量问题的能力和有效性；反馈质量信息，报告质量状况与信息，提供质量改进的建议。

1. 检验的质量职能

检验的质量职能可概括为三个方面：鉴别职能、把关职能和报告职能。

（1）鉴别职能。检验活动的过程就是依据产品规范（如产品图样、标准及工艺规程等），按规定的检验程序和方法对受检物的质量特性进行度量，将度量结果与产品规范进行比较，从而对受检物是否合格作出判定。正确地鉴别产品质量是检验活动的基本职能，也是检验质量职能种种表现的前提。

（2）把关职能。在正确鉴别受检物质量的前提下，一旦发现受检物不能满足规定要求时，应对不合格品作出标记，进行隔离，防止在作出适当处理前被误用。这种层层"把关"，使"不合格的材料不投产，不合格的毛坯不加工，不合格的零件不转序，不合格的零部件不装配，不合格的产品不出厂"，从而保证产品的符合性质量，就是检验的把关质量职能。

（3）报告职能。报告职能就是信息反馈的职能，是全面质量管理得以有效实施的重要条件。在检验工作中，及时进行信息反馈，采取纠正措施只是报告职能的最起码要求。检验报告职能的更主要表现，是通过检验活动系统地收集、积累、整理和分析研究各种质量信息，根据需要编制成各种报告或报表，按规定向组织的有关人员和部门报告产品质量的情况、动态和趋势，为组织的质量决策提供及时、可靠和充分的依据。一般而言，检验质量报告包括以下内容：原材料、外购件、外协件进厂验收检验的情况；成品出厂检验情况和各生产单位的质量情况，如平均合格率、返修率、报废率、降级率及相应的经济损失，以及质量因素的排列图分析；不合格品的处理情况；重大质量问题的调查、分析和处理情况；改进产品质量的建议；其他有关问题。

2. 检验的预防和改进作用

检验毕竟只能在质量事实发生后才能进行，因此，现代质量管理对检验职能的强化主要着眼于两个方面，即在检验的鉴别、把关和报告职能的基础上进一步把检验工作和其他有关工作结合起来，发挥检验对质量的预防和改进作用。

检验的预防和改进作用大致反映在以下方面。

（1）生产过程中，要求首件检验符合规范要求，从而预防批量产品质量问题的发生。

（2）通过巡回检验及时发现工序中的质量失控问题，从而预防出现大量的质量事故。

（3）保证质量人员和操作人员统一量仪的量值，从而预防测量误差造成的质量问题。

（4）当终检发现质量问题时，及时采取改进措施，防止质量问题的再次发生。

（5）通过检验工作获取的生产过程的质量信息及暴露的设计问题，为产品整顿时的设计改进提供依据。

（6）向工艺部门提供有关加工、转运装配等方面的质量信息，帮助工艺部门对其工艺方案、工艺路线和工艺规程的质量保证能力进行审查、验证和改进。

（7）在检验和试验中发现的外购件、外协件及配套件的质量问题（主要是进货检验中难以发现的内在质量、功能质量及可靠性指标等），及时反馈给采购供应部门，帮助其对供方提供的配套件质量及供方质量保证能力进行审查。

3. 检验的质量职能活动

检验工作渗透在生产的全过程。因此，检验的职能活动相当广泛，其内容大致如下。

（1）制订产品的检验计划。

(2) 进货物料的检验和试验。

(3) 工序间在制品的检验和试验。

(4) 成品的检验和验证。

(5) 不合格品的处置。

(6) 纠正措施的实施。

(7) 测量和试验设备的控制。

(8) 检验和试验的记录、报告及质量信息的反馈。

> *小知识*
>
> 对于生产企业而言，产品经检验合格出厂后，其检验任务就算完成。但其产品还要经受市场的检验。一些涉及安全、健康等要求的产品，在市场上还要接受各级质量技术监督检验检疫部门的抽查检验，抽查检验结果合格与否均要在相关媒体公告，不合格者限期整改。

6.1.2 质量检验的方式

按照不同的特征分类，质量检验可划分为不同的方式：按检验的数量特征划分，质量检验可分为全数检验和抽样检验；按检验的质量特性值的特征划分，质量检验可分为计数检验和计量检验；按检验方法的特征划分，质量检验可分为理化检验和感官检验；按检验对象检验后的状态特征划分，质量检验可分为破坏性检验和非破坏性检验；按检验实施的位置特征划分，质量检验可分为固定检验和流动检验；按检验目的特征划分，质量检验可分为验收检验和监控检验。

(1) 全数检验。全数检验就是对待检产品批逐一进行检验。全数检验存在如下局限性：①检验工作量大、周期长、成本高，占用的检验人员和设备较多；②由于受检个体太多，往往导致每个受检个体检验标准降低，或检验项目减少，由于错验和漏检的客观存在，全数检验的结果并不一定可靠；③不能用于破坏性或检验费用昂贵的检验项目；④对批量大，但出现不合格品无严重后果的产品批，在经济上得不偿失。

由于上述原因，在质量检验中，如无必要一般不采用全数检验的方式。全数检验常用于下述场合：精度要求较高的产品和零部件；对后续工序影响较大的质量项目；质量不太稳定的工序；需要对不合格交验批进行100%重检及筛选等。

(2) 抽样检验。按照数理统计原理预先设计的抽样方案，从待检总体（一批产品、一个生产过程等）取得一个随机样本，对样本中每一个体逐一进行检验，获得质量特性值的样本统计值，并和相应的标准比较，从而对总体质量作出判断（接收或拒收、受控或失控等）。由于抽样检验只检验总体中的一部分个体，故全数检验的局限恰恰是抽样检验的长处。抽样检验的缺点主要表现在两方面：一方面，在被判为合格的总体中，会混杂一些不合格品，或反之；另一方面，抽样检验的结论是对批产品而言，因此错判（如将合格批判为不合格批而拒收，将不合格批判为合格批而接收）造成的损失往往很大。虽然运用数理统计原理精心设计抽样方案可以减少和控制错判风险，但不可能绝对避免。

一般说来，抽样检验适用于全数检验不必要、不经济或无法实施的场合，因此应用非常广泛。

（3）理化检验。理化检验是应用物理或者化学的方法，依靠量具、仪器及设备等对受检物进行检验。理化检验通常测得检验项目的具体数值，精度高、人为误差小。理化检验是各种检验方式的主体。随着科学技术的进步，理化检验的技术和装备不断得到改进和发展。例如，过去的破坏性试验有些已用无损检测手段代替；钢材化学成分的快速分析由于光谱分析技术的发展而得以实现等。

（4）感官检验。对如产品的形状、颜色、气味、伤痕、污损、锈蚀和老化程度等，往往要靠人的感觉器官来进行检查和评价。感官检验的结果往往依赖于检验人员的经验。由于目前理化检验技术发展的局限性以及质量检验问题的多样性，感官检验在某些场合仍然是质量检验方式的一种选择或补充。

（5）破坏性检验。破坏性检验后，受检物的完整性遭到破坏，不再具有原来的使用功能。例如，寿命试验、强度试验等往往是破坏性检验。随着检验技术的发展，破坏性检验日益减少，非破坏性检验的使用范围在不断扩大。

破坏性检验只能采用抽样检验方式。

（6）验收检验。验收检验广泛存在于生产全过程，如原材料、外购件、外协件及配套件的进货检验，半成品的入库检验，产成品的出厂检验等。验收检验的目的是判断受检对象是否合格，从而作出接收或拒收的决定。

（7）监控检验。监控检验也称为过程检验，目的是检查生产过程是否处于受控状态，以预防由于系统性质量因素的出现而导致的不合格品的大量出现。

小知识

抽样检验是质量检验中最常用、最有效的方法。我国为规范抽样检验活动，制定了抽样检验的国家标准：GB/T 2828－2003《计数抽样检验程序》。该标准由若干部分组成。第一部分：按接收质量限（AQL）检索的逐批检验抽样计划；第二部分：孤立批计数抽样检验程序及抽样表；第三部分：跳批计数抽样检查程序；第四部分：质量水平的评价程序；……第十部分：计数抽样系统介绍等。

6.1.3 质量检验的基本类型

实际的质量检验活动可以分为三种类型，即进货检验、工序检验和最终检验。

1. 进货检验

进货检验是对外购产品的质量验证，即对采购的原材料、辅料、外购件、外协件及配套件等入库的接收检验。为了确保外购或外协产品的质量，进厂时的收货检验应由专职检验人员按照规定的检查内容、检查方法及检查数量进行严格的检验。

进货必须有合格证或其他合法证明。供方的检验证明和检验记录应符合需方的要求，至少应包括影响产品可接受性的质量特性的检验数据。进货检验有首件（批）样品检验和成批进货检验两种。进货检验应在产品入库前或投产前进行。为了保证检验工作的质量，防止漏检或错检，应制定“入库检验指导书”或“入库检验细则”。

2. 工序检验

工序检验有时称为过程检验或阶段检验。工序检验的目的是在加工过程中防止出现大批不合格品，避免不合格品流入下道工序。因此，工序检验不仅要检验在制品是否达到规定的质量要求，还要检定影响质量的主要工序因素（5M1E），以决定生产过程是否处于正常的受控状态。工序检验的意义并不是单纯剔出不合格品，还应看到工序检验在工序质量控制乃至在质量改进中的积极作用。

工序检验通常有首件检验、巡回检验和末件检验三种形式。

（1）首件检验。首件是指每个生产班次刚开始加工的第一个或几个工件，或加工过程中因换人、换料、换工装、调整设备等改变工序条件后加工的第一个或几个工件。对于大批量生产，“首件”往往是指一定数量的样品。实践证明，首件检验制度是一项尽早发现问题，防止系统性因素导致产品成批报废的有效措施。

（2）巡回检验。巡回检验要求检验人员在生产现场对制造工序进行巡回质量检验。检验人员应按照检验指导书规定的检验频次和数量进行，并做好记录。工序质量的控制点应是巡回检验的重点，检验人员应把检验结果标志在工序控制图上。

（3）末件检验。末件检验是指主要靠模具、工装保证质量的零件加工场合，当批量加工完成后，对最后的一件或几件进行检查验证的活动。末件检验的主要目的是为下批生产做好生产技术准备，保证下批生产时能有较好的生产技术状态。

3. 最终检验

最终检验又称完工检验，是全面考核半成品或成品质量是否满足设计规范标准的重要手段。由于最终检验是验证产品是否符合顾客要求的最后一次机会，因此它是质量保证活动的重要内容。

最终检验可能需要模拟产品的用户使用条件和运行方式。这种情况下成品质量的完工检验有两种，即成品验收检验和成品质量审核，须有用户的参与并得到用户的最终认可。在质量计划规定的活动完成以前绝不发货；同时，质量体系还应该保证收集所有影响质量活动的记录，以便生产结束后对它们立刻进行评审。

小知识

通常情况下，只有完成进货检验、工序检验和最终检验且结果合格后，原材料、零部件或产品才能往下流转。但也有紧急放行的情况，如生产过程急需，原材料进厂后，或零件加工完成后经标志并且可以追回时、经过授权的领导或质检员批准后，在进货检验或工序检验未完成前可以先放行，一旦发现检验结果不合格，可立即追回已放行的原材料或零部件；最终检验未完成前若要交付顾客，一般要经过顾客的批准。硬件生产企业几乎没有这种情况发生。

6.1.4 质量检验的主要管理制度

1. 检验计划

检验计划是企业对产品质量检验工作进行系统筹划与安排的主要质量文件，它规定了检验工作的措施、资源和活动。检验计划对于实现检验的鉴别、把关和报告的质量职能，保证产品的符合性质量起着十分重要的作用。检验计划的内容通常包括检验流程图、产品质量缺陷严重性分级和检验作业指导书。

（1）检验流程图。用来表达检验计划中的检验活动流程、检验站点设置、检验方式和方法及其相互关系，一般应以工艺流程图为基础来设计。检验流程图的标志符号有顺序符号和检验符号两类。

（2）产品质量缺陷严重性分级。对于不能满足预期使用要求的质量缺陷，在质量特性重要程度、偏离规范程度，以及对产品适用性的影响程度上存在着差别。对质量缺陷实施严重性分级有利于检验质量职能的有效发挥和质量管理综合效能的提高，如表 6-1 所示。

表 6-1　　检验用产品质量缺陷严重性分级原则的模式

缺陷级别 涉及方面	致命缺陷	严重缺陷	一般缺陷	轻微缺陷
安全性	影响安全	不涉及	不涉及	不涉及
运转或运行	会引起难于纠正的非正常情况	可能引起易于纠正的非正常情况	不会影响运转或运行	不涉及
寿命	会影响寿命	可能影响寿命	不影响	不涉及
可靠性	必然会造成产品故障	可能会引起易于修复的故障	不会成为故障的起因	不涉及
装配	——	肯定会造成装配困难	可能会影响装配顺利进行	不涉及
使用安装	会造成产品安装困难	可能会影响产品安装的顺利进行	不涉及	不涉及
外观	一般外观缺陷不成致命缺陷	使产品外观难于接受	对产品外观影响较大	对产品外观有影响
下道工序	肯定造成下道工序的混乱	给下道工序造成较大困难	对下道工序影响较大	可能对下道工序有影响
处理权限	质量总监或总质量师	检验负责人	检验工程师	检验站、组长
检验严格性	100%严格检验，加严检验	严格检验 正常检验	一般正常检验抽样检验	抽样检验 放宽检验

注：此处所说的缺陷不是法律意义上的缺陷。

2. 检验指导书

检验指导书是产品检验规则在某些重要检验环节上的具体化，是产品检验计划的构成部分。通常对于质量控制点的质量特性的检验作业活动，以及关于新产品特有的、过去没有类似先例的检验作业活动都必须编制检验指导书。

检验指导书的基本内容如下。

(1) 检验对象。受检物品的名称、图号及在检验流程图上的位置（编号）。

(2) 质量特性。规定的检验项目、需鉴别的质量特性、规范要求、质量特性的重要性级别、所涉及的质量缺陷严重性级别。

(3) 检验方法。检验基准（或层面）、检测程序与方法、检验中的有关计算方法、检测频次、抽样检验的有关规定和数据。

(4) 检测手段。检验使用的工具、设备及计量器具，这些器物应处的状态及使用注意事项。

(5) 检验判断。正确指明对判断标准的理解、判断比较的方法、判定的原则与注意事项、不合格的处理程序及权限。

(6) 记录与报告。指明需要记录的事项、方法和记录表式，规定要求报告的内容与方式、程序与时间。

对于复杂的检验项目，检验指导书应该给出必要的示意图表及提供有关的说明资料。

3. 三检制

三检制就是操作者自检、操作者之间互检和专职检验人员专检相结合的一种检验制度。这种三结合的检验制度有利于调动广大员工参与质量检验工作的积极性和责任感，是任何单纯依靠专业质量检验的检验制度所无法比拟的。

(1) 自检。操作者根据工序质量控制的技术标准自行检验，检验工作基本上和生产加工过程同步进行。通过自检，操作者可以及时了解自己加工的产品质量以及工序所处的质量状态，当出现问题时，可及时寻找原因并采取改进措施。自检制度是操作者参与质量管理和落实质量责任制度的重要形式，也是三检制能取得实际效果的基础。

(2) 互检。一般是指下道工序对上道工序流转过来的在制品进行抽检，同一工作地轮班交接时的相互检验，班组质量员或班组长对本班组操作人员加工的产品进行抽检等。互检是对自检的补充和监督，同时也有利于操作者之间协调关系和交流技术。

(3) 专检。由专业检验人员进行的检验。专业检验人员熟悉产品技术要求、工艺知识且经验丰富，检验技能熟练，效率较高，所用检验仪器相对正规和精密，因此专检的检验结果比较正确可靠。而且，由于专业检验人员的职责约束，以及和受检对象无直接利害关系，其检验过程和结果比较客观公正。因此，三检制必须以专业检验为主导。检验的职能必须通过专检来保证。专业检验是现代化大生产劳动分工的客观要求，已成为一种专门的工种与技术。

> **小知识**
>
> 我国企业普遍采用的“三检制”有两种：一种是自检、互检和专检；另一种是首件检验、工序检验和最终检验。

6.2 抽样检验的实施

最简单的计数抽样方案中通常要确定两个参数：抽取的样本量 n；对样本进行检验时，判定批合格与否的合格判定数 A。确定了这两个参数后，就能够容易地进行抽样检验并评定产品批是否合格。对于计数抽样检验来说，产品批质量的验收判定过程是：从批量 N 中随机抽取容量为 n 的一个样本，检验样本中的全部产品，记下其中的不合格品数 d，如果 $d \leqslant A$，则认为该批产品质量合格，予以接收；如果 $d \geqslant R$（称不合格判定数或拒收数，一般 $R = A + 1$），则认为该批产品质量不合格，予以拒收。其判定过程如图 6－1。

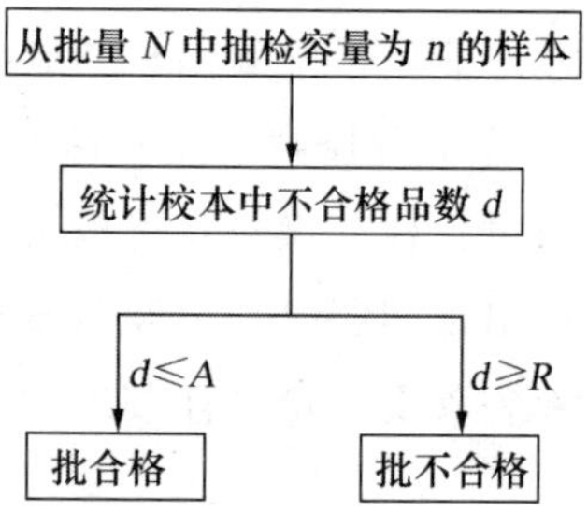

图 6－1　一次抽样批合格判定程序图

抽样检验就是利用所抽取的样本对产品或过程进行的检验。如果抽样检验的目的是通过检验所抽取的样本对这批产品的质量进行估计，以便对这批产品作出合格与否、能否接收的判断，那么就称这种抽样检验为抽样验收。因此，本书中的抽样检验与抽样验收可以视为同一概念。

抽样检验一般用于下述两种情况：第一，破坏性检验，如产品的可靠性试验、产品寿命试验、材料的疲劳试验、零件的强度检验等；第二，测量对象是流程性材料，如钢水、铁水化验，整卷钢板的检验等。

6.2.1 几个常用术语

（1）计数检验：根据给定的技术标准，将单位产品简单地分成合格品或不合格品的检验；或是统计出单位产品中不合格品数的检验。前一种检验又称“计件检验”，后一种检验又称“计点检验”。

（2）计量检验：根据给定的技术标准，将单位产品的质量特性（如重量、长度、强度等）用连续尺度测量出其具体数值并与标准对比的检验。

（3）单位产品：为实施抽样检验而划分的单位体。对于按件制造的产品来说，一件产品就是一个单位产品，如一个螺母、一台机床、一台电视机。但是，有些产品的单位产品的划分是不明确的，如钢水、布匹等，这时必须人为地规定一个单位量，如一米布等。

（4）检验批：作为检验对象而汇集起来的一批产品，有时也称交检批。一个检验批应由制造条件基本相同、一定时间内制造出的同种单位产品构成。

（5）批量：检验批中单位产品的数量。常用符号 N 来表示。

（6）缺陷：未满足与预期或规定有关的要求。

（7）不合格：未满足要求。

（8）不合格品：具有一项或一项以上质量特性不合格的单位产品，称为不合格品。

（9）抽样方案：规定了每批应检验的单位产品数（样本量或系列样本量）和有关批接收准则（包括接收数、拒收数、接受常数和判断准则等）的组合。

（10）抽样计划：一组严格度不同的抽样方案和转移规则的组合。

小知识

现实生活中，要注意区分缺陷和不合格这两个概念，使用“缺陷”应当极其慎重。因为在与产品责任问题有关的方面，其法律内涵有重大区别：一旦出现纠纷，不合格承担违约责任，可由销售者先行赔付，赔付的违约金额的上限为其价格；而缺陷则承担侵权责任，生产者、销售者均应赔付，赔付金额可能是其价格的成千上万倍，很多企业会因此而破产。在设计、制造和使用阶段均可能形成缺陷，即设计缺陷、制造缺陷和使用缺陷。

6.2.2 产品批质量的表示方法

计数抽样检验常用的批质量的表示方法有以下三种。

（1）批不合格率 P。批的不合格品数 D 除以批量 N，即

$$P=\frac{D}{N} \tag{6.2.2-1}$$

（2）批不合格品百分数。批的不合格品数除以批量，再乘以 100，即

$$100P=\frac{D}{N}\times 100 \tag{6.2.2-2}$$

以上两种表示方法常用于计件抽样检验。

（3）批每百单位产品不合格数。批的不合格品数 C 除以批量，再乘以 100，即

$$100P=\frac{C}{N}\times 100 \tag{6.2.2-3}$$

这种表示方法常用于计点检验。

> 小知识
>
> 经过抽样检验判为合格的批，不等于批中每个产品都合格，该批中可能有不合格品；经过抽样检验判为不合格的批，不等于批中全部产品都不合格，该批中可能有合格品。

6.2.3 随机抽样方法

1. 简单随机抽样法

这种方法就是通常所说的随机抽样法，之所以称为简单随机抽样法，就是指总体中的每一个个体被抽到的机会是相同的。为实现抽样的随机化，可采用抽签（或抓阄）、查随机数表（见表 6-2），或掷随机数骰子等方法。例如，要从 100 件产品中随机抽取 10 件组成样本，可把这 100 件产品按 1~100 编号，然后用抽签（或抓阄）的方法，任意抽出 10 张，例如抽到的编号是 3、7、15、18、23、35、46、51、72、89 等 10 个，于是就把这 10 个编号的产品拿出来组成样本。也可以用查随机数表的办法产生这 10 件产品。具体操作方法是：先随机确定表中的一个方块（比如，第 2 行第 3 列的方块），然后将在这方块中自左至右（或自右至左，或自上而下，或自下而上）读到的前 10 个两位数所对应的 10 件编号产品拿出来组成样本。即将编号为 17、37、93、23、78、77、04、74、47、67 的

10件产品组成样本。这就是简单随机抽样法。这种方法的优点是抽样误差小，缺点是抽样手续比较烦琐。在实际工作中，真正做到总体中的每个个体被抽到的机会完全一样是不容易的。这往往是由各种客观条件和主观心理等许多因素综合影响造成的。

2. 系统抽样法

系统抽样法又叫等距抽样法或机械抽样法。例如，要从100件产品中抽取10件组成样本，首先应将100件产品按1~100编号；其次用抽签或查随机数表的方法确定1~10号中的哪一件产品入选样本（此处假定是3号）；再次，其余依次入选样本的产品编号是：13、23、33、43、53、63、73、83、93；最后由编号为3、13、23、33、43、53、63、73、83、93的10件产品组成样本。

由于系统抽样法操作简便，实施起来不易出差错，因而在生产现场人们乐于使用。像在某道工序上定时去抽一件产品进行检验，就可以看做是系统抽样的例子。

由于系统抽样的抽样起点一旦被确定后（如抽到了第3号），整个样本也就完全被确定，因此这种抽样方法容易出现大的偏差。比如，一台织布机出了大毛病，恰好是每隔50米（周期性）出现一段疵布，而检验人员又正好是每隔50米抽一段进行检查，抽样的起点正好碰到有瑕疵的布段，这样一来，以后抽查的每一段都有瑕疵，进而就会对整匹布甚至整个工序的质量得出错误的结论。总之，当总体含有一种周期性的变化，而抽样间隔又同这个周期相吻合时，就会得到一个偏倚很大的样本。因此，在总体会发生周期性变化的场合，不宜使用这样的抽样方法。

3. 分层抽样法

分层抽样法也叫类型抽样法，它是从一个可以分成几个子总体（或称为层）的总体中，按规定的比例从不同子总体中随机抽取样品（个体）的方法。比如，有甲、乙、丙三名操作者在同一台机器设备上倒班加工同一种零件，他们加工完了的零件分别堆放在三个地方，如果现在要求抽取15个零件组成样本，采用分层抽样法，应从堆放零件的三个地方分别随机抽取5个零件，合起来一共15个零件组成样本。这种抽样方法的优点是，样本的代表性比较好，抽样误差比较小。缺点是抽样手续比简单随机抽样还要烦琐。这个方法常用于产品质量验收。

4. 整群抽样法

整群抽样法又叫集团抽样法。这种方法是将总体分成许多群，每个群由个体按一定方式结合而成，然后随机抽取若干群，并由这些群中的所有个体组成样本。这种抽样法的背景是：有时为了实施上的方便，常以群体（公司、工厂、车间、班组、工序或一段时间内生产的一批零件等）为单位进行抽样，凡抽到的群体就全面检查，仔细研究。比如，对某种产品来说，每隔20小时抽出其中1小时的产量组成样本；或者是每隔一定时间，如30分钟、1小时、4小时、8小时等，抽取若干个（几个、十几个、几十个等）产品组成样本。这种抽样方法的优点是抽样实施方便。缺点是由于样本只来自个别几个群体，而不能均匀地分布在总体中，因而代表性差，抽样误差大。这种方法常用于工序控制中。

表6-2　　　　随机数表

03 47 43 73 86	36 96 47 36 61	46 98 63 71 62	33 26 16 80 45	60 11 14 10 95
97 74 24 67 62	42 81 14 57 20	42 53 32 37 32	27 07 36 07 51	24 51 79 89 73
16 76 62 27 66	56 50 26 71 07	32 90 79 78 53	13 55 38 58 59	88 97 54 14 10
12 56 85 99 26	96 96 68 27 31	05 03 72 93 15	57 12 10 14 21	88 26 49 81 76
55 59 56 35 64	38 54 82 46 22	31 62 43 09 09	06 18 44 32 53	23 83 01 30 30
16 22 77 94 39	49 54 43 54 82	17 37 93 23 78	87 35 20 96 43	84 26 34 91 64
84 52 17 53 31	57 24 55 06 88	77 04 74 47 67	21 76 33 50 25	83 92 12 06 76
63 01 63 78 59	16 95 55 67 19	98 10 50 71 75	12 86 73 58 07	44 39 52 38 79
33 21 12 34 29	78 64 56 07 82	52 42 07 44 38	15 51 00 13 52	99 66 02 79 54
57 60 86 32 44	09 47 27 96 54	49 14 46 09 62	90 52 84 77 27	08 02 73 43 28
18 18 07 92 46	44 17 16 58 09	79 83 86 19 12	06 76 50 03 10	55 23 64 05 05
26 62 38 97 75	84 16 07 44 99	83 81 46 32 24	20 14 85 88 45	30 93 72 88 71
23 42 40 64 74	82 97 77 77 81	07 45 32 14 08	32 98 94 07 72	93 85 79 10 75
52 36 28 19 95	50 92 26 11 97	00 56 76 31 38	80 22 02 53 53	86 60 42 04 53
37 85 94 35 12	83 39 50 08 30	42 34 07 96 18	54 42 06 87 98	35 85 29 78 38
70 29 17 12 13	40 33 20 28 26	13 89 51 03 74	17 76 37 13 04	07 74 21 19 30
56 62 18 37 35	96 83 50 87 75	97 12 25 93 47	70 33 24 03 54	97 77 46 44 80
99 49 57 22 77	88 42 95 45 72	16 64 36 16 00	04 43 18 66 39	94 77 24 21 90
16 08 15 04 72	33 27 14 34 09	45 59 34 68 49	12 72 07 34 45	99 27 72 95 14
31 16 93 32 43	50 27 89 87 19	20 15 37 00 49	52 85 66 60 44	36 68 88 11 80
68 34 30 13 70	55 74 60 77 40	44 22 78 84 26	04 33 46 09 52	68 07 97 06 57
74 57 25 65 76	59 29 97 68 60	71 91 38 67 54	13 58 18 24 76	15 54 55 95 52
27 42 37 86 53	48 55 90 65 72	96 57 69 36 10	96 46 92 42 45	97 60 49 04 91
00 39 68 29 61	66 37 32 20 30	77 84 59 03 29	10 45 65 04 26	11 04 96 67 24
29 94 98 94 24	68 49 69 10 82	53 75 91 93 30	34 25 20 57 27	40 48 73 51 92

续表

16 90 82 66 59	83 62 64 11 12	67 19 00 71 74	60 47 21 29 68	02 02 37 03 31
11 27 94 75 06	06 09 19 74 66	02 94 37 34 02	76 70 90 30 36	38 45 94 30 38
35 24 10 16 20	33 32 51 26 38	79 78 45 04 91	16 92 53 56 16	02 75 50 95 98
38 23 16 86 38	42 38 97 10 50	87 75 66 81 41	40 01 74 91 62	48 51 84 08 32
31 96 25 94 47	96 44 33 49 13	34 86 82 53 91	00 52 43 48 85	27 55 26 89 62
66 67 40 67 14	64 05 71 95 86	11 05 65 69 68	76 83 20 37 90	57 16 00 21 66
14 90 84 45 11	75 73 88 05 90	52 27 41 14 86	22 98 12 22 08	07 52 74 95 80
68 05 51 18 00	33 96 02 75 19	07 60 62 93 55	59 33 82 43 90	49 37 38 44 59
20 46 78 73 90	97 51 40 14 02	04 02 33 31 08	39 54 16 49 36	47 95 93 13 30
64 19 58 97 79	15 06 15 93 20	01 90 10 75 06	4078 78 89 02	02 67 74 17 33
05 26 93 10 60	22 35 85 15 13	92 03 51 59 77	59 56 78 06 83	52 91 05 07 74
07 97 10 88 23	09 98 42 99 64	61 71 62 99 15	06 51 29 16 93	58 05 77 09 51
68 71 86 85 85	54 87 66 47 54	73 32 08 11 12	44 95 92 63 16	29 56 24 29 48
26 99 6 65 53	58 37 78 80 70	42 10 50 67 42	32 17 55 85 74	94 44 67 16 94
14 65 52 68 75	87 59 36 22 41	26 78 63 06 55	13 08 27 01 50	15 29 39 39 43
17 53 17 58 71	71 41 61 50 72	12 41 94 96 26	44 92 27 36 99	02 96 74 30 83
90 26 59 21 19	23 52 23 33 12	96 93 02 18 39	07 02 18 36 07	25 99 32 70 23
41 23 52 55 99	31 04 49 69 96	10 47 48 45 88	13 41 43 89 20	97 17 14 49 17
60 20 50 81 69	31 99 73 68 68	35 81 33 03 76	24 30 12 48 60	18 99 10 72 34
91 25 38 05 90	94 58 28 41 36	45 37 59 03 09	90 35 57 29 12	82 62 54 65 60
34 50 57 74 37	98 80 33 00 91	09 77 93 19 82	74 94 80 04 04	45 07 31 66 49
85 22 04 39 43	73 81 53 94 79	33 62 46 86 28	08 31 54 56 31	53 94 13 38 47
09 79 13 77 48	73 82 97 22 21	05 03 27 24 83	72 89 44 05 60	35 80 39 94 88
88 75 80 18 14	22 95 75 42 49	39 32 82 22 49	02 48 07 70 37	16 04 61 67 87
90 96 23 70 00	39 00 03 06 90	58 85 78 38 36	94 37 30 69 32	90 89 00 96 33

小知识

蒙特卡罗模拟是一种随机模拟方法，以概率和统计理论方法为基础的一种计算方法。它将所求解的问题同一定的概率模型相联系，用电子计算机实现统计模拟或抽样，以获得问题的近似解。为象征性地表明这一方法的概率统计特征，故借用赌城蒙特卡罗命名。又称统计模拟法、随机抽样技术。由 S. M. 乌拉姆和 J. 冯·诺伊曼在 20 世纪 40 年代为研制核武器而首先提出。在这之前，蒙特卡罗方法就已经存在。1777 年，法国 Buffon 提出用投针实验的方法求圆周率 π，这被认为是蒙特卡罗方法的起源。

6.2.4 接收概率与 OC 曲线

1. 接收概率

接收概率是指当使用一个确定的抽样方案时，具有给定质量水平的批或过程被接收的概率，在我国国家标准中称为合格概率。一般可以这样去理解：用给定的抽样方案（n，A）（n 代表样本量；A 表示批合格判定数）去验收批量 N 和批不合格率 P 已知的连续检验批时，把检验批判断为合格而接收的概率，记为 L（P）。接收概率是批不合格率 P 的函数，所以 L（P）又称为抽样方案（n，A）的抽检特性函数。

2. OC 曲线

批接收概率 L（p）随批质量 p 变化的曲线称为抽检特性曲线（Operating Characteristic Curve)，简称为 OC 曲线。

有一个抽样方案，就一定能绘出一条与之相对应的 OC 曲线。OC 曲线表述了一个抽样方案对一个产品的批质量的判别能力。

例如，已知 $N=1000$，用抽样方案（50，1）去反复检验 $p=0.005$，0.007，0.01，0.02，0.03，0.04，0.05，0.06，0.07，0.076，0.08，0.10，0.20，…，1.00 的连续交检批时，可以得到如表 6－3 所示的结果。

表 6－3　用抽样方案（50，1）检验 $N=1000$、p 取不同值时的结果

p	0.000	0.005	0.007	0.010	0.020	0.030	0.040	0.050
L（p）	1.000	0.9739	0.9519	0.9106	0.7358	0.5533	0.4005	0.2794
P	0.060	0.070	0.076	0.080	0.100	0.200	…	1.00
L（p）	0.1900	0.1265	0.0982	0.0827	0.337	0.0002	…	0.000

今以 p 为横坐标，L（p）为纵坐标，将表 6－3 的数据描绘在平面上，如图 6－2 所示的曲线。这条曲线称为抽样方案（50，1）的抽检特性曲线（OC 曲线）。

OC 曲线的类型有以下四种。

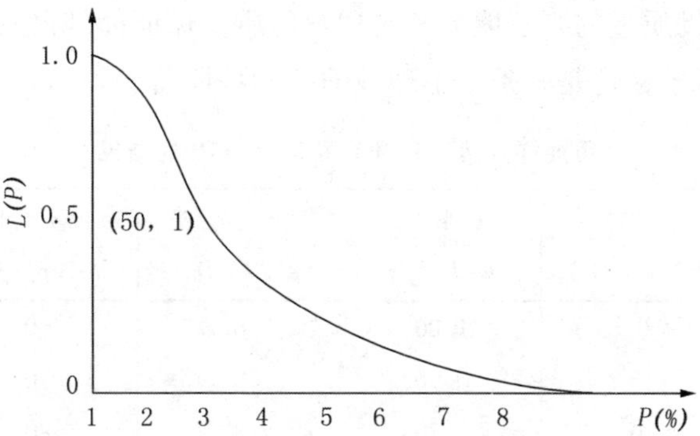

图 6-2 抽样方案（50，1）的 OC 曲线

（1）理想的 OC 曲线。理想的 OC 曲线如图 6-3 所示，它是由两段直线组成的。它代表这样一种抽样方案：当 $p \leqslant p_t$ 时，接收概率 $L(p)=1$；当 $p > p_t$ 时，接收概率 $L(p)=0$。

但是由于抽样中存在着两类错误，这样的理想方案实际是不存在的，就是采用百分之百的全数检验，也会有错检和漏检，因此也不能肯定地得到理想的抽样方案。

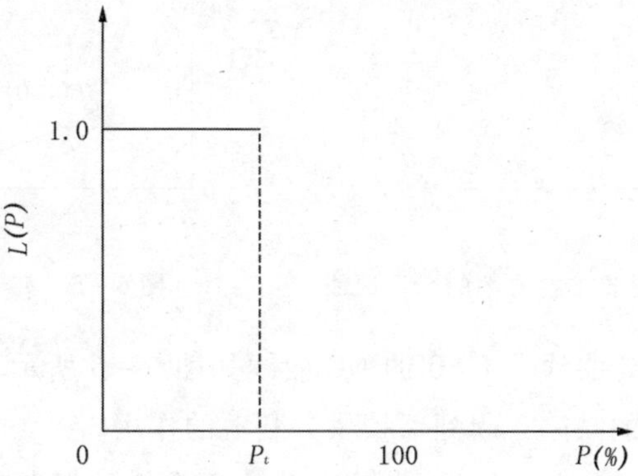

图 6-3 理想的 OC 曲线

（2）单线型 OC 曲线。设有一批产品，批量 $N=10$，采用抽样方案（1，0）来验收这批产品。也就是说，从这批 10 个产品中随机抽取 1 个产品进行检验。如果它是合格品，则判断这批产品合格，予以接收；如果它是不合格品，则判断这批产品不合格，予以拒收。这样很容易得到如表 6-4 所示的结果。

在这个例子中，显然当 $p=0.5$ 时，接收概率仍有 50%，也就是说，当这批产品的质量已经低到含有一半的不合格品时，两批中仍有一批可被接收。可见，这种抽检方案对批质量的判别能力和对用户的质量保证都是很差的。其抽检特性曲线如图 6－4 所示，这是一条很不理想的抽检特性曲线。

表 6－4　　用抽样方案（1，0）检验 $N=10$ 的结果

批中不合格品数 D	批不合格品率 p（%）	接收概率 $L(p)$	批中不合格品数 D	批不合格品率 p（%）	接收概率 $L(p)$
0	0	1.00	6	60	0.4
1	10	0.90	7	70	0.3
2	20	0.80	8	80	0.2
3	30	0.70	9	90	0.1
4	40	0.60	10	100	0.00
5	50	0.50			

（3）$A=0$ 的 OC 曲线。$A=0$ 的 OC 曲线如图 6－5 所示。这种 OC 曲线不足之处是：当 p 较小时，$L(p)$ 值不高，不能很好地保护供方的利益。

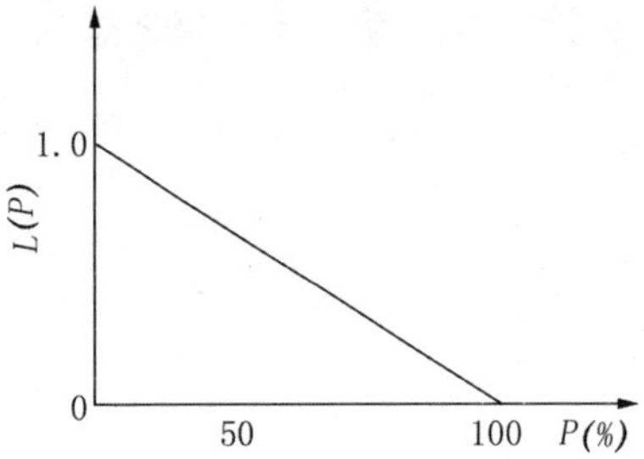

图 6－4　不理想抽检方案的 OC 曲线

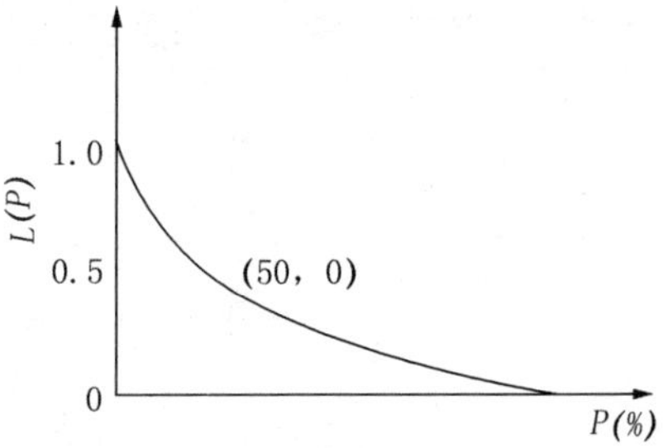

图 6－5　$A=0$ 的 OC 曲线

（4）$A\neq0$ 的 OC 曲线。$A\neq0$ 的 OC 曲线如图 6－6 所示。这种 OC 曲线能弥补 $A=0$ 的 OC 曲线的缺陷，起到保护供方利益的作用。

抽样检验时，人们常以为要求样本中一个不合格品都未出现的抽样方案是个好方案，即认为采用 $A=0$ 的抽样方案最严格，最让人放心。其实并不是这样，现在我们来研究下面三个抽样方案：

方案一：$N=1000$，$n=100$，$A=0$

方案二：$N=1000$，$n=170$，$A=1$

方案三：$N=1000$，$n=240$，$A=2$

这三个抽样方案的 OC 曲线如图 6－7 所示。

从图 6－7 的 OC 曲线可以看出，不论哪种抽样方案，不合格品率 $p=2.2\%$

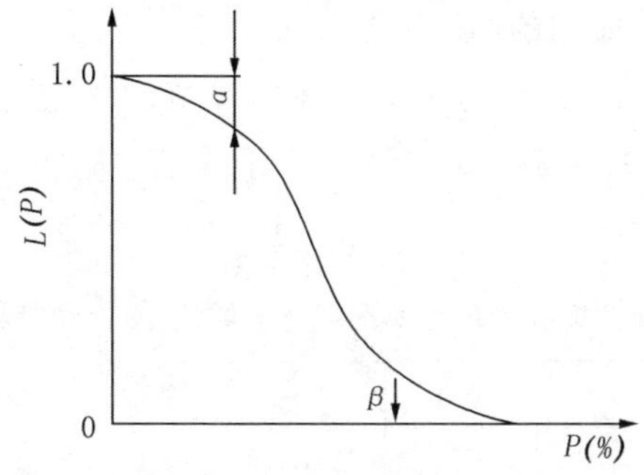

图 6-6 抽样方案（30，3）的 OC 曲线

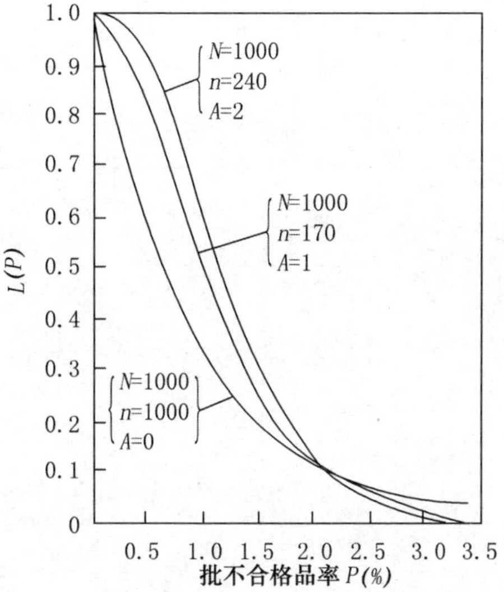

图 6-7 $A=0$ 同 $A=1$、$A=2$ 的抽样方案比较

时的接收概率基本上在 0.10 左右。但对 $A=0$ 的方案来说，表面上看，p 只要比 0 稍大一些，$L(p)$ 就迅速增大。实际上，对比之下，增加之后的 $L(p)$ 值仍低于同样优质条件下 $A=1$、$A=2$ 时被判为合格的概率。可见，在实际操作中，如能增大 n，则采用增大 n 的同时也增大 A（$A \neq 0$）的抽样方案，比单纯采用 $A=0$ 的抽样方案更能在保证批质量的同时保护生产方。

综上所述，任何一条 OC 曲线都代表一个抽样方案的抽检特性，它对一批产品的质量都能起到一定的保证作用。接近于理想的 OC 曲线对批质量的保证作用大；反之，对批质量的保证作用小。

3. N、n、A 对 OC 曲线的影响分析

（1）n、A 的固定，N 变化对 OC 曲线的影响。固定 $n=20$，$A=2$，设 $N=$ 60、80、100、200、400、600、1000、∞，计算出它们的接收概率 $L(p)$，如表 6-5 所示。

表 6-5　$n=20$，$A=2$，N 为不同取值时的 $L(p)$ 计算结果

N	60	80	100	200	400	600	1000	∞
N/n	3	4	5	10	20	30	50	∞
$L(p=5\%)$	0.966	0.954	0.947	0.935	0.929	0.928	0.927	0.925
$L(p=15\%)$	0.362	0.375	0.378	0.394	0.400	0.401	0.403	0.405
$L(p=2\%)$	0.053	0.063	0.069	0.080	0.085	0.068	0.089	0.091

从表 6-5 中，取 $N=60$、400、∞，画出各自的 OC 曲线，如图 6-8 所示。

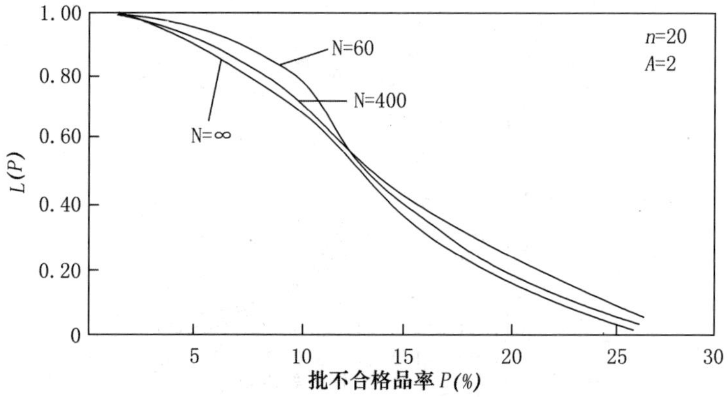

图 6-8　N 变化对 OC 曲线的影响

从图 6-8 中可见，N 变化对 OC 曲线的斜率影响不大，一般当 N 比较大且 $N \geq 10n$ 时，可以把批量 N 看做无限。这时可以认为抽样检验方案的设计与 N 无关，因此一般只用（n，A）来表示抽样方案。但是不能由此认为，既然 N 对 OC 曲线的影响不大，而 N 越大，单位产品中分摊的检验费用越小，那么可以任意加大 N 值。应当认识到，N 取得太大，若一批产品不合格，则不论对生产方还是对使用方造成的经济损失都是巨大的。

（2）N、A 固定，n 变化对 OC 曲线的影响。固定 $N=1000$，$A=1$，设 $n=5$、10、20、30、50，画出它们的 OC 曲线，如图 6-9 所示。

可见，当 N、A 固定，n 增加，OC 曲线急剧倾斜，越来越陡峭，致使生产方

的风险率 α 略有下降，而使用方风险率 β 显著减少。因此，大样本的抽样方案，对于区分优质批和劣质批的能力是比较强的，亦即使用方接收劣质批和拒收优质批的概率都比较小。

（3）N、n 固定，A 变化对 OC 曲线的影响。固定 $N=2000$，$n=50$，设 $A=0$、2、4，画出它们的 OC 曲线，如图 6－10 所示。

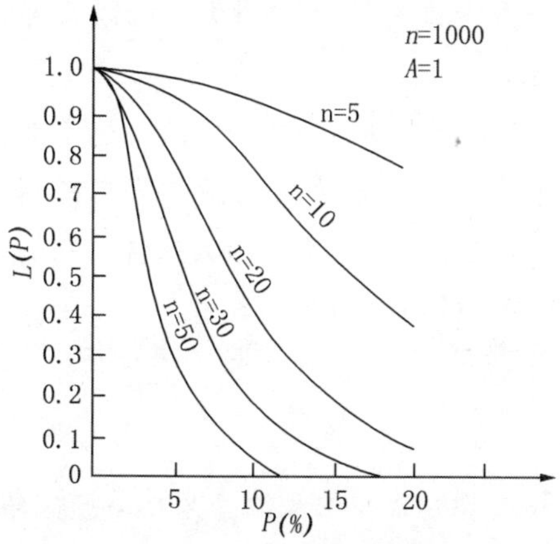

图 6－9　n 变化对 OC 曲线的影响

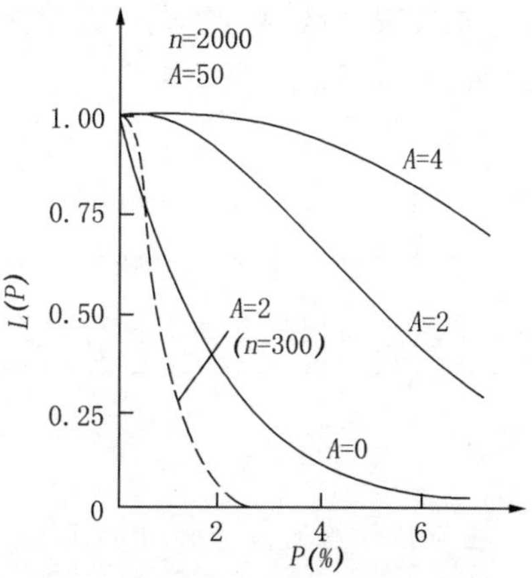

图 6－10　A 变化对 OC 曲线的影响

可见 A 越大，OC 曲线越平缓，接收概率变化越小；A 越小，OC 曲线越陡峭。这样，容易得出结论：值得采用 $A=0$ 的抽样方案。其实这是一种误解，因为只要 n 适当地取大些，即使 $A\neq0$，亦可使 OC 曲线变得比 $A=0$ 的 OC 曲线还要陡峭，如图 6－10 中虚线所示。另外，许多生产方和使用方对于样本中只有 1 个不合格品就遭到拒收的抽样方案（即 $A=0$ 的抽样方案）较反感。因此，通常认为，采用较大的样本量 n 和较大的合格判定数 A 是比较好的。

6.2.5　抽样检验中的两类错误

只要采用抽样检验方法，就可能产生两种错误的判断，即可能将合格批判断为不合格批，也可能将不合格批判断为合格批。前者称为“第一类错误判断”，后者称为“第二类错误判断”。

今以图 6－2 为例来进行分析，假定 $p_0=7\%$，$p_1=8\%$。也就是说，当 $p\leqslant7\%$（p_0）时，认为这批产品的质量是好的，应当以 100% 的概率接收，但由于是抽样检验，仍然有 0.048 的概率把这批产品判为不合格而拒收。同样，当 $p\geqslant8\%$（p_1）时，可以认为这批产品的质量是很差的，应 100% 地拒收。但由于是抽样检验，仍然有将近0.10的概率把这批产品判为合格而接收。本例中，前面的0.048值称为“第一类错判概率”，习惯记为α；后面的0.10值称为“第二类错判概率”，习惯记为β。

可见，当一批产品质量比较好时，如果采用抽样检验，只能要求“以高概率接收”，而不能要求一定接收，因为还有小概率拒收这批产品。这个小概率就叫做“第一类错判概率α”，它反映了把质量较好的批错判为不合格批的可能性的大小。正是因为这种错判的结果会对生产方带来经济上的损失，所以又称它为“生产方的风险概率”。

另一方面，当采用抽样检验时，即使批不合格品百分率$p \geq p1$，也不能肯定100%地拒收，还会有一定的小概率接收它。这个小概率就叫做“第二错判概率β”，它反映了把质量差的批错判为合格批的可能性的大小。因为这种错判的结果使用户蒙受经济损失，所以又称它为“使用方的风险概率”。

小知识

任何抽样检验，生产方要承担不接收质量合格批的风险，又称第一类错误的概率：可以接收的批没有接收的风险；使用方要承担接收质量不合格批的风险，又称第二类错误的概率：不可以接收的批被接收的风险。

6.3 质量检验的管理程序

案例 某机械制造企业的产品质量检验程序

8.2.4 产品的监视和测量

8.2.4.1 按《产品质量检验管理规定》对产品实施检验和试验，以保证符合规定要求，防止未经检验和试验的产品或经检验不合格品投入使用、转序、入库或出厂。当检验和试验不合格时，按《不合格品控制程序》处置。

a）质检部负责按“工艺流程图”中的产品质量检验点，依据产品规范（标准、图样、工艺文件等）或在需要时编制检验规范，安排有资格的检验人员对产品（采购产品、中间产品、最终产品）实施检验控制。

b）技术部负责提供产品规范。

8.2.4.2 进货检验和试验

a）供应部对其采购产品的品种规格、数量确认后，填写送检单连同供方提供的有关质量证明材料送质检部检验。

b）质检部按检验规范对需检验/验证的项目进行检验/验证（包括供方提供的合格质量证据），合格后挂上合格标志；未经检验或检验不合格的产品不得投入使用。

c）对于批量件的检验，应实施统计抽样检验，抽样检验的范围和方法应在检验规范中予以规定。

8.2.4.3 过程检验和试验

a）质检部依据图样、工艺文件、检验规范对机加工零部件、单机等中间产品进行检验，做好检验记录。

b）上一过程的检验未完成或未得到规定的上一过程的检验认可放行之前，产品不得转入下一过程。下一过程的操作人员和检验员在未证实上一过程检验合格之前，有权制止产品的接收或再加工。

c）为确保产品质量，本公司不允许例外转序。

8.2.4.4 最终检验和试验

a）质检部按检验规程或质量计划的要求，在进货、过程检验和试验完成以后，且所有结果都符合规定要求，才能对产品进行最终检验和试验。

b）只有在最终检验和试验完成后且认定产品符合规定要求，同时有关数据齐备并得到授权人员审核后产品才能放行发货。不合格品按《不合格品控制程序》处理。

8.2.4.5 检验和试验记录

a）质检部负责对各类检验和试验记录建档保管。这些记录必须清楚地说明产品已按所有规定的验收标准经过检验和试验。

b）检验和试验记录应有完整清晰的经授权的检验人员的签章。

产品实现过程中的质量检验应遵循策划的安排进行，质量总监可按上述程序的要求指导进行质量检验。

6.3.1 进货检验的管理程序

进货检验的工作原理如图 6－11 所示。

检验结果一般有三种：合格——入库，投入生产；不合格——接收，挑选使用；不合格——拒收，退供应商。对它们的处理方法要依据企业的实际情况具体决定。

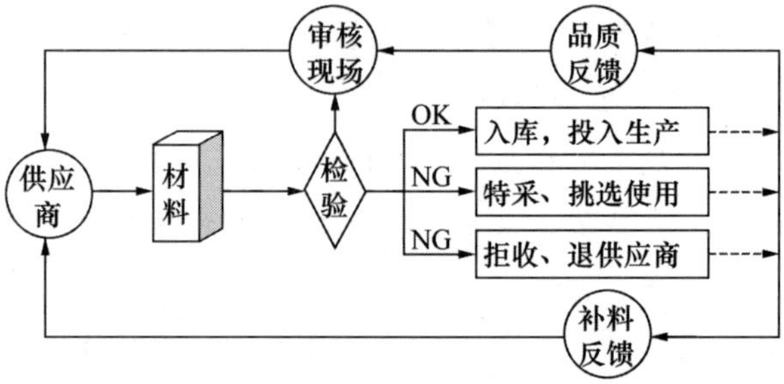

图 6－11　进货检验的工作原理示意图

> 小知识
>
> 进货检验（IQC，incoming quality contrl），主要是指企业购进的原材料、外购配套件和外协件入厂时的检验，这是保证生产正常进行和确保产品质量的重要措施。为了确保外购物料的质量，入厂时的验收检查应配备专门的质检人员，按照规定的检查内容、检查方法及检验数量进行严格认真的检验。从原则上说，供应厂所供应的物料应该是“件件合格、台台合格、批批合格”。如果不能使用全检，而只能使用抽样检验时，也必须预先规定有科学可靠的抽检方案和验收制度。

6.3.2　过程检验的管理程序

过程检验的工作原理如图 6－12 所示。

> 小知识
>
> 随着机械制造技术和数控系统的快速发展，很多检测技术和设备已融入生产线。例如采用红外线/CCD 摄影方式的测量原理对轴类零件进行外径检测，分辨率为 0.1μm，测量精度 u95＝3μm，重复性为 1μm；采用涡流探测原理研制的在线无损检测设备已成功地用于发动机中的曲轴、凸轮轴，变速箱中的驱动轴等轴类、杆类汽车零部件的生产线，而且设备的软、硬件系统已实现了标准化。

6.3.3　最终检验的管理程序

最终检验的工作原理如图 6－13 所示。

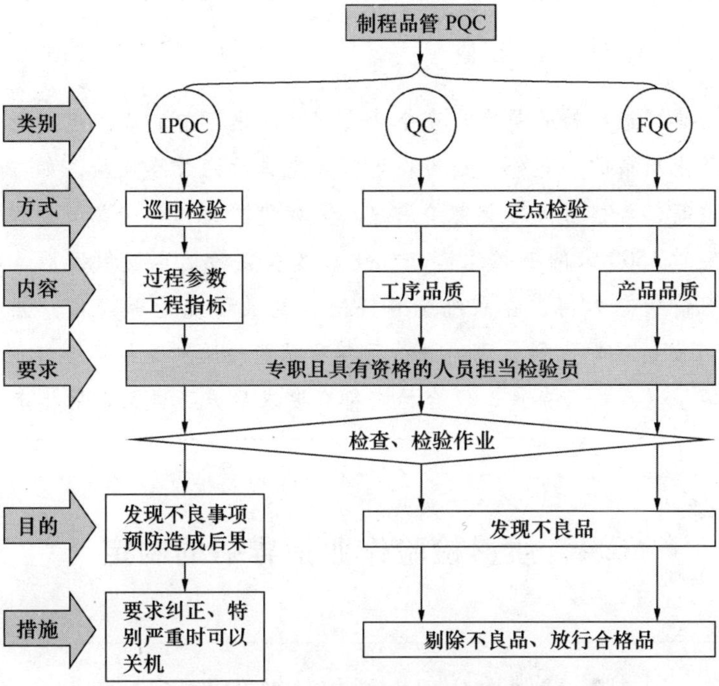

图 6－12　过程检验的工作原理图

注：PQC、IPQC 为过程质量控制或制程品管，FQC 为最终质量控制。

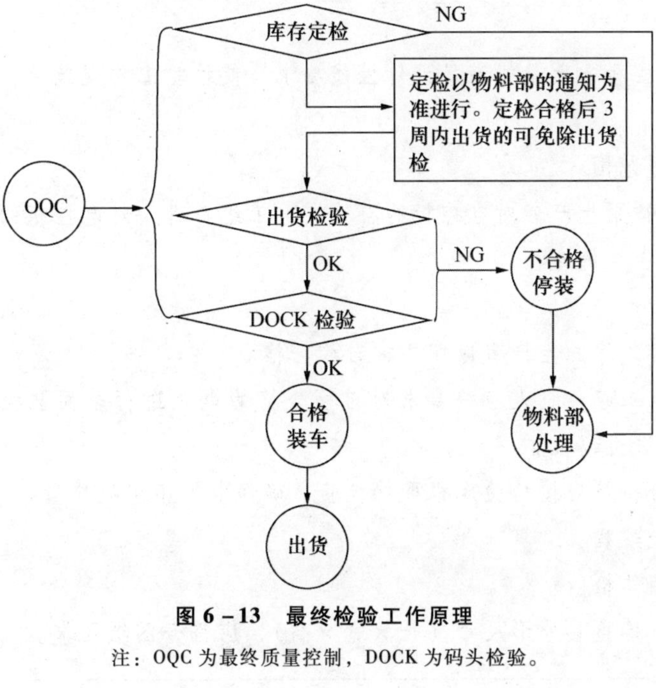

图 6－13　最终检验工作原理

注：OQC 为最终质量控制，DOCK 为码头检验。

小知识

一般而言，最终检验是在生产企业内部，即出厂前完成。但对于一些成套设备，除了出厂前的检验外，还有现场安装完成后的最终检验，如方便面生产线联机试验等，合格后方可交付给用户。又如我国的“神七”发射系统，船箭塔组合体经过1500米的铁路运输，从技术区垂直转运至发射区后，环境发生了改变，船箭状态如何，各系统是否匹配，电磁环境是否兼容，需进行全面“体检”。在发射区对火箭、飞船进行了各项功能检验和系统间接口检查，一切正常，具备了联合检查条件，联合检查符合要求后方可进入发射状态。

6.4 质量检验作业指导书的制定

案例 某机械制造公司电控柜检验作业指导书

某机械制造公司生产成套设备，其中电控柜检验作业指导书如下。

1 目的

为使电控柜的质量能满足设计性能要求，使检验工作规范化，特制订本规程。

2 适用范围

本规程适用生产者对电控柜的自检，电工组负责人对电控柜的全面监检和检验员对电控柜的专检。

3 职责

3.1 各工序的生产者应按要求自检合格。

3.2 电工组负责人应按要求对自检合格的电柜进行全面监检，并对生产者的各工序进行巡检。

3.3 检验员应按检验规程严格检验，确保电控柜出厂质量。

4 检验规程

4.1 柜体检验

4.1.1 检验其外形尺寸（长×宽×高），应符合图纸要求。

4.1.2　检验喷塑表面，应光滑平整、色泽一致。

4.1.3　检验柜体内腔，应清洁、干净、无毛刺、无杂物。

4.1.4　检验铭牌，应清晰、整齐、合理

4.2　电器原件安装检验

4.2.1　检验电气原件的标牌，其型号、规格应符合图样要求。

4.2.2　检验电器原件的安装，应牢固、可靠、布局合理。

4.2.3　检验线路布局，应合理、整齐、美观。

4.2.4　检验各线接头，应牢固、可靠。

4.2.5　检验各电器原件和导线，应完整、无损伤。

4.3　在简易试验台上试机检验各项所控设备的动作

4.3.1　动作特性检验：各开关应灵活、可靠，其动作应符合工作程序。

4.3.2　抗扰度检验：在试验中应无干扰。

4.3.3　额定接通检验：按标准检验应符合要求。

4.3.4　分断能力检验：按标准检验应符合要求。

4.3.5　噪声检验：按 GB/T 3768《噪声源声功率级的测定—简易法》中的规定，用声级计测量其噪声应≤65dB（A）。

4.3.6　温升检验：先用温度计测量环境温度，再用线将温度计固定在电控柜内（但温度计不能接触金属原件），开机试验一小时后，其空气温度的温升应＜10C°。

4.4　安全性检验

4.4.1　接地牌应符合要求。

4.4.2　绝缘电阻测定：用兆欧表测定其绝缘电阻应≥1MΩ。

4.4.3　接地电阻：测定其接地电阻应≤0.1Ω。

4.4.4　警告牌应清晰、端正、完整。

4.5　其他项目检验

其他有关项目检查应符合 GB/T 1497《低压电器基本标准》中的规定。

5　相关文件及引用标准

DH/ZY 10.07　钣金件检验规程

GB/T 3768　噪声源声功率级的测定—简易法

GB/T 1497　低压电器基本标准

GB/T 5226.1　工业机械电器设备第一部分，通用技术条件

GB/T 13306　标牌

6　质量记录与标志

6.1　生产者应填写《电控柜安装检验记录》中的自检栏。

6.2　检验员应填写《电控柜安装检验记录》中的专检栏。

6.3　按《产品标志控制程序》的规定，对产品作出相应的标志。

6.4.1　质量检验作业指导书的主要内容

质量检验作业指导书通常应包括目的、适用范围、职责、检验规程、引用标准及相关文件、质量记录与标志和记录表格等内容。

（1）目的和适用范围。说明检验指导书适用的产品和检验类别以及要达到的目标。

（2）职责。明确操作者自检与互检、质检员巡检与专检的职责和要求。

（3）检验规程。明确要检验的项目及其验收标准、检验所使用的计量器具、检验或试验方法等。

（4）引用标准及相关文件。主要包括质量检验验收标准所引用的产品标准、图纸及技术要求、检验方法等。

（5）质量记录与标志。操作者自检与互检、质检员巡检和专检应作的检验记录，以及检验前后的标志使用，如待检、合格、不合格、待处理等。

小知识

质量检验作业指导书按其用途主要分为6类，即检验细则、非标准检验方法、检测设备自校准方法和量值溯源图、检测结果不确定度分析、检测设备操作规程、其他有关管理办法或规定。

6.4.2　编制质量检验作业指导书的注意事项

检验作业指导书是指导操作者和检验员进行检验的指导性文件，每一项要求必须明确、具体。因此，编制质量检验作业指导书时应注意以下几点。

（1）明确检验所依据的产品标准及其技术要求，包括检验项目和验收准则。

（2）规定质量检验点、检测方法、使用的计量器具。

（3）规定质量记录和标志的要求。

小知识

编制质量检验作业指导书除上述注意事项外，关键是要具备可操作性，产品标准及其技术要求明确，规定的记录要求具体。

6.5 进货检验有方法

案例　某厨房设备公司的进货检验方法

某厨房设备公司主要原材料有不锈钢板、电机、螺钉螺母等标准件。其进货检验方法采用：①要求所有原材料供应商提供所供应的原材料或产品的出厂检验报告或理化分析报告；②材料进厂后验证合格证及检验报告、抽检不锈钢板的规格（长、宽、厚度）、检查电机外观、核对标准件的数量等。

从上例可以看出，每个生产企业对自己生产的产品都有比较完善的检测手段，组织不可能也没有必要准备所有采购产品检测手段，对采购的产品，要求供应商提供完整的检验报告，自己只对部分项目进行抽检即可。

6.5.1 进货检验的职责

进货检验的职责通常包括进货检验、供方管理和生产过程跟踪三个方面（见图6-14）。

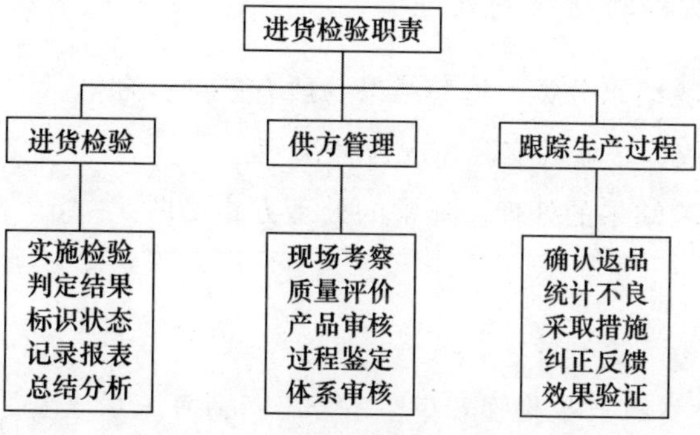

图6-14　进货检验的职责

> **小知识**
>
> 与供方协商一致后进货检验也可以在供方现场进行。这时可以利用供方的检验手段甚至检验人员实施检验，进货管理人员只对其结果进行正验证。

6.5.2 进货检验的步骤

为了保证检验的效果，必须使检验过程的各个步骤相互配合和对应，并保持一定的节奏。一个和谐的检验过程所包含的步骤见图 6－15。

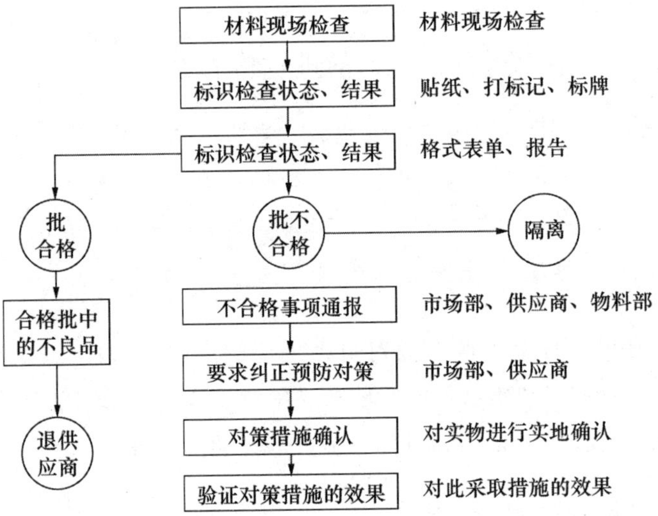

图 6－15　进货检验的步骤

6.5.3 进货检验结果的处理

（1）进货检验结果分类。检验结果一般有三种：合格、不合格、待定。对它们的处理方法要依据企业的实际情况具体决定。

（2）进货检验结果的处理。通常的处理方式见图 6－16。

> **小知识**
>
> 进货检验合格的产品验收入库，不合格产品可采取退货、让步接收等处理措施。合格批中可能出现的不合格品也采取退货或让步接收等措施。

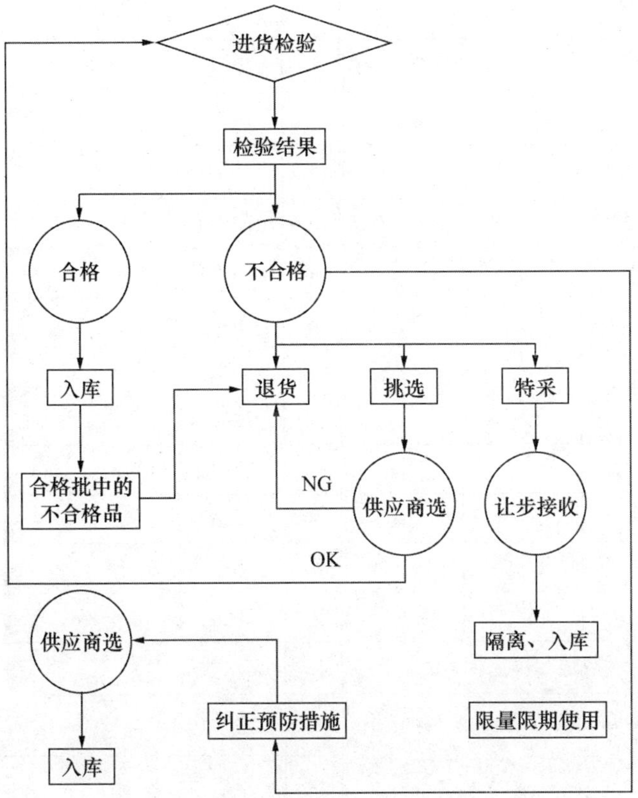

图 6－16　进货检验结果的处理

6.5.4　进货检验记录

检验员应把检验结果记录在检验报告中，在获得批准后放行产品并归档保存。

检验报告的格式示例见表 6－6。

表 6－6　　进料检验报告

检验	审核	批准

品名		型号			AQL	MIL－STD－105E	LEVEL	2
供应商		代码		批号	入库数		检验数	
1. 核对　判定　□OK　□NG					2. 外观　判定　□OK　□NG			

续表

资材		BOM	样板	图纸	规格	料单	其他
检验结果							
3. 尺寸检查　　判定　　□OK　　□NG							
数据	规格	N1	N2	N3	N4	N5	判定
A							
B							
C							
D							
E							
F							
G							
H							
4. 丝印粘附力　　判定　　□OK　　□NG							
试验规格要求		用小刀在被测表面划 $1mm^2$ 的小格，用胶纸粘巾并快速撕下，连续 2～5 次不能不丝印脱漆现象					
SAMPLE		N1	N2	N3	N4	N5	备注
5. 组装　　判定　　□OK　　□NG							
与配合件组装过程							
SAMPLE		N1	N2	N3	N4	N5	备注
判定							
6. 其他记录							

NO	项目	规格要求	结果	判定
1	颜色			
2	喷油			
3	丝印颜色			
4	丝印字体			
5	划伤			
6	变形			
7	披锋			
8	破损			
9	顶白			
10	斑点			
11	缺料			
12	夹水纹			
13	缩水			
14	模痕			
15	脏污			
16	生锈			
17	漏攻牙			
18	粘胶不良			
19	裁切不齐			
20	印刷			
21	装订			
22	发泡			
23	气痕			
24	其他			
检验日期：　　年　　月　　日				
接收□　　拒收□　　待定□				

小知识

进货检验记录是证明进料合格与否的证据，应妥善保存。已填好的记录不允许随意更改。如出现笔误确需更改时，应按规定采取杠改方式，并由更改人签章。

6.6 过程检验很关键

案例　某机械制造企业的首件确认流程

某成批生产的机械制造企业为预防出现批量不合格品的情况，减少风险，进行首件确认（见图6－17）。

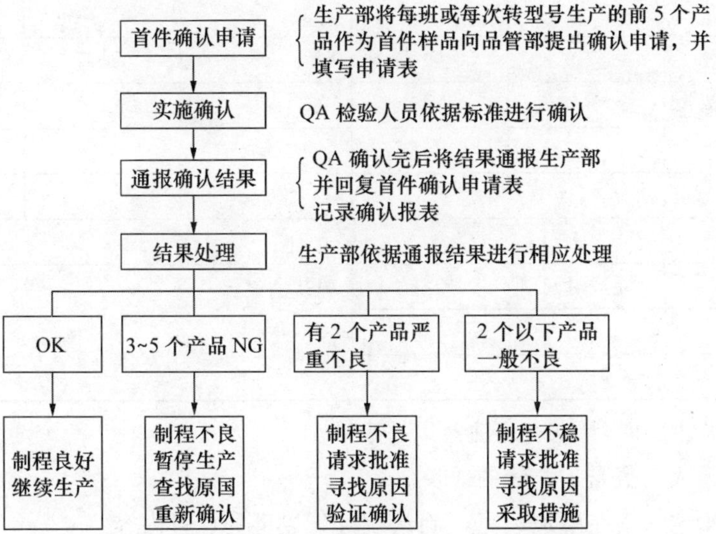

图6－17　某成批生产企业首件确认流程

首件就是每班或每种产品开始生产的第一件（或第一部分）产品。首件检查就是对首件产品进行检查、确认，以决定是否能进行批量生产。

6.6.1 首件检验

1. 首件确认申请/判定表

首件确认申请与判定可以共用一张表单，其格式如表6－7所示。

表6－7 首件确认申请/判定表

编号：

<table>
<tr><td>品名</td><td colspan="2"></td><td>申请人</td><td colspan="2"></td></tr>
<tr><td>型号</td><td colspan="2"></td><td>申请日期</td><td colspan="2"></td></tr>
<tr><td>批号</td><td colspan="2"></td><td>申请时间</td><td colspan="2"></td></tr>
<tr><td>批量</td><td colspan="2"></td><td>申请部门</td><td colspan="2"></td></tr>
<tr><td colspan="6">确认项目：</td></tr>
<tr><td>区分</td><td>N1</td><td>N2</td><td>N3</td><td>N4</td><td>N5</td></tr>
<tr><td>外观状态</td><td></td><td></td><td></td><td></td><td></td></tr>
<tr><td>功能状态</td><td></td><td></td><td></td><td></td><td></td></tr>
<tr><td>内部检查</td><td></td><td></td><td></td><td></td><td></td></tr>
<tr><td>部品规格</td><td></td><td></td><td></td><td></td><td></td></tr>
<tr><td>部品布局</td><td></td><td></td><td></td><td></td><td></td></tr>
<tr><td>包装附件</td><td></td><td></td><td></td><td></td><td></td></tr>
<tr><td>其他</td><td></td><td></td><td></td><td></td><td></td></tr>
<tr><td colspan="6">确认审核：</td></tr>
<tr><td>检验员</td><td>完成时间</td><td>审核</td><td colspan="3" rowspan="3">确认结果：</td></tr>
<tr><td></td><td></td><td></td></tr>
<tr><td></td><td></td><td></td></tr>
</table>

填写首件确认申请/判定表应注意以下事项。

（1）请人一般是生产线的线长。

（2）申请人须完整地填写“确认项目”以上的栏目内容。

（3）检验员是质检部门的专职检验人员。

（4）有不需要检查的项目时划掉，或注明原因。

（5）检验审核人是检验班长，审核人须签名并判定确认结果。

（6）该表的完成时间绝对重要，一定要记录清楚。

2. 首件确认检查记录表

首件确认检查记录表的表单格式见表6－8。

审核	批准

表 6-8 首件确认检查记录表

品名			批号			确认时间	
型号			批量			申请部门	
类别	项目	标准	N1	N2	N3	N4	N5
外观状态							
功能状态							
内部检查							
部品规格							
部品布局							
包装附件							
其他							
判定							
检验员：		确认结果：		完成时间：		备注：	

日期：________________

填写记录表格应注意以下事项。

（1）此表是检验员实施首件检查确认的证据。

（2）表中的部品系指工程技术部指定的重要部品。

（3）必要时，将此表分发生产部。

3. 首件产品处理

（1）首件确认后的产品应保留一台合格品放在生产现场，直到该班或该批生产完成或结束时为止。放置的位置一般在生产线的起始或结束的适当位置。

（2）首件检查中的不合格品交质检部门分析后退还生产部处理。

4. 例外情况

在自动化作业水平较高的生产中，可适当放宽首件确认的间隔。比如，仅仅在发生材料变更的情况下进行。

在下列情况下可以免除首件确认：仅仅是休息或歇班，或者虽然换班，但并没有检修机器、更换材料等。

> 小知识
>
> 对于批量生产，首件检验非常必要，它所证明的不仅仅是产品是否合格，更重要的是它能证明生产该产品的过程能否满足要求，目的是避免出现批量不合格的情况。

6.6.2 末件对比

末件是指从上一批生产的末尾阶段随机抽样的合格品，一般抽1台（件）。

末件对比就是用上批生产的末件产品与此批产品相对比，看质量水平是否有变化或变化成什么样的结果。其目的是确保此批产品质量不低于上批。

末件对比的程序见图6－18。

6.6.3 巡回检验

1. 什么是IPQC

IPQC（In Process Quality Control）意为过程质量控制，即巡回检验，指的是在产品制造过程中，使用巡回的方式定时检查和确认过程参数、作业变更内容、使用的标准等是否符合要求，并记录检测状态，加以必要的控制和督促。

巡回检验的特点是管理项目多、管理面宽，使用人员少，效果明显，所以，

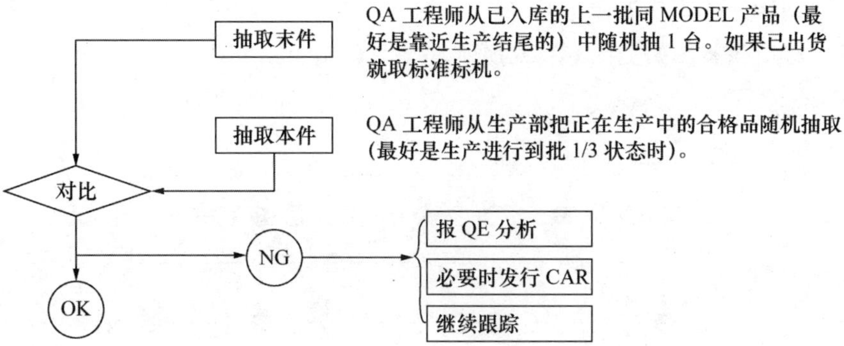

图 6－18　末件对比的程序

在工业企业得到普遍应用。

2. 设置巡回检验的因素

巡回检验的设置因素主要是来自于生产现场的实际需要和相关方面对产品工艺的要求，通常包括以下的内容。

（1）生产自动化程度：生产自动化程度越低，巡回检验需要管理的项目越多。

（2）公司管理制度：公司管理制度越不正规，巡回检验的必要性越大。

（3）人员水平素质：人员的水平素质越差，巡回检验的要求越严。

（4）生产过程的变异因素：生产过程变异因素越多，巡回检验的工作量越大。

（5）生产变异因素：产品质量越不稳定，巡回检验的巡回时间间隔越要缩短。

（6）顾客的要求：顾客对过程审查的要求是巡回检验的工作重点。

（7）最高管理者的要求：最高管理者的要求是巡回检验的工作方向。

3. 巡回检验设置三要素

巡回检验包括巡回间隔时间、检验项目数量和难度三个要素，见图 6－19。

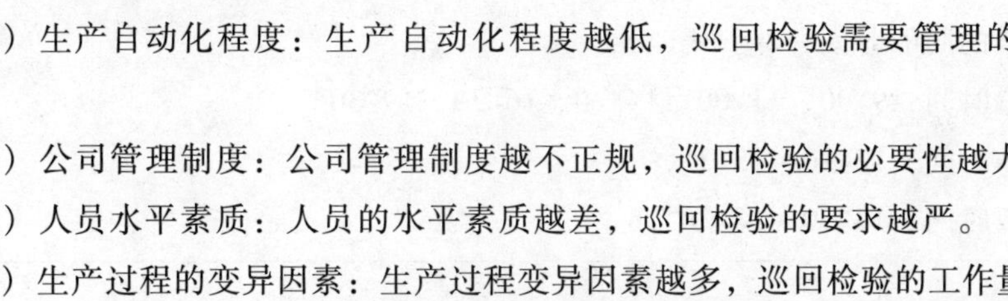

图 6－19　巡回检验设置三要素

4. 巡回检验的工作方法

（1）巡回检验图如见图 6－20 所示。

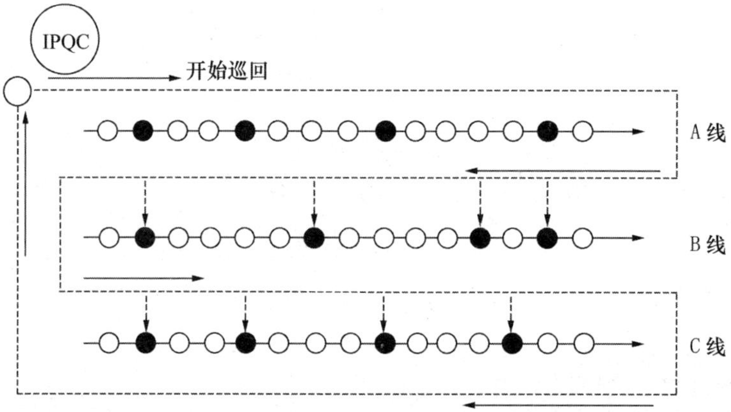

图 6－20　巡回检验图

（2）规定检验的间隔时间如下。

检查的间隔时间：2 小时

设置时间：9:00、11:00、14:30、16:30、19:30

午休时间：12:00～13:30

晚饭时间：17:30～18:30

> 小知识
>
> 巡回检验是在首件检验的基础上，为防止某些因素的变化引起过程的波动，避免可能出现批量不合格的情况，确保能够稳定提供满足要求的产品。

6.7 成品检验有窍门

案例　　某电子设备制造公司产品出厂检验流程

某电子设备制造公司产品出厂检验流程如图 6－21 所示。

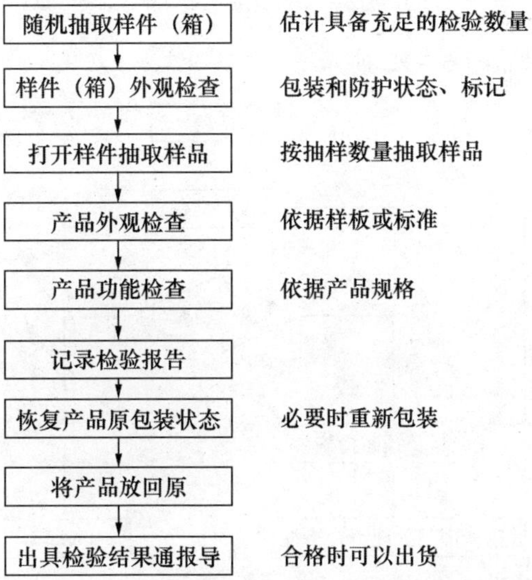

图 6－21　某电子设备制造公司产品出厂检验流程

每件（或每台）产品加工安装完成后，均要进行完工检验，经检验合格方能入库，并保持完整的成品检验报告。产品出厂时，还应按如图 6－21 的流程进行出厂检验或进行验证，经检验或验证合格方可出厂，必要时检验报告随产品一起交顾客。

6.7.1　入库检验

入库检验的工作程序如下。

（1）待检。生产部门将已经制造完工且各工序检验已经完成并合格的产品送至入库待检区待检。

（2）检验准备。质检部门依据成品入库单号和品名，核对实物数量，准备检测设备。

（3）执行检验。检验员依据检验规程对产品批进行检验，记录结果并作出合格与否的判定。

（4）合格批接受。经检验合格的产品批，在检验记录上填写检验结果并签章，开具合格证后办理入库手续。

（5）不合格批的处理。对于不合格批，进行隔离后退生产部门作相应处理：①生产部门对退货批进行全数检验，合格产品继续送质检部门做入库检验，不合格品做报废、返工或返修处理；②经返工或返修的产品应进行重新检验；③生产部门应对造成批不合格的原因进行分析，针对原因制定措施并实施，由质检部门验证措施的有效性，防止类似问题再次发生。

入库检验的流程如图 6－22 所示。

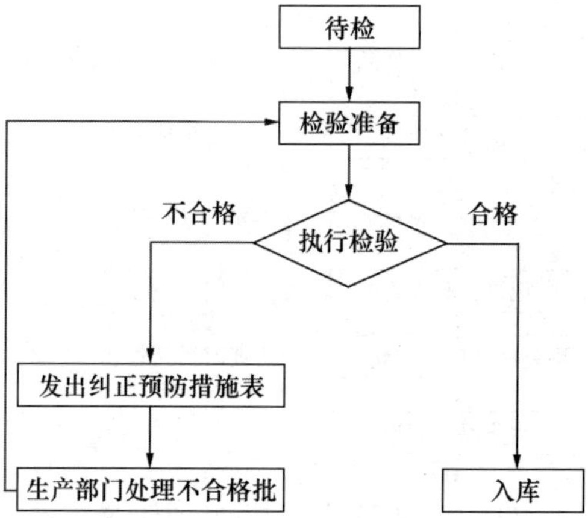

图 6－22　入库检验流程

> *小知识*
>
> 经检验合格入库的产品应妥善保管，注意做好产品防护，避免因防护不当造成产品不符合要求。产品防护的方式有警示性的保护标志、搬运过程防护、包装，以及贮存场所及其环境、摆放方式等。

6.7.2　出厂检验

出厂检验通常遵循以下流程。

（1）出货通知。仓储部门依据出库单安排出货产品，通知质检部门做出厂检验。

（2）出厂检验。质检部门依据出厂检验规程的产品进行检验，流程见图 6－21。

（3）合格批放行出厂。质检部门依据检验规程检验合格后，填写检验结果并在出库单上签字或盖章后予以放行出厂。

第 7 章

妥善处理不合格品

对产品质量来说，不是100分就是0分。

——日本经营之神　松下幸之助

能力提示

- 能分析不合格品的原因
- 能够对不合格品进行控制
- 掌握不合格品的标志与隔离措施
- 掌握不合格品评审的方法与程序
- 能够科学合理地处置不合格品

导读　三鹿问题奶粉事件及肯德基“苏丹红”事件

2008年6月，国家质检总局食品生产监管司网站收到消费者投诉：婴儿吃三鹿奶粉后患肾结石；6月28日至9月8日，在甘肃兰州的中国人民解放军第一医院，连续收治了14名患有“双肾多发性结石”和“输尿管结石”病症的婴儿，他们也有长期食用三鹿品牌奶粉的经历；随后，陕、甘、宁、豫、鲁、湘、鄂、苏、皖、赣等地都发现有患有肾病的婴儿，家长及医生们发现这些不足周岁的婴儿都在食用三鹿牌奶粉，他们怀疑婴儿肾病的罪魁祸首是三鹿牌奶粉。

三鹿集团对此作出这样的回应：作为具有60多年历史的国家知名企业，三鹿几乎成了我国奶粉的代名词，因此我们具有极高的社会责任感，婴儿奶粉是专门为婴儿生产的，在生产中对理化、生物、卫生等指标也是完全按照国家配方奶粉的标准执行并全面检测的。我们希望消费者能够去检测，也希望国家权威检测部门能够尽快给出一个有力的检测报告，我们肯定地说，我们所有的产品都是没有问题的。

而在同一时间卫生部指出，经相关部门调查，高度怀疑三鹿牌婴幼儿配方奶粉受到三聚氰胺污染，三聚氰胺可导致人体泌尿系统产生结石。

之后，三鹿集团才承认：经公司自检发现2008年8月6日前出厂的部分批次三鹿婴幼儿奶粉受到三聚氰胺的污染，市场上大约有700吨。并发布消息称：此事件是由于不法奶农为获取更多的利润向鲜牛奶中掺入三聚氰胺。通过对产品大量深入检测排查，在8月1日就得出结论：是不法奶农向鲜牛奶中掺入三聚氰胺造成婴儿患肾结石，不法奶农是事件的真凶。并说他们已上报卫生部，召回婴幼儿奶粉。三鹿集团向因食用三鹿婴幼儿配方奶粉导致的患儿及家属道歉。承诺对8月6日以前生产的产品全部收回，8月6日以后生产的产品，消费者有异议、不放心的也将收回。同时不惜代价积极做好患病婴幼儿的救治工作。但此时为时已晚，消费者不仅对“三鹿”失去信心，就连我国的整个奶制品行业都因此受到重创，三鹿集团因此破产，集团负责人也被依法追究相应的刑事责任。

我们再看看2005年出现的肯德基“苏丹红”事件：2005年3月15日，在肯德基新奥尔良烤翅和新奥尔良烤鸡腿堡调料中发现了微量苏丹红（一号）成分，次日，全国所有肯德基餐厅停止售卖新奥尔良烤翅和新奥尔良鸡腿堡两种产品。同时启动内部流程妥善处理并销毁所有剩余调料，防止问题调料回流到消费渠道。通过媒体和餐厅发布中国肯德基“有关苏丹红（一号）问题的声明”，向公众致歉。公司在进一步追查苏丹红时，在生产记录中发现宏芳香料（昆山）有限公司提供的含苏丹红的辣粉也曾经在2005年1月12日以前用在部分肯德基香辣鸡翅、香辣鸡腿汉堡和劲爆鸡米花的调料中。肯德基立即通知所有餐厅停用剩余调料，由味好美的同样调料替代。虽然公司已通过专业测试保证来自味好美的新调料不含苏丹红，但北京市食品安全协调办公室为了确保市民安全，要求公司将新调料送交该局再次检测，并且在该局证明不含苏丹红之前，必须停止销售上述三种产品。为了配合北京市食品安全协调办公室的指示，北京肯德基不得已暂停三种产品销售。经北京市食品安全办公室确认新调料不含苏丹红，随即北京恢复了香辣鸡翅、香辣鸡腿汉堡、劲爆鸡米花三种产品的销售。该公司在中国餐饮业的地位几乎未受影响。

从上述事例可以看出，同样是供应商的问题，虽然形成的后果稍有不同，但由于采取不同的处理方式，造成的后果也有天壤之别。所有这些，都值得我国企业在面对危机时深思。

7.1 为什么会产生不合格品

7.1.1 生产过程的影响因素变化是产生不合格品的根源

产品的生产过程，受到人员、机器设备、原材料、加工方法和环境等因素的影响，而这些影响因素随时都在发生变化，一旦影响因素的变化超出允许程度，生产的产品就可能出现不合格品。

（1）人。同一产品会由很多操作人员加工而成。由于每个操作人员的技术水平的差异，无疑会形成质量上的差异。即使是同一个操作者，也会受到体力、情绪等的影响而造成产品质量的波动。

（2）机。不同的机器设备加工精度存在差异，同一台机器也会由于磨损造成精度变化，从而造成产品质量的波动。

（3）料。材料本身会存在差异，前道工序对材料的影响等因素，也会造成产品质量波动。

（4）法。进给量、切削速度等都会直接影响到产品质量。

（5）环。温度、湿度、光线等环境条件也会影响产品质量。

小知识

零缺陷是企业的一个追求，但由于技术和成本等原因这一目标难以实现。国外成功经验的统计显示：如果企业全力实施 6σ 革新，每年可提高一个 σ 水平，直至达到 4.7σ，无需大的资金投入，而利润率的提高十分显著。当达到 4.8σ 以后，再提高水平需要对过程重新设计，增加资金投入。美国的统计资料表明，一个执行 3σ 管理标准的公司直接与质量问题有关的成本占其销售收入的 10% ~15%。如果做到 6σ，事后弥补的资金将降低到约为销售额的 5%，合格品率能达到 99.99966%。

7.1.2 各管理环节也可能导致不合格品的产生

在产品设计与开发、采购、生产等环节，由于管理等原因，也都可能产生不合格品（见表7－1）。

表7－1　　　　　　　　各管理环节可能导致不合格的原因

<table>
<tr><th>序号</th><th colspan="2">管理环节</th><th>可能导致不合格的原因</th></tr>
<tr><td>1</td><td colspan="2">产品设计与开发</td><td>·产品设计的制作方法不明确
·图样绘制不清晰、标示不准确
·产品设计尺寸与生产用零配件、装配公差不一致
·作废图纸管理不善，造成生产中误用作废图纸</td></tr>
<tr><td>2</td><td colspan="2">材料与配件采购</td><td>·使用未经检验的材料或配件
·误用材料或配件
·材料或配件的质量发生变异
·使用让步接收的材料或配件
·使用未经验证的替代材料</td></tr>
<tr><td>3</td><td rowspan="2">生产过程控制</td><td>设备管理</td><td>·设备安装不当
·设备长时间无校验
·工具、刀具、模具质量欠佳
·检测设备精度不够
·温度、湿度及其他环境条件对设备产生影响
·设备加工能力不足
·设备维修保养不当</td></tr>
<tr><td>4</td><td>工序控制</td><td>·当产量和质量矛盾时，只追求产量而忽视质量
·操作人员未经培训上岗
·未制定作业指导书或未按作业指导书操作
·员工质量意识不够</td></tr>
<tr><td>5</td><td colspan="2">质量检验</td><td>·未制订质量检验计划
·检测设备超过校准期限
·检验规程、方法、应对措施不完善
·没有形成有效的质量管理体系
·高层管理者的质量意识不够</td></tr>
</table>

小知识

合格与不合格常常是相对的，随着科技发展和顾客要求的提高，产品标准也会逐步提高，检验标准和方法也会更加科学，检测指标体系也会不断完善。例如，“三鹿”事件之前奶粉中蛋白质含量是通过检测奶粉中的N的含量推算出来的，以至于添加三聚氰胺后使得食品的蛋白质测试含量偏高，从而使劣质食品通过食品检验。事后，检测方法正在逐步完善。

7.1.3 抽样检验中的第二类错误（参见第6章6.2.6的内容）

7.2 不合格品的控制关键

案例　某汽车转向关节制造公司的不合格品产生原因

某汽车转向关节制造公司2007年3月向主机厂交付的一批转向关节因材质硬度达不到要求而被全部退货。经质量管理部组织相关部门对退货产品进行分析发现，造成硬度不符合要求的主要原因有三个：一是近期更换了生铁供应商，生铁微量元素发生很大变化；二是铸造车间主任易人，炉料配比和炉前控制也因个人经验而发生变化；三是检验员未按规定的抽样比例检验硬度，检验点也与规定不符。

7.2.1 不合格品的分类

（1）严重不合格：经检验判定的批量不合格，或造成较大经济损失、直接影响产品质量、主要功能、性能技术指标等的不合格。

（2）一般不合格：个别或少量不影响产品性能的不合格。

小知识

对不合格品进行分类，很重要的目的是要采取不同的方式进行控制。对于严重不合格，通常要采取纠正和纠正措施，以消除不合格的原因，避免不合格再次发生。对于一般不合格，只需进行纠正，如返工、降级等。

7.2.2 不合格品控制的关键

（1）发挥质量检验的把关和预防作用。对质量的鉴别有两种标准：一种是符合性标准，即产品是否符合规定的技术标准。这种鉴别有明确的标准可以对照，是质量检验人员及机构的经常性工作。另一种是适用性标准，即产品是否符合用户要求。产品质量的符合性标准和适用标准在本质上应该是一致的，但是现实生活中的这两类标准未必总能合拍。一个完全符合质量标准的产品对某些用户可能会觉得并不称心如意，而一个不完全符合质量标准的产品对某些用户反而觉得其性能和质量正合心意。但是，不管怎样，为了真正发挥质量检验的把关和预防作用，任何情况下都应该坚持对不合格品的“三不放过”原则，即“不查清不合格原因不放过，不查清责任者不放过，不落实改进措施不放过”。

（2）加强对生产过程的控制。不合格品的控制不但包括对不合格品本身的管理，还包括对出现不合格产品的生产过程的控制。当生产过程的某个阶段出现不合格品时，决不允许进一步的加工。如果是生产过程失控造成的，则应该在采取纠正措施前，停止生产过程，以免产生更多的不合格品。根据产品和质量缺陷的性质，可能还需对已生产的本批次产品进行全面复查。

对于不合格品本身，应根据不合格品管理程序及时进行标志、记录、评价、隔离和处理。

（3）分析不合格产生的原因，从根本上防止不合格品的产生。任何企业都不愿意看到不合格品，但又难以避免。因此，企业应参照表 7－1 的内容深入分析不合格品产生的原因，特别是严重不合格的原因，针对原因采取措施，防止不合格品再次发生。

> **小知识**
>
> 对已经发生的不合格进行纠正，只是治标；只有采取纠正措施，消除不合格产生的原因，防止其再次发生才是治本。但是，采取任何措施都是需要成本的，因此，在实际工作中，应找准平衡点，采取标本兼治的方法。

7.3 不合格品控制措施

案例　　某机械制造企业的不合格品控制措施

某机械制造企业对不合格品采取如图7－1的控制措施。

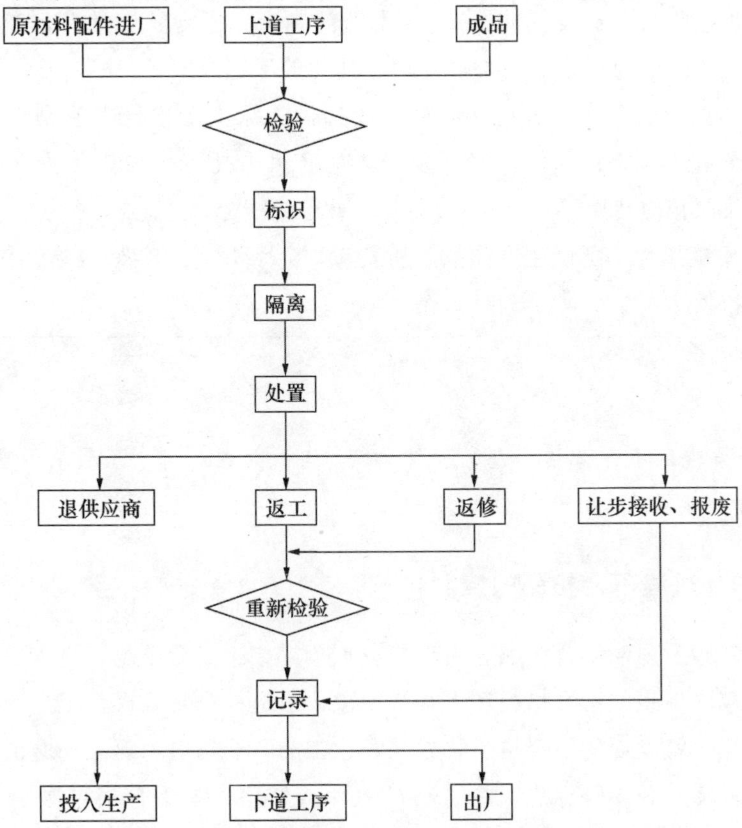

图7－1　某机械制造企业的不合格品控制措施

从上图可以看出：在原材料进厂、加工过程和成品，乃至产品交付以后的使用过程中，都可能出现不合格品。无论是在哪个环节出现不合格品，控制措施都是一样的，即标志、隔离、处置、记录。对于经返工、返修处理的不合格品，还需要进行重新检验。

7.3.1 进货不合格品的控制

质检员在《进货检验单》上判定的不合格品，经主管确认后送交采购部门。根据不同情况，可分别采取如下措施。

（1）经质检和技术部门、分管领导明确判定拒收的，由采购部门作退货处理。

（2）因生产急需的或不影响使用的，由供方在《进货检验单》中提出或委托提出让步接收（须有委托证据），技术部门判定，主管领导批准，方可让步接收使用。处理时效为：急需的当场处理，其他的不超过两日。

（3）生产急需，又部分可接收的，通知供方派人全检处理或剔除不合格品后，质检员重新检验；如供方来不及派人的，可委托本公司剔除不合格品后重检，但要收取相应费用。

（4）质量扣款、延误生产扣款、所费工时等费用，采购部门通知供方负担，财务实施扣款。

> *小知识*
>
> 进货发现的不合格品，大多采取退货的方式处理。对于不影响预期用途的不合格品，可以采取让步接收的措施。

7.3.2 过程不合格品的控制

（1）首检发现的不合格品，由首检员责令操作工当场整改，再次检验。

（2）巡检发现的不合格品和不合格现象，由巡检员责令操作工当场整改。

（3）完工检发现的不合格品，如判定返工的，当场返回返工。返工后重新检验，合格的除去不合格标志，视合格品入库或转序；如不合格再次按本程序处理。

（4）完工检发现的不合格品，如需返修、不经返修可让步接收的，由车间在生产部认可后提出让步放行申请，填写“不合格品控制单”，技术部门判定，主管领导审批后让步放行。经返修后的产品要重新检验，可让步接收的除去不合格标志，入库或转序；如不能让步接收重新翻修、检验，再次按本程序处理。

（5）首检、巡检和完工检验发现的不合格品，如不能返工、返修或让步接收，则判定为报废，置于废品区作报废处理。

品，可以单独用“不合格”牌，或用“不合格标签”，或用红色，或置于“不合格品区”，或在相应的记录表上记录不合格的情况，均可以起到防止误用的作用。

（2）不合格标志的结合应用。两种或两种以上的标志可以结合使用。如进货检验、过程检验、成品检验发现的不合格品，可以置于“不合格品区”，再加上“不合格”牌；或标以红色结合检验记录表明不合格，等等。

> *小知识*
>
> 以区域加标志牌的方式标志不合格品最为直观，但一般不具备可追溯性；如果再辅以记录标志，便可很容易追溯到不合格的来源，如发生不合格品的工序、操作者，直至追溯到供应商。

7.4.2 不合格品的隔离

1. 不合格品区域的规划（参见前文）

2. 不合格品的管理

（1）没有质量管理部门的书面处理通知，任何部门或个人不得擅自处理或运用不合格品区内的货物。

（2）不合格品的处理必须由质量管理部门监督进行：质管部门开具“报废”处理单后，送至“报废区”处理；质管部门开具“返工”、“返修”处理单后，责成责任部门进行返工、返修。

（3）其他不合格的处理规定，均由质量管理部门按处理单的要求通知有关部门妥善处理。

> *小知识*
>
> 标志和隔离不合格品，可以使全体员工乃至相关方人员都能清楚地区分不合格品，目的是避免不合格品的非预期使用。

7.5 不合格品评审

案例　　某厂产品的不合格品评审

某厂生产柴油机离合器壳，材质为HT250。2007年2月准备交货的一批产品经检验，其材质达不到HT250的要求。工厂技术副厂长组织质检部、技术部、铸造车间，并邀请柴油机厂的采购部、技术部的有关人员对该批不合格产品进行评审。评审形成如下结论：①材质未达到HT250的技术要求，但从其他性能指标看，不会对柴油机的性能造成大的影响，柴油机厂同意让步接收，并由技术人员和采购人员签字，但价格下浮10%；②今后要按主机厂的技术要求，提供材质符合要求的产品；③本次不合格主机厂虽然做让步接收，但给本厂造成了较大的经济损失，不合格的性质为严重不合格，责成铸造车间认真分析原因，采取有效的措施，避免类似问题再次发生。

对不合格品进行评审，就是判断不合格未满足要求的程度和性质，提出处置措施。上述案例的不合格品经过评审，不合格的性质定为严重不合格，材质未满足要求但不影响最终产品的性能和使用；处置方式为让步接收。

7.5.1 不合格品评审的方式

（1）对严重不合格品进行评审和决定处置措施的人员，由最高管理者授权的分管质量或技术的副厂长（副总经理）主持，质量（质量管理和质量检验）、技术、生产、采购、销售部门的代表参加，以会议的形式进行评审。

（2）对于跨车间重复出现的不合格，由质量管理部门主持，生产和技术部门参加进行评审。

（3）对偶尔出现的少量的不合格品，由质量检验员直接判断评审，提出处置意见。

（4）质量管理部门负责组织、协调评审和处置工作。

小知识

不合格品评审通常采用会议方式进行。质检员可以直接判断、易于处理的不合格品可由质检员直接签字评审。无论是会议评审还是签字评审，都需要做好记录，包括评审和处置的意见。

7.5.2 评审内容

1. 不合格的性质

是采购的大量或整批一般件不合格，还是加工的大量或整批一般件不合格；是采购的某个关键件或重要件不合格，还是加工的某个关键件或重要件不合格；是生产的成品不合格，还是售出的成品不合格。

2. 不合格的程度

是轻度不合格、中度不合格，还是严重不合格。

3. 不合格品的损失

估算不合格品造成的经济损失，必要时评价其引起的信誉损失。

4. 处置措施

通过评审，明确了严重不合格的不合格性质、程度及其损失，适宜的处置措施就容易确定了。

（1）对于采购的大量或整批一般料件。某个关键件或重要件，若是轻度不合格，仍可用于生产，则对其处置的措施是“经有关授权人员批准，适用时经顾客批准”的要求，予以让步接收和使用。若是中度不合格或严重不合格，则予以拒收。

（2）对于加工的大量或整批一般件，若是轻度不合格，仍可用于生产，则对其处置的措施是经批准予以让步放行和使用。

若是中度不合格，或予以返工，使其成为合格产品；或进行返修，使其不合格程度减轻，再“经批准”，予以让步放行和使用。若属于严重不合格，返修不经济，则对其处置的措施只能是报废。

（3）对于加工的某个关键件或重要件，若是轻度不合格，仍可用于生产，则应经总工程师批准，适用时再经顾客批准，予以让步放行和使用，若是中度不合格，对其处置的措施可以是返工，使其成为合格产品；如不宜返工，则进行返修。返修后，应经总工程师批准，适用时再经顾客批准，予以让步放行和使用。

若属于严重不合格，返修不经济，则予以报废。

（4）对于生产的成品，若是轻度不合格，对其处置的措施是返工，使其成为合格成品。若是中度不合格，对其处置的措施是不经返修或经返修，再“经批准”，予以降级销售和交付。若属于严重不合格，对其处置的措施是返修，以减轻其不合格程度，再“经批准”，予以降级销售和交付。

降级，是使不符合高等级要求的不合格品成为符合低等级要求的合格品的一种处置措施。降级是一种纠正。降级主要适用于流程性材料类的不合格品。

（5）对于已销售和交付的成品，若顾客抱怨质量不合格，组织应高度重视，尽快证实。对其处置的措施是尽快追回，予以返修或返工，必要时予以换或退。要尽力挽回组织的信誉损失，争取顾客满意。

7.6 不合格品处置

案例　　不合格品的返工处理

某机械制造公司某一轴的直径实测为Φ50.35mm，超过了公差允许范围（技术要求为Φ49.95mm~Φ50.10mm），质检员要求操作者通过返工使其直径在公差范围之内。

上述案例轴径超差可以通过返工达到技术要求。

对不合格品（产品、原材料、零部件等）应通过指定机构负责评审。经过评审，对不合格品可以作出如下的处置，并保持处置记录。

（1）返工：可以通过再加工或其他措施使不合格品完全符合规定的要求。如机轴直径偏大，可以通过机械加工使其直径符合公差范围成为合格产品。返工后必须经过检验人员的复检确认。

（2）返修：对其采取补救措施后，仍不能完全符合质量要求，但能基本上满足使用要求，判为让步回用品。合同环境下，修复程序应得到需方的同意。修复后需经过复检确认。

（3）让步接收：不合格程度轻微，不需采取返修补救措施，仍能满足预期使用要求，而被直接让步接收回用。这种情况必须有严格的申请和审批制度，必要时得到用户的同意。

（4）降级：根据实际质量水平降低不合格品的产品质量等级或作为处理品降价出售。

（5）报废：如不能采取上述种种处置时，只能报废。报废时，应按规定开出废品报告。

> **小知识**
>
> 上述不合格品处置方式中，只有返工能使不合格品达到合格品的要求。其余各种处置方法均不能使不合格品成为合格品。

第 8 章

质量改进无极限

改进质量，就是使一个产品的有限的功能，更加有效，而也即等于增强了产品的生产。

——文学家和思想家　鲁迅

能力提示

- 明确质量改进的实质，能把质量改进融入企业的质量管理中
- 能够制定企业质量改进的目标
- 能够按照质量改进的程序进行企业的质量改进
- 能够把 6σ 和 5S 管理的方法运用到企业的质量管理中

导读　航天领域知名企业的质量改进

无论在哪个行业，企业的最高执行官参与产品单件设计的现象都非常少见；而最高执行官参与供应商选择以及基层的其他改进工作的做法更是少之又少。只有在航天领域的知名企业通用电气（GE）和霍尼韦尔（honeywell）公司见到过这种由上而下进行“管理层承诺”的做法。这两家公司的管理层都以突出的领导能力著称。在他们的带领下，公司的各部门保持了高度的步调一致，导入了一系列质量改进项目，包括 6σ、精益生产等，同时，从教育环节着手，先后请质量专家为公司以及公司的大量关键性的供应商进行了精益/6σ、质量工程、审核以及某

些具体学科（例如 SPC，即统计过程控制）的系统培训。使公司上下从基层到高层，都对公司的质量政策和文化形成统一的认识和理解，各个不同层次的员工和管理者也都掌握了必要的质量改进方法和工具，切切实实地为公司创造了可观的价值，大幅度减低了成本，提高了产品质量，客户满意度也得到了提高。当然，毫无疑问，公司在市场上的盈利能力和生存能力也进一步提升。

从“导读”可以看出，质量改进是提高企业竞争力、满足顾客需求的重要活动。企业只有将质量改进确立为长期的、持续的过程，才能满足顾客的需求和期望、提高竞争力，使企业实现突破，达到一个更高的层次。

8.1 质量改进的实质

没有最好，只有更好，永无止境地追求，不断进取，不断挖掘，不断创新，这是人类最宝贵的思想品性。质量改进是人类这一思想品性在质量管理方面的体现。质量改进是靠人去实现，因此，质量改进需要新的价值观、态度和行为。

8.1.1 朱兰“三部曲”

朱兰在阐述质量管理的过程时，提出了著名的“质量策划”、“质量控制”、“质量改进”三部曲。当人们在讨论质量改进之时，将其置于“三部曲”的背景之下进行考察和审视，将加深和拓展对其的认识和理解。

（1）“质量策划”是以实现质量目标为根本目的的，因此，其主要内容是致力于质量目标的制定，并且规定为实现这一目标必需的运行过程和相关资源。

（2）“质量控制”针对这样一个事实——尽管进行了质量策划，但在实际的运作中，生产带有缺陷的产品总不能避免，由于质量低劣而需返工的产品总是不断产生，从而造成浪费。诚然，这种情况的发生，质量策划尚未做到尽善尽美是一个重要原因，但在运作过程中缺乏有效的控制也是一个重要原因。因此，“质量控制”又是一个必需的重要的质量管理部曲，它致力于满足质量要求。

（3）“质量改进”在“三部曲”中有其独特的意义。“质量改进”是朱兰三部曲中最关键的一个，只有实施质量改进，才使有组织地促成有益的改变得以实施，并达到前所未有的业绩水平，即质量突破得以成为现实。

小知识

质量改进和质量控制是有区别的。质量改进是质量管理的一部分，致力于增强满足质量要求的能力；而质量控制也是质量管理的一部分，致力于满足质量要求。质量控制可消除偶发性问题，使产品质量保持在规定的水平，即质量维持；而质量改进是消除系统性的问题，对现有的质量水平在控制的基础上加以提高，使质量达到一个新水平、新高度。

8.1.2 质量改进的含义

小知识

在国际标准ISO 9000：2008《质量管理体系——基础和术语》中，质量改进的定义为："质量管理的一部分，致力于增强满足质量要求的能力。"该标准还对定义中的"要求"进行了解释，即"要求可以是有关任何方面的，如有效性、效率或可追溯性"。

从质量改进的定义中可以认识到，质量改进是质量管理活动的组成部分，是着重于增强满足质量要求能力的那些质量管理活动。朱兰博士则将质量改进描述为"有组织地取得的良性改变；前所未有的绩效水平的实现"。朱兰博士进一步指出，组织有两种方式的良性改变：一种是通过改进"产品特性"进而增进顾客满意的改变，这种改变通常是通过质量计划活动来实现的；另一种则是通过降低"缺陷"来减少慢性浪费和消除顾客不满的改变，这种改变主要通过揭示原因并采取纠正措施的方法来实现。这种旨在减少慢性浪费的活动便是通常人们所讲的质量改进。改进也常被称为是"突破"。

可以从以下几点来进一步理解质量改进的概念。

（1）不断提高质量和使顾客满意是持续进行质量改进的原动力。当今市场的竞争已经由价格竞争为主转向质量竞争为主，质量已成为企业之间竞争的一种资格。只有不断地进行质量改进，才能获得更好的效果和更高的效率，从而既增强了企业的竞争能力和职工的满意度，又为顾客提供了更高的价值并使顾客满意，这对顾客、企业及其职工和整个社会都是有利的。

（2）质量改进是通过改进过程来实现的。企业内每一项活动或每一项工作都包含一个或多个过程，每一个过程都可以通过更少的浪费和资源消耗来获得更好的效果和更高的效率。应当不断地寻求改进的机会，而不是等待问题出现了才去找机会。

（3）质量改进包括防守型改进和进攻型改进。防守型改进，是通过控制，消除急性故障，维持现有的质量状况；进攻型改进，是突破现状，消除影响企业素质的慢性故障，达到新的水平，即质量突破。

（4）质量改进的措施有预防措施和纠正措施。通过预防措施和纠正措施来消除和减少问题产生的原因，从而使问题不再出现或出现的可能性减少，可见预防措施和纠正措施都是质量改进的关键。

8.1.3 质量改进的意义

质量改进是企业经营管理的核心。因此，在整个经营活动中必须把质量管理作为核心、重心，以便更好地满足顾客需求，同时可极大地提高经营效率、超越竞争对手、争夺市场份额。

（1）推动新产品的开发。采用质量改进为核心的经营管理方法必将以市场调查为企业活动的先导。由此，把顾客需求合理地转化为产品的质量特性的设计，并且构建产品生产的新的质量管理体系，以提升产品对顾客而言的质量信誉程度，这必将要求对企业原有的质量管理模式进行改进或创新。

（2）推动新产品的推广。营销管理理论表明，一个新的产品投入市场是否能取得成功，除了新产品的质量是否能完全满足顾客的需求或引导顾客产生新的需求之外，还必须有一整套高质量运行的企业经营管理活动予以保证。要求企业制定高效的促销策略，构建高质运行的销售渠道，建立快速应对顾客反馈信息的服务机制。这些活动都必须高质、高效地进行，它必须在质量改进的层面上予以保证。离开了质量改进，离开了创新，企业是难以前进一步的。

（3）推动企业效率的提高。为了应对多元变化市场的激烈竞争，企业必须通过质量改进来促进管理的组织、体系、程序的革新，促进工序、设施、技术、服务的改进，唯此才能提高企业的效率、超越竞争对手。

（4）推动企业成本的降低。质量管理活动的一个根本性的目标在于降低成本以取得良好的经济效益。质量成本的降低一直是质量改进的一个重要的目标。在质量改进中，人们的目标除了显而易见的可以降低的成本之外，还针对冰山之下的劣质成本，这些成本藏而不露、隐蔽而沉积，是质量改进持续活动一再追求降低的一个重要目标，其空间之大往往使质量改进活动的每一次努力都总有收益，犹如一座挖掘不尽的金矿。

（5）推动企业潜力的挖掘。质量改进活动从时间而言，贯穿企业质量经营活动的始终；从空间而言，可以覆盖企业质量经营活动的每个领域、每个方面、每项活动、每个部门、每位员工。从这种意义而言，质量改进活动对企业潜力的挖掘是永无止境的，应该是永不止步的，质量改进的触角应该伸向企业的每一个细胞，从而成为推进企业永葆青春的不竭动力。

（6）推动企业品牌的打造。企业要打造品牌，离不开质量改进。质量改进推动的产品质量的持续提高成为企业品牌打造的最坚实的基础，质量改进推动的企业经营活动的高质量运行成为企业品牌打造的最根本的动力，质量改进推动的企业核心竞争力的提升成为企业品牌打造的最具震撼力的克敌制胜法宝。质量改进成为质量立业的源泉。

8.2 质量改进的目标

案例　　东环管件因何亏损

东环管件生产厂商为了提高企业效益，把质量改进当成2008年的重点，制定了一系列质量改进的目标，但由于这些目标不便于测量分析，并且公司在整个年度没有定期修改目标，导致了2008年度公司的亏损。

每个组织的质量改进目标不仅要与企业总的经营目标相结合，而且还要能够定量测量，即使是定性要求，也必须要有可检查性与可对比性。同时质量改进目标也应定期评审，以反映出不断变化的顾客期望。

8.2.1 质量改进目标要与企业总的经营目标相结合

每个组织都应有质量改进目标，并把质量改进目标分解到该组织的各部门、单位，形成一个质量改进目标的目标管理体系。这些具体的目标要与企业总的经营目标相结合，并突出提高顾客满意程度和过程的效果和效率。例如降低顾客投诉率，降低某一过程的不良品率等。达到这些目标所需要的策略、措施，应该被为实现这一目标而必须一道工作的全体人员所理解和赞同。

8.2.2 质量改进目标应明确、可测量

质量改进目标应能定量测量，即使是定性要求，也必须要有可检查性与可对比性，这些目标应明确易懂，便于测量与分析。既实事求是，恰如其分，又富有挑战性，即必须经过努力才能实现。目标过低、轻易达到或目标过高而难以实现都是不可取的。质量改进目标一旦确定，就要通过各种方法让有关工作人员理解与支持，共同努力去实现。

8.2.3 质量改进目标应定期评审

质量改进目标应定期评审，以反映出不断变化的顾客期望。由于在过程和活动中未发挥资源的潜力而造成的损失是质量损失，质量损失有有形的如原材料的浪费，也有无形的损失，如顾客满意度下降、丧失信誉等，如何努力降低质量损失、减少质量损失的机会是质量改进的主要方向。因此，每个组织都应在质量改进活动中不断减少质量损失。

质量改进的效果在于“突破”，朱兰认为：质量改进的最终效果是按照比原计划目标高得多的质量水平进行工作。如此工作必然得到比原来目标高得多的产品质量。质量改进与质量控制效果不一样，但两者是紧密相关的，质量控制是质量改进的前提，质量改进是质量控制的发展方向，控制意味着维持其质量水平，改进的效果则是突破或提高。可见，质量控制是面对“今天”的要求，而质量改进是为了“明天”的需要。

> **小知识**
>
> 质量改进的特点主要表现在：
>
> - 质量改进不同于质量控制；
> - 质量改进是以项目的方式实施的；
> - 质量改进是普遍适用的；
> - 质量改进是无止境的；
> - 质量改进是有成本的；
> - 质量改进的成果主要来自于关键的少数项目。

8.3　质量改进的环境与原则

8.3.1　质量改进的环境

环境是一种客观存在，它既可以表现为有形的，例如各种物质条件或资源；也可以表现为无形的，例如某种氛围、价值观、态度等。同样，环境对质量改进活动也既有正面的影响，又有负面的影响。本书所指的质量改进的环境指的是要在企业中创造、形成和保持持续质量改进的环境或氛围。在这样的氛围下，整个企业，上至最高层管理人员，下至生产现场的工人，就会自觉地、积极地不断寻求质量改进的机会，以实现减少质量损失和在同行业占据领先地位的目标。因此，质量改进的环境有以下几方面的要求。

（1）发挥领导作用。管理者积极参与并领导质量改进活动，是质量改进取得成效的关键。这要求企业领导者必须加强质量意识，并把这种意识在企业各层次人员中进行普及，以形成重视持续改进的氛围。质量改进应成为各级领导实现其工作质量方针，使质量体系有效运行的手段和途径，并应纳入领导的工作考核之中。同时为把质量改进工作落到实处，企业的各级领导者应加强对这方面工作的指导，要将持续改进、追求卓越的企业经营管理绩效的内容纳入企业的长远发展规划中，使之成为企业经营战略的有机组成部分。

（2）确立行为准则。质量改进需要一套新的统一的行为准则，这套准则应以满足顾客要求和持续改进为中心，这是质量改进持续进行的保证。这套行为准则包括一系列新的价值观念、态度和行为，主要应包括：①重视并满足内部顾客和外部顾客需要；②不断改进所有过程；③管理者为员工服务，组织以顾客为中心；④强调质量改进是每个人工作的一部分，培养员工的挑战精神；⑤通过数据信息进行公开交流；⑥促进个人之间的相互合作和尊重，促进沟通；⑦强调用事实来说话，根据对定量、定性资料的分析进行决策。

（3）加强交流和合作。开展质量改进活动时，交流和合作有利于消除各有关机构之间和人员之间的障碍，而且这种交流和合作应扩展到包括企业和顾客的整个供应链。若要每个职工都积极参与质量改进活动，相互之间的信任是很重要的。

（4）重视激励。表扬与批评是促进质量改进工作的一种激励。通过表扬与批评，能促使员工按照质量改进所需的行为准则来规范自己的行为。

（5）不断进行教育和培训。教育和培训的目的在于强化员工的质量意识，掌握质量管理的原理和方法，及时推广新的技术和经验，不断更新员工的知识和技能。教育和培训对建立和保持质量改进环境很重要。企业的全体职工，包括企业的最高领导层在内，都应定期接受质量管理原理以及质量改进方法的教育和培训。所有的教育和培训计划都应该经过审核。此外，还应定期对教育和培训的效果进行评价。

8.3.2 质量改进的一般原则

质量改进是质量管理的一部分，因此也必须遵循全面质量管理的“三全原则”，即实施全员的、全过程的和全企业的质量改进。

（1）全员参与原则。每个企业的质量改进涉及很多方面，但大部分质量问题都是人为因素造成的，而且每一项质量改进项目和活动都需要人去参与完成。无论是 QC 小组还是 6σ 管理的团队活动，还是 5S 现场管理，都要形成人人关心质量、人人参与质量改进活动的环境氛围。企业所有的质量活动都应当围绕企业的方针目标和现场存在的质量问题，以改进质量、降低消耗、提高经济效益和人的素质为目标组织起来，运用各种关于质量改进的方法，圆满完成质量改进活动。评价企业改进工作时，职工的参与率是一个非常重要的指标。

（2）全过程改进原则。质量改进原本就是一个过程。产品质量有一个产生、形成和实现的全过程。产品质量产生于设计阶段、形成于制造阶段、实现于使用阶段。因此，在确定质量改进项目和策划质量改进活动的过程中，应以全过程为着眼点，全面地、有重点地实施质量改进。

（3）全企业改进原则。企业存在的大量的质量问题就其性质而言，有的问题需要从整个系统着眼才能解决，有的问题则只需采取局部措施即可解决。因此，必须以全企业为着眼点，分清高层领导、中层领导、技术和管理干部以及职工可能参与解决的质量改进项目，各负其责，全面推动企业的质量改进。

（4）质量改进经济性原则。质量改进是有利可图的突破性变革，搞好质量改进可以为企业创造巨额的经济效益。但在考虑质量改进的经济性时，应以顾客的利益为主，以社会效益为上，以企业的经济效益为重，全面综合考虑。

8.4 质量改进的工作流程

案例　　某医院急救科室服务质量持续改进的工作流程

某地医院急救部急救车内配备了急救药品10类22种，其中针剂95支，液体3瓶，急救器材20余种。设有急救药械交接登记本、急救药品有效期目录表、急救仪器使用维修登记本。科室护理人员18人，其中护士8人，护师5人，主管护师5人，学历中专11人，大专6人，本科1人。并且每天进行三次交接班，护士长每天检查，急救管理的护士每月一次大检查。

为了服务质量的持续改进，科室按以下步骤执行。

(1) 组织计划。成立由护士长负责、急救管理护士为组长、科内其他护士为组员的改进小组，书写计划表，包括负责人、小组人员名单、问题名称、原因分析、预期目标、实施方案和评价，进行过程性、持续性、预防性的全面管理。

(2) 制定急救药品质量标准。急救药械定人、定物、定量、定位，定期检查维修和随时补充更换，确保医疗安全及抢救成功率，药械完好率达100%。

(3) 收集资料，确定存在的问题。在急救药械使用过程及检查中发现其主要问题有：①药品安瓿上字迹不清，有效期不明确；②同一药品批号不一致，存在有混装现象；③个别护士不熟悉急救环境和急救物品的位置，拿取物品速度较慢；④某些护士对急救药品的作用、剂量认知不足，难以保证及时、准确用药；⑤急救仪器使用时出现故障等。

(4) 分析问题产生的原因，主要有：急救药品用后未及时补充；交接班制度落实不好，只注重数量而未注重批号和有效期；交接班时反复将药物从口袋里取出放进将字迹擦掉，换上的新药与原来的药品混放，未及时将新批号的有效期登记在有效期目录表上；护士对急救室物品管理要求的认识不足；护士对急救药品知识缺乏；急救仪器未定期维修及外借无登记等。

(5) 制定预期目标：通过持续质量改进使全体护士认识急救药械管理的重要性，保证急救药品、器械准备完好率达100%；提高护士急救药品知识，使每位护士都能熟悉急救药品的位置、作用、使用方法及效果观察，保证能及时、正确地应用于病人，从而发挥急救药品的作用，提高病人的抢救成功率，从而提高病人满意度。

（6）整改措施：实行在护士长领导下，由急救管理护士，全体护士参与的管理制度。制定具体急救药械管理方案，召开护士会议，在每月护士例会上讨论急救药械存在的问题，处理方案，提高对急救药械管理的重要性；在每月护士例会时，对急救药品的查对，主要包括药物质量、药物批号和有效期、药物的规范放置、药物的更换、急救药物的交接等进行重点讲解，并且要求护士掌握急救药品的常用剂量、作用、使用方法及疗效观察；设急救药械管理登记本，每周与设备科技术人员检测一次并登记，仪器设备故障随时记录及时处理；将各种抢救设备操作规程、使用注意事项、掌握故障的排除等形成文字，装订成册，供大家学习；正确使用急救仪器外借制度。

（7）效果评价：包括护理部、护士长交叉检查、护士长夜查房、护士长检查评价、护士自我评价及护士间评价等。护理部每月大检查，每周不定时巡视病房，指出存在问题并进行改进；护士长每天不定时检查急救仪器的定位、设备完整情况、消毒情况以及护士操作情况，发现问题及时改进；在与设备科技术人员的合作过程中发现问题及时改进；在急救时仪器的应用过程中，发现问题及时反馈；每月护士例会进行工作小结、讨论，肯定改进后优点，找出下一步需要改进的问题，及时修正目标、措施，保证计划顺利实施。

结果两年来此科室急救药械准备完好率100%，危重病人抢救成功率从89.6%上升到93.5%，保证了医疗安全。护士对急救药械的认识明显增强，熟练掌握急救仪器操作技术从85.6%上升到96.8%，对急救药品的知识明显提高，病人对护士的综合满意率由88.9%上升到94.8%。

作为一般的企业，在进行质量持续改进时应遵循哪些工作流程呢？

8.4.1 项目的提案与选择

质量改进的第一步工作是确定质量改进项目。一般来说，这个工作可以分三步完成：

1. 项目的提案

从企业所有层次以及顾客处获得提案，然后在提案中进行筛选，从中确定最佳改进项目。质量改进提案的获得必须建立在深入调查实际、观测事实的基础上，而不能从主观臆测出发。在生产运营系统的输入、转换、输出全过程的各方面都有可能获得改进提案，包括营销和调研、设计和开发、过程策划和开发、采购、生产或服务提供、验证、包装和贮存、销售和分发、安装运行、技术支持和售后服务、使用寿命结束的处置或再生利用等各个领域。企业可以借助各种方法获得提案，应该鼓励全体成员参与该项活动。

> *小知识*
>
> 提案有许多来源，包括：①正式的数据系统，如有关产品性能、顾客抱怨、退货等；②专题研究，如顾客调查、审核等；③顾客的反映；④现场的报告；⑤质量对社会的影响；⑥管理层；⑦普通员工。

2. 项目选择

当提案数量太多时，就有必要进行项目筛选了。这项工作因为难度比较大，又需耗费大量时间，所以最好以一种有组织的形式进行。通常质量管理委员会把筛选工作委托给质量管理部门担任。在筛选工作中，需要考虑以下多个方面，并形成系统的评价准则。

（1）项目必要性。项目应针对一直在等待解决的某一慢性问题。

（2）项目可行性。项目在技术经济方面的要求能够得到满足。

（3）可能的改进效果。

（4）成果的可衡量性。

（5）变革的可能阻力。

筛选过程的最终结果是提出一个排出优先次序的推荐项目清单。针对这份清单，质量委员会对其进行评审并最终决定开展的项目及优先顺序。

3. 项目的使命陈述

每个被选定的项目都应当有一个书面的使命陈述来规定项目的最终成果。经过批准之后，这一使命陈述便确定了承担该项目的团队的责任。

使命的陈述一般包括：当前的绩效水平、预期目标的数据、其他事实性信息。

理想的使命陈述应量化为：期望的改进程度和时间表两个关键因素。如在未来的财政年度内，把处理顾客订单的时间降低到平均 1.5 天。

8.4.2 建立项目团队

每一个选定的项目都需要由一个相应的团队来负责实现。

根据项目的特点，项目团队的形式一般有专项团队和常设团队两种。

项目团队的建立包括以下步骤。

(1) 项目团队的成员一般由发起者与有关主管协商后选定。在选择时要考虑的因素有：哪些部门应派人员参加团队，团队成员来自哪个层次以及具体到该层次中的哪个人。团队一般由6~8个人组成。

(2) 成员选定后，公布成员名单及项目的使命。

(3) 为确保项目团队具备完成项目的能力，必要时进行专门的培训。

8.4.3 诊断过程

诊断过程是指从分析症状到确定原因的过程。

1. 分析症状

诊断过程始于分析慢性质量问题的症状，对于症状的描述一般是通过语言进行的，通过科学的实地观察来获得大量的关于"症状"的客观信息，评价现有过程的有效性和效率，识别出过程中存在的问题，并揭示出最主要的问题。

2. 推测原因

通过搜集数据、资料，从主观和客观两方面分析质量改进对象所涉及的各个环节和领域，影响质量的因素，重点调查人为因素，找出产生质量问题的主要原因。企业的生产经营的全过程和活动都会影响质量管理水平，所以质量改进贯穿于从供应到客户发生联系的全过程和各种活动中，但质量问题的产生主要集中在设计、生产和管理三个方面。在建立可能的因果关系时，可着重从以下三方面进行质量分析。

(1) 设计质量分析。设计工作是形成质量的第一步，也是决定质量的关键一步。产品的质量问题常常发现于使用现场，但许多问题追根问底都归于设计方面的问题。设计过程是提高质量、减少损失的首要环节，是质量改进的主要内容。对设计质量进行分析时，主要从顾客要求出发，分析企业设计人员是否面向市场，面向科技发展的未来，设计出顾客满意的产品。

(2) 生产质量分析。生产过程是实现、达到设计质量标准，保证质量水平的重要环节，控制和检验是保证生产现场质量水平的重要手段。生产过程中控制和检验质量的措施和方法是质量改进的重要内容，生产过程质量改进分析可从生产技术准备、原材料的采购与供应、工序质量控制、工艺设备的控制维修、现场的定置管理和生产过程的检验几个方面进行。

(3) 管理质量分析。在产品和服务的质量问题中，由于管理不善所造成的有形和无形的质量损失是巨大的。质量管理中人是最能动、最活跃的要素，工作质量管理中最重要的是加强对工作人员的管理，核心是调动人的积极性。所以，在进行管理质量分析时，首先应该分析一个企业质量激励系统是否有效运行；其次还应分析质量管理措施的组织落实情况，分析质量管理组织落实的过程，找出薄弱环节；最后，分析质量巩固提高的措施是否完善，企业是否建立了一个不断改进质量的有效机制。

通过质量分析，采用系统的方法，提出推测。效果较好的系统方法是“头脑风暴法”、“名义小组法”。随后，利用质量管理工具，如各种表格、因果图等，对推测原因进行整理，识别各推测之间的相互关系。

3. 验证推测并确定原因

验证推测的方法很多，但都遵循帕雷托原理，即相对少数的方法适用于大多数的问题。主要的验证方法有：事实验证、流程图、过程能力分析、过程分解、关联研究、实验设计。

8.4.4 治疗过程

治疗过程是从原因确定到治疗方案制定以及实施过程。

1. 选择与确定质量改进的治疗方案

找到了产生质量问题的原因，还要针对产生的质量问题的原因和企业的实际情况，根据提案满足某些准则的程度选择治疗方案。基本的准则主要有：能够去除或抵消问题的原因、有利于优化成本、能为最终决策者所接受。质量改进的治疗方案可来自于员工、管理层、客户以及咨询专家。由于很多治疗措施和实施过程很复杂，会触动一些部门和个人的利益，要考虑吸引这些部门和人员加入到团队，同时，要尽量消除治疗措施的副作用，确保企业整体的成本最优。

2. 落实质量改进的治疗方案

落实质量改进方案关键在于做好实施的准备工作以及加强组织协调。

（1）实施准备包括四个方面。①资源落实。质量改进需要人力、物力、财力的投入，也需要组织管理技术、合作关系、协作精神、信息的投入。企业最高管理层要亲自组织质量改进活动，组织好质量改进的管理和技术力量，调动各类人员的积极性，从而做好质量改进各方面资源的准备，取得各方面的协作支持，并提供必要的经费支持。②任务落实。质量改进是一个过程，要把质量改进目标分解成若干个工作单元，层层落实到企业每个部门直到每个人，并使每个人努力完成各自的任务，从而实现质量改进的目标。③职责落实。企业组织质量改进时，应在明确任务的同时，明确各自的职责，保证企业质量改进活动责权分明，改进工作顺利进行。④形式和方式的落实。质量改进应根据质量要素的不同特点，选择不同的质量改进的形式和方法。对于技术性强的质量问题，组织工程技术人员采取技术改进小组的形式，运用可靠性分析和多次设计等方法，对产品设计、工艺进行改进。对于综合性的质量问题，应由工程技术人员、工人、管理人员以“三结合”的形式共同参与质量改进，统一协调指挥，采用层次分析、价值工程、系统工程等方法，开展质量改进活动。

（2）组织协调。一般说来，质量改进是通过集体活动来完成改进目标。在质量改进过程中企业内部上下级之间、各部门之间、部门与全局之间、员工之间、合作单位之间难免会有意见分歧、行动不一的问题，因而，需要通过组织协调起到沟通信息、调解矛盾、统一认识和统一行动的作用。特别是质量改进的治疗方案和措施，必须要赢得参与的全体人员的理解和支持，得到他们的合作，这样治疗措施才能得到落实。在实施过程中，往往会遇到质量改进的阻力，表现为既得利益者的阻力和习惯势力的阻力，而后者表现尤为突出。作为质量总监要积极宣传，进行说服教育，并通过自己在工作过程中的不断改进来影响他人。开始时，可从小规模开始，降低失败的风险。此外，还要获得高层管理者的支持。

8.4.5 建立控制，巩固成果

为保证质量改进能切实提高组织的水平，实现质量突破，并能够使质量改进的成果得到巩固，应做好如下工作。

1. 进行质量改进效果评价，确认质量改进

在实施改进方案后，应重新收集数据资料，进行分析对比，对质量改进效果进行评价，以确认改进的成效。主要是从以下两个方面进行：一是问题及其根源是否已经消除或其影响已经减少；二是质量改进的目标是否已经实现。效果评价的方法很多，如排列图、因果图、控制图、流程图及过程分析等。

若质量没有明显好转，或产生副作用，则表明质量改进无成效，必须重新规定改进的项目或活动。

> *小知识*
>
> 质量改进的评价应从以下几个方面开展。
>
> （1）与顾客满意度相联系的改进绩效，包括对现有顾客和潜在顾客的调查、顾客抱怨和索赔、顾客满意度变化等。

（2）与过程效率相联系的改进绩效，包括劳动力、资金和物资的利用，返工和报废等过程输出，过程周期，过程能力，等等。

（3）与社会质量相联系的改进绩效，如雇员满意度、污染和废物处置造成的危害等。

（4）管理素质的提高。

2. 保持成果

在质量改进取得预期效果后，应及时总结经验，要对有关人员进行教育培训，创造相应的工作条件，执行新的标准，使企业产品质量保持在一个新的水平上。

3. 在新的水平上控制

为确保新的标准和规范发挥作用，巩固改进成果，需要建立起相应的控制措施，对改进过程中各项活动的绩效给予测量和校正，保证企业在新的水平上稳定地运转。质量改进的控制可通过组织控制、群体控制和自我控制途径来进行。

（1）组织控制。组织控制是由质量管理人员设计和建立一些机构，按照制度、规则来进行控制。企业可以通过质量监督、审核、认证等手段，按照已建立的质量管理规章制度和程序，检查企业质量改进工作是否按照规定的计划、标准和方法进行。如果发现质量改进过程中有偏差，就要分析原因，采取纠正措施，以确保企业质量改进目标的实现。

（2）群体控制。群体控制基于群体成员的质量价值观念和行为标准而进行。它是由非正式组织发展和维持的，受企业质量文化的影响而形成的群体遵循的一套行为规范。群体成员若不遵循这些规范就会遭受群体排挤、讽刺甚至被排斥出该群体，群体控制在开展群众性质量改进活动中起着重要作用。

（3）自我控制。自我控制是指个人有意识地去按某一行为规范进行活动。在质量改进过程中，企业员工的自我控制能力取决于个人的素质及员工对企业质量改进战略的理解，对质量改进工具、方法的掌握。

当取得项目或活动的质量改进效果后，并不是质量改进进程的结束，而是要在新的质量水平的起点上，寻找新的质量改进机会，重新确立质量改进的项目或活动，继续开展质量改进。

小知识

克劳斯比质量改进程序：管理承诺→质量改进团队→质量测量→质量成本的评价→质量意识→纠正措施→建立零缺陷项目的特别委员会→管理者培训→零缺陷日→设定目标→消除错误的原因→认可→质量委员会→重新开始。

朱兰质量改进程序：提出证据→项目认可→建立突破的组织→诊断过程→治疗过程→保持成果。

总之，质量改进是企业质量管理的核心工作，企业必须全程监控、督导，让它朝着既定的质量目标持续前进。

8.5.6 6σ管理

案例　　6σ公司

20世纪80年代以来，随着人们对产品质量要求的不断提高、全球市场竞争的日益激烈，在客观上要求企业必须提高产品质量和管理效益，以保持在激烈的市场竞争中的优势地位。在这样的背景下，摩托罗拉公司在1993年率先提出6σ管理模式并在企业中推行。自从采取6σ管理后，该公司平均每年提高生产率12.3%，因质量缺陷造成的损失减少了84%，摩托罗拉公司因此取得了巨大的成功，成为世界著名跨国公司。从1987到1992年，实施这种管理方法，给其带来的总节约额达24亿美元，取得了显著的成效，并于1998年获得美国鲍德里奇国家质量管理奖。不过让6σ管理模式声名大振的还是美国通用电气公司（GE），该公司自1995年推行6σ管理模式以来，由此所产生的效益每年呈加速度递增：节省的成本为1997年3亿美元、1998年7.5亿美元、1999年15亿美元；利润率从1995年的13.6%提升到1998年的16.7%。GE的总裁韦尔奇因此说："6σ是GE公司历史上最重要、最有价值、最赢利的事业。我们的目标是成为一个6σ公司，这将意味着公司的产品、服务、交易零缺陷。"

6σ管理思想来源于"零缺点计划"。摩托罗拉公司成功引起了许多公司的关注，后来，通用电气公司、爱立信、IBM、索尼等公司也纷纷开展这一活动，并取得了很大的成绩。

8.5.1 6σ管理的内涵与本质

1. 6σ管理的含义

6σ的理念实际上就是企图达成企业在每一项产品、制程和服务方面的质量误差接近“零缺点”的程度。6σ管理不仅是指产品质量，而且是一整套系统的企业管理理论和实践方法。在整个企业流程中，6σ是指每百万个机会当中有多少缺陷或失误，这些缺陷或失误包括产品本身以及产品生产的流程、包装、运输、交货期、系统故障、不可抗力等。6σ管理即要求企业在整个流程中每百万个机会中的缺陷率少于3.4，这对企业来说是一个很高的目标。

> *小知识*
>
> σ在统计学中用来表示数据的离散程度，称之为“标准差”，6σ意为“6倍标准差”，在质量上表示每百万个产品的不良品率（PPM）少于3.4。

6σ管理的核心理念实际上不仅是一个质量上的标准，它更代表着一种全新的管理理念，即要企业改变过去那种“我一直都这样做，而且做得很好”的思想，因为尽管过去确实已经做得很好，但是离6σ管理的目标还差得很远。

2. 6σ管理的本质

6σ管理是一种近乎完美的管理思想。它是统计度量、管理战略和质量文化的一体化。通过统计度量质量水平可以了解产品、服务或过程的真实水平；通过新的管理战略进行质量创新使顾客全面满意；通过质量文化能够第一次就把事情做好，形成提高质量的氛围和环境。

3. 推行6σ管理的效果

推行6σ管理就是通过设计和监控过程，将可能的失误减少到最低限度，从而使企业可以做到质量与效率最高、成本最低、过程的周期最短、利润最大、顾客满意。

8.5.2 6σ管理执行成员

6σ管理的一大特色是要创建一个实施组织，以确保企业提高绩效活动具备必须的资源。一般情况下，6σ管理的执行成员组成如下。

（1）倡导者（Champion）：由企业内的高级管理层人员组成，通常由总裁、副总裁组成，他们大多数为兼职。一般会设1～2位副总裁全面负责6σ推行，主要职责为调动公司各项资源，支持和确认6σ全面推行，决定“该做什么”，确保按时、按质完成既定的财务目标，管理、领导大黑带和黑带。

（2）大黑带（Master Black Belt）：与倡导者一起协调6σ项目的选择和培训，该职位为全职。其主要工作为培训黑带和绿带、理顺人员，组织和协调项目、会议、培训，收集和整理信息，执行和实现由倡导者提出的“该做什么”的工作。

（3）黑带（Black Belt）：为企业中全面推行6σ的中坚力量，负责具体执行和推广6σ。同时负责培训绿带。一般情况下一名黑带一年要培训100名绿带。该职位也为全职。

（4）绿带（Green Belt）：为6σ兼职人员，是公司内部推行6σ众多底线收益项目的执行者。他们侧重于6σ在每日工作中的应用，通常为公司各基层部门的负责人。6σ占其工作的比重可视实际情况而定。

小知识

每1000名员工，应配备大黑带1名，黑带10名，绿带50~70名。

6σ项目主要参与人员的责任和作用如下：最高管理层负责挑选顾问，协调高层管理工作坊，审批首批黑带，演示6σ测量系统，确定关键改善重点，改进项目的进展，建立奖励晋升体系；项目领导负责统筹管理人员的培训，挑选黑带人员，选择实施项目，组织审核，实施奖励和晋升体系；黑带人员和绿带人员协调确认和实施项目，向项目领导报告项目进展和存在障碍，协调对部门经理和员工进行培训。

8.5.3 6σ管理的基本原则

（1）以顾客为关注焦点。这不但是6σ管理的基本原则，也是现代管理理论和实践的基本原则。在6σ管理中，以关注顾客最为重要，强调从“了解你的顾客”开始，从“确定顾客的关键要求”开始。例如，对6σ管理业绩的测量从顾客开始，通过对SIPOC（供方、输入、过程、输出、顾客）模型分析，来确定6σ项目。因此，6σ改进和设计是以对顾客满意所产生的影响来确定的，如果企业不是真正地关注顾客，就无法推行6σ管理。

（2）依据事实进行决策。“用数据说话”，这是6σ管理理念和原则的一个突出的特点，数据是测量的结果，也是分析和决策的依据。在6σ管理中，大量运用统计技术，通过对数据作出正确的统计推断来帮助我们准确地找到产生问题的根本原因。它从识别影响经营业绩的关键指标开始，收集数据并分析关键变量，更加有效地发现、分析和解决问题，使管理更具可操作性。

（3）对流程的关注、管理和改进。无论把重点放在产品和服务的设计、业绩的测量、效率和顾客满意的提高上，还是把重点放在业务经营上，6σ 都把过程视为成功的关键载体。通过过程的优化实现组织竞争力的提高是 6σ 管理的核心理念。一个有竞争力的组织应该具备以“最高的质量、最快的速度、最低的价格”向顾客或市场提供产品或服务的能力，而这个能力取决于企业核心业务过程的过程能力。在 6σ 管理中，这个能力表现为过程输出的结果与顾客要求的一致性——σ 水平正是这种一致性的度量。通过过程改进与再造，使过程的产出与顾客要求之间的偏差最小，这不但可以极大地提高顾客的满意程度，而且可以大量地减少由于补救缺陷等引起的成本和生产周期的浪费。

（4）主动性的管理。6σ 管理主张在问题发生之前采取积极措施防止问题的发生，而不是事后救火式的处理和被动应付。在 6σ 管理中，主动性的管理意味着制定明确的目标，并经常进行评审，设定明确的优先次序，重视问题的预防而非事后补救，探求做事的理由而不是因为惯例就盲目地遵循。6σ 管理将综合利用各种工具和方法，以动态、积极、预防性的管理风格取代被动应付的管理习惯。

（5）无边界合作。推行 6σ 管理，需要加强自上而下、自下而上和跨部门的团队工作，改善公司内部的协作，并与供应商、顾客密切合作，达到共同为顾客创造价值的目的。这就要求组织打破部门间的界限甚至组织间的界限，实现无边界合作。无边界合作是对传统组织成本的否定，它能够使得 6σ 以项目制的方式在一个传统的组织结构内突破式前进，以点带面地创造一种新文化。

（6）追求完美，容忍失败。组织不断追求卓越的业绩，勇于设定 6 倍 σ 的质量目标，并在运营中全力实践。但在追求完美的过程中，难免有失败。这就要求组织有鼓励创新、容忍失败的文化氛围。这不仅是 6σ 管理能够成功实施的外部保障，更是 6σ 管理能够创造的一种新文化，正是这种新的文化内涵使得 6σ 管理超越了一种单纯的管理技术，它代表的是人们对新秩序的渴望。

8.5.4 实现 6σ 管理目标的“六步法”

现代质量管理是通过对过程进行改进来实现高质量、低成本和高生产率的。实现 6σ 质量目标便是要对过程进行持续不断的改进。持续改进是通过六个步骤的循环来实现的。

（1）明确你所提供的产品或服务是什么。这里的“你”代表组织的过程链条上的任意一个环节。可以是一个部门、一道工序或一个团队等。这里的“产品或服务”指的便是这一特定环节的输出。通过这个步骤的活动，要明确你所提供的产品和服务是什么，同时也要确定测量你的产品或服务的单位。

（2）明确你的顾客是谁？他们的需要是什么。这里的顾客是指过程链上的“你”的下一个环节，你的产品或服务质量的优劣是由你的顾客来判定的。在这一步骤中，要明确你的顾客，明确顾客的关键需要，并要同顾客就这些关键需要达成共识。

（3）为了向顾客提供使他们满意的产品和服务，你需要什么。这是要明确为了满足你的顾客的需要，你需要什么以及谁来满足你的需要。从过程链的角度来看，这是要明确你的上一个环节，以及为了使你能够满足顾客的需要，他们应当为你提供什么条件。

（4）明确你的过程。在这一步骤中，通常要借助于流程图将过程的现状描绘出来。

（5）纠正过程中的错误、杜绝无用功。在上一步对过程的现状充分认识的基础上，分析过程中的错误和冗余，制定纠错后的理想流程图。

（6）对过程进行测量、分析、改进和控制，确保改进的持续进行。

8.5.5 质量项目实施6σ管理的程序

随着对6σ管理认识深入，在6σ管理目标的“六步法”基础上，逐渐形成了6σ管理的程序方法。前五个步骤统称为“定义（Define）”，与第六步骤中的“测量（Measure）”、“分析（Analyze）”、“改进（Improve）”、“控制（Control）”，以及“推广成果并提出新的项目（Replicate result and nominate new process）”，合称为：6σ管理的“DMAICR”程序。

（1）界定。质量总是从一个一个项目开始，首先开始于一个最重要的问题。

（2）测量。通过收集和分析数据，找出问题的原因。

（3）分析。通过数据分析，确定问题的根本原因。

（4）改进。对产生问题的过程重新设计，实施改进方案。

（5）控制。设计并实施新的控制手段，保证改进所带来的绩效水平。

（6）推广成果并提出新的项目。在改进过程中所获得的知识、经验、技能传播到其他部门，并寻找其他质量改进项目。

8.5.6 实施6σ管理条件及成功的关键

1. 实施6σ管理条件

6σ管理思想可以为任何一个企业所借鉴，但不是任何一个企业都能实施6σ管理。实施6σ管理的具体条件如下。

（1）有较好的质量管理基础，已经通过ISO 9001质量体系认证，取得合格证书的企业。

（2）高层对6σ管理有足够的认识，并有坚定的决心加以推广的企业。

（3）有可担任6σ过程的负责人和“黑带大师”的企业。

（4）具有足够启动6σ管理的资金。

（5）具有先进的技术装备和高质量的过程能力的企业。

2. 成功实施6σ管理的关键

（1）高层管理者的承诺和参与。

（2）与公司当前的工作重点、战略以及绩效测评体系进行结合。

（3）关注过程。

（4）确保收益。

（5）充分调动多层次人才的积极性。

（6）按照培训项目和内容进行培训。

（7）不断强化和奖励。

8.6 5S管理

案例 宝钢集团的5S管理

宝钢集团有限公司不锈钢分公司能源部大力开展5S活动，并将检查结果量化，实行5S挂牌管理，取得实效。能源部根据每月5S检查结果，将达到整理、整顿、清理、清扫、素养等5S水平的办公室、作业现场挂上不同颜色和名称的牌子，如对达到“整理”水平的区域挂1S牌，对达到“整理、整顿”水平的区域挂2S牌，以此类推。一旦发现作业区有违章、违规、违纪现象，则直接降级，甚至取消挂牌资格。这项活动的开展，收到了显著的效果，营造了安全、科学、和谐的工作环境，有力促进了能源部现场管理水平的提升。

实践证明，5S 管理是现场管理最成功的管理方式之一，对有效改善作业环境、降低成本、大幅度提高工作效率、提高人员士气等，都具有重要的作用。

8.6.1 5S 管理的由来及其含义

5S 管理最初起源于日本，是一种现代生产企业现场管理的方法，包括清理、整顿、清扫、清洁、素养。

> **小知识**
>
> “5S”由 5 个日语单词的罗马注音（均以“S”为开头）组成，分别是：清理（Seiri）、整顿（Seiton）、清扫（SeISO）、清洁（Seiketsu）、素养（Shitsuke）。

（1）清理，就是将生产场所（包括机器、墙面、储物架等）中的任何物品区分为必要的与不必要的，将不必要的物品彻底清除。

（2）整顿，就是要对每个清理出来的“必要”的物品（如工具、材料、电子文件等），按照工作空间的合理布局以及工作的实际需要，有序地进行标志和摆放。

（3）清扫，即清除工作场所内的脏污，保持工作场所内外整洁。

（4）清洁，即“保持清洁状态”，也就是如何坚持下去，使清洁有序的工作现场成为日常行为规范的标准。

（5）素养，是指培养员工良好的工作习惯，依规定行事，自觉自愿地在日常工作中贯彻基本的准则和规范，约束自己的行为，并形成一种风尚。

> **小知识**
>
> 5S 的关系：清理是整顿的基础；整顿是清理的巩固；清扫显现清理和整顿的效果；通过清洁和修养，形成整体氛围。

5S 管理通过持续有效的改善活动，规范现场物品，营造整洁的工作环境，培养员工一丝不苟的敬业精神和勤奋、节俭、务实、守纪的职业素养，从而提高企业的产品品质，塑造企业的良好形象。通过推行 5S 管理，企业内外环境变得整洁卫生，有用的东西都按规定摆放整齐，员工不必花费时间去寻找所需的东西，企业的生产效率就会大大提高。另外，5S 管理能够提升企业员工们的归属感，使他们更加热爱企业，对工作倾注更多的热忱与耐心。实践证明，通过坚持不懈地推行5S管理，能有效改进产品品质，提高服务质量，最终实现企业品质的飞跃。

8.6.2 5S管理的关键

许多企业通过开展5S活动，对工厂降低生产成本、提高生产效率、改善作业环境、提升竞争能力等起到了明显的推进作用，为企业带来了良好的效益。但也有部分企业实施情况并不理想，没有达到预期目的，甚至半途而废。为什么同样实施同一种管理手段会出现如此反差？笔者认为，推行中关键要在以下六个方面引起足够重视。

（1）统一思想，加强领导，致力形成组织合力。5S活动是一个综合的、全面的企业管理活动，涉及企业的每个部门、每个岗位、每个员工，创造上下统一、互联互动的整体推进机制，是完成好这项工作的关键。在一些企业中，由于企业领导者认识不够、思想不一，造成重视不够。或者只重引进，而在工作组织上没有整体和系统安排，给后续推进工作带来了困难。比如有的企业在激励政策和资金上缺少支持，使员工的积极性和能动性得不到充分的调动和发挥；还有的分管领导思想不统一，只考虑某一范围的工作和任务，担心活动影响生产、销售等工作进度，以小集团利益为重，使工作缺乏配合。这些都会对开展5S活动带来阻力和影响。因此，要想顺利开展好5S活动，各级领导必须要提高认识，统一思想，分工协作，并给予激励政策和资金的大力支持，最终形成组织合力，使各项工作和5S活动有机结合起来，把精力集中到推进5S活动上来。

（2）以人为本，广泛发动，积极发挥能动作用。员工是5S活动的主体，失去员工的参与和实践，5S就成了没有基础的空中楼阁。同时，员工又是极富聪明才智的创造者，在开展5S活动中，他们用思想和双手为企业带来无穷的活力。

在一家成功实施5S管理的加工企业中，可以看到员工自己改善的休息室不仅窗明几净，物品摆放整齐，而且墙上贴着员工自己画的安全漫画和书写的极具原生态气息的标语，桌子上有员工用废包装袋或瓶子做的花篮和花瓶，种满了鲜花，身在其中会忘记劳累，感到是温馨和舒适。

要想像这家企业一样，企业必须调动员工的积极性。首先，要加强思想发动，一方面通过会议、标语、牌板、橱窗等动态和静态的宣传工具，营造浓郁的宣传氛围；另一方面积极组织开展内训，让员工认识和掌握5S的含义、对企业发展的意义以及操作的方式。其次，要给予制度保证，通过出台一系列考核评比办法和奖惩激励措施，用经济手段鼓励员工尝试创新，大胆创新，激励员工发挥积极性和创造性。

（3）密切配合，执行到位，明确责任严明纪律。在工厂中很多工作和区域都会存在交叉，很多工作需要多人或多工种配合完成。部门、车间以及员工处处斤斤计较，站在小集团利益上对待问题，不但不能开展好工作，而且会对整体带来不利影响。要保证5S工作顺利开展，达到实施目的，就必须有强烈的团队意识，有各部门和人员的全力配合；同时，又要坚决落实管理和工作责任，做到分工明确，任务量化，敷衍了事必整改，有令不行必处罚。姑息意味着放纵，只有严肃纪律性，提高执行力，才能保证各部门、车间在推进机构的整体安排下，按时、按质、按量完成每次5S的阶段活动任务，才能保证整个5S管理活动的扎实开展和推进。

（4）规范行为，持续深化，努力提高全员素质。有些企业对5S认识不深，仅是简单地停留在清扫干净的认识上，以为只要扫干净就是清洁了，结果是除了干净之外，其他方面并没有多大的改善，造成了5S活动不能达到满意的效果。实际上，5S活动的本质，不仅是车间卫生状况的改善，而且是对工厂管理水平的全面改进，也是对员工素质的全面提升。第一清洁活动不能只局限于车间，而要扩展到全工厂范围，办公区等非生产区域更要搞好5S管理，管理人员更要带头建立良好的管理形象；第二要通过5S活动，建立作业标准、行为规范，通过不断向员工灌输责任感和纪律性，树立人人都能自主管理的意识；第三，全面提高员工的素养，通过员工先做好身边事，最终使员工养成良好的行为习惯。因此，做好5S只有做到全面和深入，才能达到管理活动的真正目的，才能取得扎实的成果。

（5）树立信心，迎难而上，敢于揭摆自身短处。在实施5S的过程中，难免会遇到各种问题，万事开头难，尤其是推进初期，清洁清扫有着非常繁重的工作量，有些员工会不理解，产生抵触情绪，这就需要各级管理人员对工作安排要有预见性，对员工要能主动耐心做好思想工作，在不满和畏难情绪产生时，鼓励员工克服困难，树立信心；同时，困难面前，各级领导干部要能够以身作则、身先士卒，带头把工作做好，为员工做出表率；另外，有些部门和车间，出于小团体的荣誉，对检查出的问题产生抵触，甚至瞒骗推诿，因此，企业要教育员工端正对待工作的态度，要敢于面对问题，不要怕暴露缺点，只有勇于承担困难，主动采取措施整改，才是积极正确的工作方法。

（6）常抓不懈，持之以恒，扎实有效稳步推进。5S活动是企业的一项长期工作，只有起点，没有终点，管理的效果也是只有更好，没有最好，因此要常抓不懈。某些企业引进5S时热情高涨，大搞6个月攻坚战，过后慢慢又退回到原来水平，不但对管理于事无补，甚至还成了邯郸学步，丢失了自己原有的好东西。还有些企业好高骛远、急于求成，今天引入5S，明天推行TPM，后天又想开展6σ，哪一个也没有真正吸收管理内涵，丢了芝麻，更没捡到西瓜，最后不但工作一事无成，而且员工也无所适从，管理更加混乱。因此，不能持之以恒地开展工作，不仅不利于管理提升，而且会让员工对企业失去信任，对管理者失去信任，对管理制度熟视无睹，对以后开展任何工作都会产生不利影响。所以，推行5S管理活动一定要持之以恒，一旦决策，就要坚持始终进行下去，只有一步一个台阶，打好基础，再去追求新的目标，才符合循序渐进的科学的管理规律。

总之，在市场经济日趋成熟的今天，市场竞争也越来越激烈，企业为了提升自身核心竞争力，在群雄逐鹿的市场上站稳脚跟，都在不断引进和采用先进企业管理手段，在这种情况下，谁做得更到位，谁做得更扎实，也就成为能否有效提升管理、提升企业竞争力的关键，因此，通过抓好5S管理活动的六个关键问题，真正落实5S管理活动，也就对企业有着十分重要的意义。

小知识

5S的新发展：

7S——节约（save）；安全（safety）

10S——习惯化（shiukanka）；服务（service）；坚持（shikoku）

第 9 章

降低质量成本

企业在废次品上发生的成本好似一座金矿——“矿中黄金”。

——质量管理大师　朱兰（J. M. Juran）

能力提示

- 明确质量成本的重要性及其构成
- 能够对质量成本进行分析和研究
- 能够对质量成本数据进行收集与计算
- 能够进行质量成本的预测与控制
- 能够按照质量成本管理的步骤进行企业的质量成本管理
- 能够对企业进行正确的质量成本评估
- 能够利用有效的途径降低质量成本

导读　大连三洋制冷实施质量成本法降低质量成本

大连三洋制冷有限公司（以下简称大连三洋制冷）是国际一流的双效溴化锂吸收式中央空调专业制造企业，是中日合资高科技企业。始创于 1992 年 9 月 11，注册资金 20 亿日元，年生产溴冷机 2000 台，真空锅炉 1000 台，GHP 燃气空调 10000台。大连三洋制冷的双效溴化锂吸收式制冷机全系列中央空调产品，通过

HJBZ22 中国国家环境标志产品认证和 JB8656 中国机械产品安全认证。其制冷的所有产品占国内市场的 30% 以上，并以其高质量大批量出口日本。

2002 年，大连三洋制冷引进日本丰田的精益生产方式后，对现场中的库存、制造过多（早）、等待、搬运、加工等七种浪费的存在有了比较清醒的认识，并且在实际工作中努力加以消除。但是随着活动的深入，很多由相关的管理工作引起的浪费难以度量，其所可能造成的损失不易衡量。这些问题如果得不到有效的解决，将阻碍活动深入持久地进行。

而随着国际竞争一体化进程加快。跨国集团蜂拥而入使竞争呈现白热化，在产品过剩、价格大幅下降的价格战局面下，降低成本已成为每个企业的重点工作。大连三洋制冷在设计工艺、采购、制造、营销等各个环节上采取了通常的降低成本措施之后，降成本工作陷入瓶颈，如何选择新的突破口？

大连三洋制冷通过 ISO 9001 质量管理体系认证后，在质量管理上取得了非常好的成绩。但是，一些质量损失难以从财务核算的角度对质量体系的有效性进行测量，而在企业的日常管理活动中又存在着许多无效的管理，使企业的经营管理难以得到持续改进。为此，需要一种新的工具来发现这些质量成本的浪费，在经过反复比较后，三洋制冷选择了质量成本法来解决这一问题。

1. 实施前注重培训，提高参与人员素质

大连三洋制冷为了搞好质量成本工作，成立了以副总经理为组长的推进机构，各部门主管和推进人作为组员，成为工作推动的主力军。此外，对全体员工进行培训，使全员具备必要的知识储备，在此基础上进行了许多的改善工作，推动质量成本工作有序进行，取得了比较突出的成绩。

2. 在实施成熟后，将质量成本制度化

大连三洋制冷在质量成本法实施成熟后，把业务流程程序化，并将相关内容纳入 ISO 9001 体系中，对文件进行了相应的修订，使质量成本管理制度化并且依据企业的实际情况适时更新与完善，做到以实践来完善理论，而不是拿理论框架来束缚企业自身，做到了理论与实践相结合，并在实践中不断完善补充相关理论。

大连三洋制冷实施质量成本法取得了显著的成绩，那么，作为质量总监，应借鉴其经验，重视质量成本的分析和研究，加强质量成本的管理。

9.1 质量成本内涵及其重要性

根据有关统计资料分析数据来看，大部分企业的损失成本占整个企业质量成本的70%，个别企业甚至高达80%以上。可见，质量成本管理对降低企业成本的潜力很大。因此，它在管理业界有挖掘“矿中黄金”之美称。

9.1.1 质量成本的内涵

1. 质量成本管理发展背景

20世纪50年代，美国质量管理大师朱兰和菲根鲍姆等人提出了质量成本的概念。随着这一理论的广泛实践和迅速发展，不仅使企业获得了重大的效益，也使消费者得到了实惠。人们开始认识到，产品质量对企业经济效益的影响至关重要，从长远看更是如此。此后，质量成本管理在世界上许多国家，特别是在欧美国家的公司中迅速开展起来。例如美国的商用机器公司、通用电气公司、国际电报电话公司等都已建立了质量成本管理系统，欧洲许多公司也是如此。我国20世纪80年代初期，就引进并在企业中推行质量成本管理。

> *小知识*
>
> 质量成本是指企业为了保证和提高产品或服务质量而支出的一切费用，以及因未达到产品质量标准，不能满足用户和消费者需要而产生的一切损失。〔注：1. 组织根据各自的准则对质量成本进行分类。2：损失分有形和无形。3：某些损失可能难以定量，但很重要，如丧失信誉。〕

从质量成本定义可以看出，质量成本有别于传统的成本概念，是会计核算中的一个新科目。它既发生在企业内部，又发生在企业外部；既和满意的质量有关，又和不良质量有关。

在对质量成本有一个清晰的认识之后，质量总监对失误与浪费给企业带来的损失会有更深刻的理解。

2. 研究质量成本的目的

目前，有一些企业没有对质量成本进行仔细的分析，作为质量总监也不明白自己企业的质量成本到底是多少，如何具体地控制和降低成本。对质量成本研究的主要目的是：定量阐述质量问题的规模以明确改进的必要性，引导质量改进活动的方向，追踪改进活动的进展情况。

3. 质量成本的重要性

质量成本并不是孤立存在的，它与企业质量战略结合紧密相关。企业有什么样的质量战略目标，就有相应的质量管理策略。不同的质量管理策略，就会产生不同的质量成本。

质量成本是实际的、客观存在的，是企业管理的经济表现，是衡量质量管理体系是否有效的重要因素。质量成本管理可以找到本企业质量成本构成的最佳比例，进而确定满足顾客要求的最佳质量水平，有助于找到控制和降低成本的途径，有利于企业增加经济观念、深化质量管理的理论和方法，有助于促进产品质量和经济效益的提高。

9.1.2 质量成本与质量经济性管理

在商品经济社会中，一个组织在实现其基本目的的同时，还必须考虑其经济性，以取得最佳的经济效果。质量经济性是指质量与经济的关系。反映质量经济性的主要指标是质量成本、质量经济效果和质量经济效益。

质量经济性管理主要是通过对产品质量与投入（成本）、产出（收益）之间关系的分析，对质量管理进行经济性分析和经济效益评价，以达到在满足顾客需求的同时为企业创造最佳的经济效益。即从经济性角度出发，应用成本收益分析方法，对不同的质量水平和不同的质量管理改进措施进行分析和评价，从中挑选出既满足顾客需求又花费较低成本的质量管理方案。可见，质量经济性管理就是力求做到经济地改善和提高质量，即将产品质量保持在满足质量要求的水平上，而不是片面地追求不切实际、偏离顾客要求的所谓“高质量水平”。按照质量经济性管理的观点，任何过高或过低的质量水平都是不经济的，都会导致成本增加、经济效益下降。

进行质量经济性管理的途径包括两个方面。一方面，增强顾客满意。只有不断地增强顾客满意，企业才能在激烈的市场竞争中不断地吸引顾客，扩大市场，形成源源不断的营业收入。另一方面，降低成本。在保证增强顾客满意的前提下，通过合理配置资源，减少浪费，降低成本，以提高效率，增加利润。需要强调的是，组织不应仅从眼前利益出发采取降低成本的措施，某些降低成本的临时措施在短期内可能增加利润，但从长期看则可能对产品和服务的信誉、顾客的信心和忠诚产生持久的负面影响。因此，组织对质量成本的考虑必须兼顾当前利益和长远利益，制定长期目标和短期目标，并定期评价其适宜性。

9.1.3 质量成本的构成

质量成本可以分为两部分：运行质量成本和外部质量保证成本。运行质量成本是企业内部运行而发生的质量费用，又可分成两类：一类是企业为确保和保证满意的质量而发生的各种投入性费用，如预防成本和鉴定成本；另一类是因没有获得满意的质量而导致的各种损失性费用，如内部故障成本和外部故障成本。外部质量保证成本是指根据用户要求，企业为提供客观证据而发生的各种费用。

1. 运行质量成本

（1）预防成本（prevention cost），是指用于预防产生不合格品或发生故障所需的各项费用。一般包括：质量工作费（企业质量体系中为预防、保证和控制产品质量，开展质量管理所需的费用），质量培训费，质量奖励费，质量改进措施费（制定和贯彻各项质量改进措施的费用），质量评审费（新产品开发或老产品质量改进的评审费用），工资及附加费（质量管理专业人员的工资及附加费用），质量情报信息费。

（2）鉴定成本（appraisal cost），即为评定是否符合质量要求而进行的试验、检验和检查费用。一般包括：进货检验费，工序检验费，成品检验费，试验设备校准维护费，试验材料及劳务费，检测设备折旧费，办公费（有关检验、试验而发生的），工资及附加费（指专职检验、计量人员的工资及附加费用）。

（3）内部损失成本（internalfailure cost），即产品出厂前因不满足规定的质量要求而支付的有关费用。一般包括：废品损失费，返工、返修损失费，复检费，因质量问题发生的停工损失，质量事故处理费，质量降等降级损失。

（4）外部损失成本（externalfailure cost），是指产品出厂后因不满足规定的质量要求而支付的有关费用。一般包括：索赔损失费，退货或退换损失费，保修费用，诉讼费用，降价处理损失费。

著名质量管理学家朱兰、哈灵顿、桑德霍姆通过对质量成本内部构成比例大量的调查分析，得出组织获得最大经济效益时运行质量成本的构成比例，结论如表9-1所示。

表9-1 质量成本构成比例

质量成本	占质量总成本总额的百分比（%）		
	朱　兰	哈灵顿	桑德霍姆
预防费用	1~5	10	0.5~10

续表

质量成本	占质量总成本总额的百分比（%）		
	朱　兰	哈灵顿	桑德霍姆
鉴定费用	10 ~ 50	25	10 ~ 50
内部损失费用	25 ~ 40	57	25 ~ 40
外部损失费用	25 ~ 40	8	20 ~ 40

小知识

质量成本优化与质量成本构成有关。根据国内外统计资料分析，质量成本的四个项目之间有一定的比例关系，通常是：

- 内部损失成本占质量总成本的25% ~40%；
- 外部损失成本占质量总成本的20% ~40%；
- 鉴定成本占质量总成本的10% ~50%；
- 预防成本占质量总成本的0.5% ~5%；
- 在简单的、低公差的工业部门，质量成本的总额一般不超过销售总额的2%；
- 在高精度、高可靠性、高复杂性的情况下，质量成本总额可能超过销售总额的25%；
- 预防成本一般不到全部质量成本的10%，普遍认为接近10%较好；
- 质量损失成本比较理想的比例是占质量成本总额的50%左右。

2. 外部质量保证成本

在合同环境下，根据用户提出的要求而提供客观证据所支付的费用，统称为外部质量保证成本，具体包括以下内容。

（1）为提供特殊的附加质量保证措施、程序、数据所支付的费用。

（2）产品验证试验和评定的费用，如经认可的独立试验机构对特殊的安全性进行检测试验所发生的费用。

（3）为满足用户要求，进行质量体系认证所支付的费用。

对质量成本的认识和应用现在还处于发展阶段。严格说来，质量成本并不属于成本会计范畴，而属于管理会计范畴。因此，研究质量成本的目的并不是为了计算产品成本，而是为了分析寻找改进质量的途径，达到降低成本的目的。它对企业的经营决策具有重要意义。

9.2 质量成本管理的原则和主要任务

9.2.1 质量成本管理的原则

质量成本的管理应遵循下列三项原则。

(1) 以寻求适宜的质量成本为目的。任何企业的质量成本，都有与其产品结构、生产批量、设备条件及人员素质等生产能力相适宜的质量成本。开展质量成本管理的目的是尽快寻求到适宜的质量成本并有效地控制它。

(2) 以真实可靠的质量记录、数据为依据。实施质量成本管理过程中，所用的各种记录和数据务必真实、可靠。只有这样，才可能做到核算准确、分析透彻、考核真实、控制有效。否则，势必流于形式，无法获取效益。

(3) 充分发挥各部门积极性。必须充分发挥财务、生产、检验、供销、车间等企业各部门的积极性，把质量成本工作纳入其质量职能中去，才能坚持不懈地开展质量成本管理。否则，仅靠质量部门是开展不了质量成本管理工作的。

9.2.2 质量成本管理的任务

开展质量成本管理对改进产品质量，深入开展质量管理，降低成本，提高经济效益和企业素质具有重要的现实意义。质量成本管理的主要任务如下。

(1) 控制和降低质量成本。产品结构日渐复杂，对精密度与可靠性要求亦越来越高，因而为使产品具有适用性所需要的质量成本也增多了，约占总销售额的5%～10%。分析质量成本中四类成本的比例关系，寻求质量成本的最佳值，从而进行控制，就能最大限度地降低质量成本，达到降低产品成本的目的。

(2) 从质量成本寻求提高产品质量的途径。质量成本的计算与分析，有助于指导和推进质量改进计划的实施，通过质量改进可以提高产品的可靠性和维修住，减少使用成本，扩大销售额，给企业和社会带来经济效益。

(3) 促使企业领导重视产品质量。通过质量成本计算，企业领导掌握各项费用所占的优例，能够具体地看到产品质量和质量管理中存在的问题，以及对企业经济效益的影响，从经济效益上促使领导重视产品质量，支持质量管理推进计划的贯彻实施，提高企业管理的水平。

（4）拓宽成本管理道路，使成本管理发展到一个新的阶段。多年来，我国成本管理实际上只是成本的事后计算，没有管理到生产经营全过程，成为实现目标成本的有效手段。引入质量成本后，对成本管理提出了新的要求。要实行全过程的、预防性的成本管理，还要针对不同职能，分别核算、控制，从而扩大了成本管理的职能和工作范围，使我国成本管理进入一个新的阶段。

9.3 质量成本管理步骤

案例　　某港口企业质量成本管理体系的建立步骤

某港口企业在调查企业质量成本现状，了解行业特点和企业实际质量费用开支情况，在提出重点控制的质量成本科目或关键工序一次合格率等质量指标的基础上，按以下步骤建立质量成本管理体系。

1. 建立、完善相关的管理文件和必要记录表格。
2. 策划活动的全过程。
3. 制定可测量的质量成本目标。
4. 制定具体的、可操作性的计划。
5. 明确各部门岗位的职责要求。
6. 将总目标分解到各个部门岗位。
7. 各个部门岗位按计划实施行动。
8. 检查行动的实施情况。
9. 统计、分析采集的数据。
10. 评价行动实施的效果。
11. 整理、完成书面报告，提交最高管理层。
12. 持续改进提高。

按照以上步骤，该港口企业建立起了质量成本管理体系，运行效果良好。

作为一般企业，为了更好地完成质量成本管理，可按照以下步骤去执行。

1. 加强宣传和学习，明确职责和任务

要深入开展质量成本管理的宣传和学习，对主要从事质量成本管理的人员进行专门培训，明确其职责和任务。质量成本管理是一个新课题、新工作，推行时涉及很多部门和人员。因此，必须开展质量成本管理的宣传、教育和普及工作，让大家理解和支持质量成本管理工作。对从事质量成本管理的人员要进行专门培训。培训的内容应包括：质量成本项目的构成，质量成本数据的收集，质量成本的统计、核算、分析、报告、计划和控制方法等。

2. 建立质量成本核算、统计、管理组织体系

实施质量成本管理必须要有组织保证。因此，依据质量成本管理需要，应确定各有关部门的专兼职质量成本核算、统计和管理人员，并明确其职责和任务。

3. 制定质量成本管理的标准或制度

制定开展质量成本管理的程序，规定质量成本原始记录表格内容与格式，建立质量成本管理的评审制度或标准。

4. 编制质量成本计划

质量成本计划是指为达到适宜的质量成本而筹划的各种措施。每个推行质量成本管理的部门和单位必须编制质量成本计划付诸实施并逐渐使质量成本进入控制阶段。质量成本计划应规定质量成本目标，采取的具体措施以及检查与考核的指标等。要求目标定量，措施有力，具有可行性。

5. 质量成本的统计、计算和分析

规定质量成本核算期后，就收集有关质量成本的数据资料，同时按规定时间进行质量成本各二级科目与三级科目的统计、计算，汇总填报。根据质量成本统计汇总报表，企业财务和质量管理部门应作出质量成本的趋势分析，编写质量成本报告。

6. 定期对质量成本进行考核

一般应每月对质量成本考核一次，必要时还可每一季度重新考核一次。考核后，其质量成本的控制状况应与经济责任制挂钩。

7. 提出质量改进计划和措施

企业领导及有关部门应根据质量成本报告，结合企业具体情况，确定以质量改进目标为核心的质量改进计划及相应的质量改进措施，并组织落实负责部门和进度，完善质量体系文件。

8. 执行质量改进计划和措施

认真执行质量改进计划和措施，以达到降低质量成本和提高经济效益的目的，然后再制订新的一年的质量成本计划。

9.4 质量成本管理与控制方法

为满足顾客的需要和期望，维护企业的利益，企业必须有计划、有效地利用资源，在考虑收益、成本和风险的基础上，对质量成本进行管理与控制。

9.4.1 寻求最佳质量成本点

依据质量成本控制状况，寻求企业最佳的质量成本。理论和实践证明，鉴别成本和预防成本是随着合格品率的提高而趋于增加，而两种损失成本则随合格品率的增加而减少。因此，从经济的观点来看，适宜的质量成本应建立在这两类质量成本合理平衡的基础上，如图 9－1 所示。

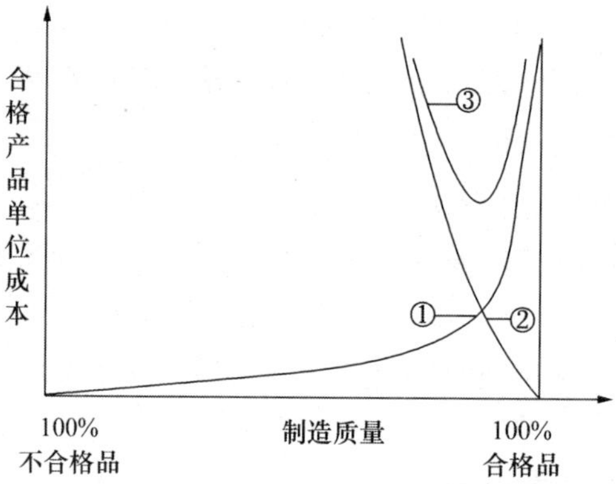

图 9－1 最佳质量点的确定

上图中横坐标表示合格品率，纵坐标表示质量成本，其中：曲线①表示鉴别成本和预防成本之和，它们随合格品率的增加而增加；曲线②表示内外损失成本之和，它随合格品率的增加而减少；曲线③是上述两项之和，其值即为总质量成本。当处于极端值时，曲线③趋于无限大，所以它有一个极小值，这就是两类成本的合理平衡点，也叫最佳的质量总成本，这个最佳值不仅是一个理论概念，而且具有实际意义，能在实际中应用。

9.4.2 质量成本预测与计划

质量成本预测一般指企业根据当前的技术经济条件和采取一定的质量管理措

施之后，规划一定时期内为保证产品达到必要的质量标准而需要支付的最佳质量成本水平和计划目标。开展质量成本预测工作，其目的主要是编制计划和提出控制的目标。质量成本预测的方法主要有两种。

（1）经验判断法，即组织企业中质管技术人员、财会人员就手头掌握的质量方面资料进行综合分析，作出较为客观的判断。

（2）数学计算分析法，即利用企业良好的管理基础所积累的资料，找出趋近最佳的质量成本数据，运用数学模型等方法展开预测。质量成本计划的制订应与企业的总体经营计划、质量计划和产品成本计划相协调，其内容主要包括：总质量成本计划、主要产品的单位产品质量成本计划、质量成本构成比例计划、质量费用计划、质量改进措施计划等。

9.4.3 质量成本的核算和分析

质量成本核算是以货币的形式综合反映企业质量管理活动的状况和成效，是企业质量成本管理的重要内容，具体包括如下内容。

1. 质量成本数据的收集和统计

质量成本数据是质量成本的构成项目中的各细目在报告期内所发生的费用数额。正确记录质量成本数据是研究质量成本的第一步工作，在记录时既要防止重复，又要避免遗漏。例如，企业在接受了用户的质量改进意见后，对用户给予奖励，如把该费用记入公关费用，则发生了记录遗漏，因为该费用应记入预防费用。为了正确记录质量成本数据，可把质量成本的发生分成两类，即计划内和计划外。根据质量成本构成项目的特点，预防成本和鉴定成本划归计划内，而故障成本归入计划外，外部质量保证成本可根据合同要求纳入计划内。凡是计划内的质量成本只需按计划从企业原有的会计账目中提取数据，不必另外设计原始凭证。而故障成本可根据实际损失情况设计原始凭证，作好原始记录。记录故障成本数据的原始凭证主要有以下九种：计划外生产任务单，计划外物资领用单，废品通知单，停工损失报告单，产品降级降价处理报告单，计划外检验或试验通知单，退货、换货通知单，用户服务保修记录单，索赔、诉讼费用记录单。

2. 质量成本的核算

在质量成本数据收集的基础上，应按质量成本项目进行逐级核算汇总。这种核算汇总分为两种：一种是财务部门按质量成本项目核算的汇总表（如表9－2），另一种是车间（科室）按质量成本项目核算的统计汇总表（见表9－3）。

表 9-2　　　　　　财务部门质量成本统计汇总表

项　目		计算单位	损　失	
一、内部损失技术	（1）废品损失	元、工时	金额	工时
	（2）返工损失	元、工时		
	（3）复检费用	元、工时		
	……	元、工时		
	合计	元、工时		
二、外部损失成本	略			
三、鉴别成本	略			
四、预防成本	略			
五、外部质量保证成本	略			
合计金额（元）				

表 9-3　　　　　　车间质量成本统计汇总表

项　目	计算单位	一车间		质量成本汇总部分					月份费用合计
				二车间	三车间	四车间	检验科	销售科	
内部损失成本	（1）废品损失	元							
	（2）返修工时损失	元							
	（3）停机工时损失	元							
	合计	元							
外部损失成本	（1）索赔费用	元							
	（2）退货损失	元							
	（3）保修损失	元							
	（4）折价损失	元							
鉴别成本	略	元							
预防成本	略	元							
外部质量保证成本	略	元							
合计									

也可以按产品、零件、工序进行的质量成本核算汇总。以便对每种产品进行分析，从而找出影响质量成本的少数几个重要因素，改进产品质量，降低成本。

3. 质量成本的分析

质量成本分析是通过分析质量成本的构成比例找出影响质量成本的关键因素，主要为质量改进提供信息，指出改进方向，降低产品成本。因此，质量成本分析是质量成本管理的核心内容。

> 小知识
>
> 质量成本分析的内容主要包括质量成本总额分析、质量成本构成分析、故障成本分析。其分析方法主要有排列图分析、指标分析、趋势分析。

（1）质量成本总额分析。通过核算计划期的质量成本总额，与上期质量成本总额或计划目标值作比较，以分析其变化情况，从而找出变化原因和变化趋势。此项分析可以掌握企业产品质量整体情况。具体可采用下述方法进行。

一是计划目标分析。计算计划期内质量成本总额或计划年度内质量成本累计总额，并与计划控制目标比较，求出变化量或增减率。主要指标有：

质量成本总额减少值 = 基期质量成本总额 - 报告期质量成本总额

二是相关指标分析。将计划期内质量成本总额或计划年度内质量成本累计总额与有关经济指标比较，计算出产值质量成本率、销售质量成本率、利润质量成本率和总成本质量成本率，并与计划控制目标进行比较。这些相关指标从不同的角度反映了质量成本与企业有关经济指标的数量关系。

> 小知识
>
> 百元产值质量成本 = 质量成本总额/产值总额 ×100%
>
> 百元销售收入质量成本 = 质量成本总额/销售收入 ×100%
>
> 百元利润质量成本 = 质量成本总额/产品销售利润 ×100%
>
> 百元总成本质量成本率 = 质量成本总额/产品总成本 ×100%

三是趋势分析。这是对一段时间内质量成本的各种指标值按时间序列作图分析，观察各种指标的变动情况，推断质量成本的变化趋势。趋势分析可以分为短期分析和长期分析两类。

（2）质量成本构成分析。质量成本的不同项目之间是互相关联的，通过核算内部损失成本、外部损失成本、鉴定成本和预防成本分别占运行质量成本的比率，以及分别计算运行质量成本和外部保证质量成本各占质量成本总额的比率，来分析企业质量成本的项目构成是否合理，可以寻求比较合理的质量成本水平。

一是结构比例分析，即进行结构指标分析，主要计算和分析预防成本、鉴定成本、内部损失成本、外部损失成本和外部质量保证成本占质量成本总额的比重；计算和分析预防成本、鉴定成本、内部损失成本、外部损失成本的比例关系。

小知识

预防成本占质量成本总额的比率 = 预防成本/质量成本总额 ×100%

鉴定成本占质量成本总额的比率 = 鉴定成本/质量成本总额 ×100%

内部损失成本占质量成本总额的比率 = 内部损失成本/质量成本总额 ×100%

外部损失成本占质量成本总额的比率 = 外部损失成本/质量成本总额 ×100%

内外部损失成本占质量成本总额的比率 = 内外部损失成本/质量成本总额 ×100%

上述四项成本相互之间有着内在的联系，例如，出厂前疏于检验，内部损失成本减少了，但是产品出厂后的外部故障成本肯定会增加。反之，出厂检验加强了，内部故障成本和鉴定成本增加，但外部故障成本会减少。如果企业采取预防为主的质量管理方针，预防成本会有所增加，但其他三项费用会减少。所谓质量成本的合理构成就是寻求一个比例，使质量成本总额尽可能小一些。美国质量管理专家菲根堡姆指出，实行预防为主的全面质量管理，预防成本增加 3% ~5%，可以取得质量成本总额降低 30% 的良好效果。从推行全面质量管理的结果来看，适当增加预防成本，确实可以减少损失成本和鉴定成本，使质量成本总额降低，取得较好的经济效益。

二是排列图分析，即把质量成本构成项目按数值的大小，做出排列图。从图中可以分析出影响质量成本的主要因素、次要因素和一般因素，然后针对主要因素，提出改进措施。

三是计划目标分析，即进行目标指标和相关指标分析，主要计算计划期内预防成本、鉴定成本、内部损失成本、外部损失成本和外部质量保证成本的发生金额，计算计划年内上述各项成本的累计金额与计划控制目标进行比较，求出增减值和增减率；计算上述各项成本占实际产值、销售额、利润和总成本的比重，并与计划控制目标进行比较分析。主要指标有：

预防成本减少值 = 基期预防成本 - 报告期预防成本

鉴定成本减少值 = 基期鉴定成本 - 报告期鉴定成本

内部损失成本减少值 = 基期内部损失成本 - 报告期内部损失成本

外部损失成本减少值 = 基期外部损失成本 − 报告期外部损失成本

百元产值损失成本 = 内外部损失成本/产值总额 × 100%

百元销售收入损失成本 = 内外部损失成本/产品销售收入 × 100%

百元利润损失成本 = 内外部损失成本/产品销售利润 × 100%

百元总成本损失成本率 = 内外部损失成本/产品总成本 × 100%

4. 损失成本分析

由于预防成本、鉴定成本和外部质量保证成本的计划性较强，所以揭示产品不合格和质量管理工作薄弱环境的重点在于损失成本的分析。可以从部门、产品种类、外部损失等角度进行分析。

(1) 部门损失成本分析。质量损失主要包含生产者损失、消费者损失、社会损失。造成质量损失的原因是多方面的，涉及企业的各个部门，对责任部门的损失成本进行汇总分析，可以直接了解各部门的质量管理工作。对责任部门的损失成本分析，可以借助两张统计图：一张是将计划期责任部门的损失成本汇总金额按时间序列要求做出的波动图，另一张是计划年度责任部门的损失成本累计金额统计图表。

(2) 按产品分类进行分析。对损失成本的发生金额按产品分类进行汇总，计算各类产品的损失成本占各自销售额的比重，然后根据计算结果做排列图进行ABC 分析，并结合产品的具体情况提出进一步研究的目标。

(3) 对 A 类产品进行损失责任分析。通过 ABC 分析后确定的 A 类产品，其损失成本的比重高达 70%。所以，还应对定为重点研究的 A 类产品再进行质量损失责任分析，目的在于发现和确定质量控制工作的薄弱环节和关键部门。

(4) 外部损失成本分析。同样的不合格，交货前和交货后所造成的损失是不同的，外部损失涉及企业信誉，它远远大于内部损失，这就是单独对外部损失成本进行分析的原因。对外部损失成本进行分析，一般从三方面来进行：第一，作质量缺陷分类分析，从中可以发现产品的主要缺陷和对应的质量管理工作的薄弱环节；第二，按产品分类作 ABC 分析，即占外部损失成本总额 70% 左右的产品属于 A 类，占 25% 左右的为 B 类，其余的为 C 类，从中找出几种外部损失成本较高的产品作为重点研究对象；第三，按产品的销售区域分析，不同的地理环境往往有可能引起不同的故障，按地区分析有利于查找原因，分析的结果对于改进产品设计，提高产品质量有很重要的意义。

9.4.4 质量成本报告

> 小知识
>
> 质量成本报告是企业领导和各有关职能部门制订质量政策、目标和质量改进的依据，质量成本管理部门应定期向企业领导报告质量成本。

1. 质量成本报告的内容

(1) 提出全部质量成本总额及其构成的主要项目、费用情况；提出由于质量缺陷而造成损失的项目与有关比较基数的比率；关于比较基数，各企业根据自己的不同情况可自行确定，但通过比较找出的比率应具有更强的说服力。一般常用的基数为：纯销售收入、利润、产值（包括净产值与总产值）、产量、总成本等。

(2) 依据上述数据和比率，进行质量成本水平分析和质量成本对比分析，做出分析结论。

(3) 提出影响质量成本中有关问题的关键因素，确定对应的改进措施。

(4) 对一些典型事例写出具体分析结果。

(5) 预测下一报告期的质量成本控制目标等。

2. 质量成本报告的形式

质量成本报告一般采取以下四种主要形式：报表式、图表式、陈述式和综合式。至于运用哪些形式应根据各自的实际情况具体选择。

9.4.5 质量成本考核

质量成本考核是实行质量成本管理的必备环节。为了进行有效的考核，一般要建立从厂部到班组直至责任人的考核指标体系，并和经济责任制、“质量否决权”、“成本否决权”等结合起来，制定相应的考核奖惩办法，严格执行，强化管理，定期进行奖惩，鼓励先进，鞭策先进，保证质量成本管理的实施和质量成本控制目标的实现。

9.5 降低质量成本的有效途径

案例 中联重科集团“提高产品质量，降低质量成本”的行动

“提高产品质量，降低质量成本”，是中联重科集团公司路面机械分公司追求的一项重要工作目标，为了达成这一目标，各部门开拓思路，密切配合，制定出了一些具体措施和实施办法。为了保证产品质量，公司采取了一系列措施：①所有一般外协外购零部件采取抽检至免检的办法，以减少大量检验工作；②重大外协外购件签订质量协议以保证质量，取消外检；③自制件强调操作责任制，质检员进行抽检和巡检，一般件取消全检；④加强装配、调试、出厂检验力度，并将质量问题及时反馈到有关部门和人员，及时处理。同时，质保部制定了《供方质量管理细则》和《路面机械分公司产品质量考核制度》，对产品质量起到了很好的保证作用。

出现问题，及时更改，重视售后反馈信息，改进工艺流程，是路面机械分公司技术部为提高产品质量、降低质量成本而提出的具体工作措施。技术部上至领导、下至技术员，经常主动地深入生产现场，了解产品质量状况，及时修改设计方案，把质量问题卡在内部解决，降低了出厂产品质量故障损失成本。技术部派人每天盯住平地机生产现场，把收集到的质量问题一个个排除，产品质量上了一个新台阶，得到了用户的好评。技术、工艺、生产、质检多个部门密切配合，终于攻克了摊铺机行驶跑偏问题这个难关。仅此一项，不仅大大提高了摊铺机的使用性能，还减少了很多加工环节，降低了加工成本。

加强质量意识教育，严格执行产品质量考核制度，及时与供方沟通，是生产部门提高产品质量、降低质量成本的主要措施。车间每天早会期间，车间领导都会及时通报相关质量信息，并严格执行质量考核，奖罚分明，鼓励员工在提高产品质量上多提建议。同时车间每月将因返工、报废而损失的费用上报，作为一项工作考核指标来管理。外协外购员收到生产问题处理单后，都会及时把问题反馈到供方，对做得不好的给予警告，并严格执行质量扣款制度。目前，产品质量有了很大提高，返工、报废现象大大减少，提高了企业经济效益。

资料来源：李文运：中联重科集团公司网站，2008-04-28。

从以上案例可以看出，质量成本管理对提高经济效益、促进企业上水平具有重要的现实意义。每个企业都应从实际出发，把握四类质量成本的合理比例关系以及它们之间的变化规律，针对具体的问题采取措施，降低质量成本。

9.5.1 抓住影响质量成本的关键因素，进行质量成本控制

根据质量成本的构成，确定影响本企业质量成本的关键因素，建立健全原材料采购、验收制度，主动进行质量成本控制，将质量隐患消灭在萌芽状态，努力降低因投入品的不良造成质量事故的频次，适中地加大预防成本中的质量培训费、鉴定成本中的材料检验费和工序质量检查费，降低内部损失中的返工损失、停工损失、质量过剩支出及外部损失成本中的回访修理费、劣质材料额外支出。同时，合理组织材料供应、使用，减少材料的损失，加强材料的质量、价格管理与控制。

9.5.2 转变观念，测算每道工序的目标成本，逐层分解落实

企业应彻底转变观念，丢掉“等、靠、要”的依赖思想，从市场实际需求出发测算每道工序的目标成本，逐层分解落实到每一位职工；将其与职工的工资收入挂钩，使每一位职工都切实体会到市场的压力，树立市场观念，在企业中形成一种用货币价值的作用来激励和调节职工积极性和创造性的竞争气氛。

9.5.3 明确职责，加强考核开展质量成本管理

建立与质量体系协调一致的质量成本管理体系（包括组织机构和人员配置）。通过建立以质量责任制为核心的经济责任制，明确规定每个职工在质量工作中的具体任务、职责和权限，明确考核标准并坚持考核，真正体现出质量经济性和质量成本的思想。此外，根据企业实际确定适宜的质量成本科目，健全质量成本管理制度，健全以质量管理部门为中心的质量信息反馈管理系统，理顺质量信息流通渠道，及时收集、分析、处理、传递有关质量信息，供企业领导决策时参考。

9.5.4 注重培训，提高素质

（1）对企业领导层进行培训。对企业领导和有关管理人员开展质量成本管理教育，增强他们的质量成本意识。学习的重点应放在质量成本与产品成本的关系、质量成本与产品质量的关系、质量成本在企业各项费用中所占的比例、质量成本对企业经济效益的影响等方面，使企业领导高度重视产品质量。

（2）对质量成本管理的操作者和执行者进行培训。培训应分阶段，以交流为主。在开展质量成本管理的初期，主要学习质量成本管理的基本原理、概念、方法，以及质量管理的原理、方法等。在此基础上，让质量成本管理的操作者和执行者了解和熟悉企业质量管理现状、质量体系结构和实际运行情况，能独自提出一套质量成本管理体系。

9.5.5 努力培育员工对企业、供方对主装厂、顾客对企业的忠诚度

不管在什么行业中，只要有利润存在的地方，一定拥有众多的竞争者。当行业中的产品处于竞争激烈的状态时，企业往往需要考虑如何能够尽快降低质量成本，以阻击竞争对手的产品，获取高的市场份额。为此，企业如何处理以下几种忠诚度是至关重要的。

（1）员工对企业的忠诚度。企业与员工的关系是互相依存的关系，一个企业的生存和发展，员工的忠诚度是最重要的因素之一。

（2）配套件供方对主装厂的忠诚度。外购配套件供方与主装厂也是互相依存、利益双赢的关系。目前主装厂约60% ~70%的营业额用于采购钢材、焊接材料等配套件，当然希望供方建立可靠、有效的预防缺陷的系统，提供符合标准的、物美价廉的产品，并具有可靠的售前、售后服务。同时，企业应该为供方的产品提供可靠、翔实的质量信息，帮助供方改进质量。

（3）外协加工供方对主装厂的忠诚度。随着企业生产规模不断扩大，主装厂对外协单位的依赖程度不断增大。

（4）在营销服务中要求做到“最高的服务质量、最低的质量成本”，赢得顾客的忠诚度。在企业经营管理中，既不能强调服务水平而不计成本，不考虑服务效益；也不能单纯追求降低服务成本，而忽视对顾客服务的需要。

> *小知识*
>
> 上述四种忠诚度对于企业来说确实事关重大，众多成功企业业已证明，只有员工、顾客、供方等方方面面确立有效的利益平衡和共赢，企业才能降低质量成本，获得利润的最大化。

9.5.6 树立良好的工作作风

质量管理部门是通过一个系统和一套管理方法，以便预防错误和缺陷在企业

运行过程中起作用。降低质量成本和持续的质量改进对于处在竞争经济环境下的健康组织是不可或缺的。作为质量人员必须牢固树立并身体力行的准则如下。

（1）工作的唯一标准是零缺陷，第一次就把工作做对。

（2）质量是用金钱和代价来衡量的，而不是各种基于妥协的指标。

（3）质量的标准是符合性和适用性。

（4）深入现场，从实际出发，杜绝纸上谈兵，夸夸其谈的浮躁之风。质量工作者要转变观念，由“质量管理”变为“质量服务”，要身体力行，为企业质量管理服务，为提高企业的产品质量服务，为企业提高竞争力服务，为企业的可持续发展服务。

（5）不断满足顾客的期望。

（6）持续质量改进。

小知识

克劳斯比认为：“质量远远不是质量管理部门的事情，高层管理者一定要对质量作出承诺，提供支持，否则，真正的质量绝对不可能产生”。

在企业的行为中，有些人认为质量是质量管理部门的事，似乎与别人无关，这无疑是十分错误的，“零缺陷”理论纠正了这一观念。在一个企业，质量问题和所有人都是密切相关的，只有各个部门，每个人同心协力地做好预防工作，企业员工中应该有一种团队精神，即：问题存在，我们必须认真解决，并把它做好；我们是团队中一员，要么一起失败，要么一起成功，荣辱与共，才能实现高品质的产品和服务，才能获得市场的青睐。

第10章

活用质量管理工具

因果图和其他工具一样都是帮助人们或质量管理小组进行质量改进的工具。

——质量管理大师　石川馨

能力提示

- 掌握七种基本质量管理工具的概念及原理
- 根据实际情况选择合适的管理工具
- 掌握不同方法的计算和制作
- 了解其他质量管理工具的使用

导读　某公司质量追溯系统运行效果因何不理想

咸阳石油钢管钢绳有限责任公司，由咸阳石油钢管钢绳厂和济南柴油机股份有限公司共同出资组建，是一个以生产钢丝绳为主，同时生产精密钢管、石油抽采机械和钢丝产品的企业，现有职工1000余人，各类技术人员300余人，固定资产1.21亿元，占地面积约为9.4万平方米。

公司综合生产能力3.5万吨/年，产品质量优良，主导产品石油用钢丝绳获得国家产品质量银奖、陕西省名牌产品和全国用户满意产品奖、冶金行业实物质量金杯奖。公司采用先进国际产品标准和国家产品标准组织生产，主导产品石油用钢丝绳在国内同行业中处于领先地位，实物质量与国际同类产品水平相当。

在钢丝绳产品的生产过程中，钢丝、股绳使用专用工装“工字轮”进行缠绕，并要求在产品上拴挂标志，以表明产品特性，并与实物保持对应关系。为了保证产品的可追溯性，要求在生产记录上对产品标志上的追踪号（轮号）进行记录，用以在产品质量出现问题时进行追踪分析。

2005 年 9 月至 2006 年 2 月，通过两次质量体系内审及日常监督检查，在钢丝绳生产现场发现标志脱落，填写内容不准确、与实物没有对应性，生产记录追踪号填写不准确的现象相对较多，在对 100 个标志的抽样调查中，不符合要求的占 25%，在对追溯性 60 个样品的抽样调查中，不合格的占 30%，此过程运行效果较差。

如何解决这个问题呢？在本章你将会找到答案。

众所周知，美国在统计技术及其他学科的理论研究方面在国际上占有领先地位。20 世纪 30 年代，美国休哈特博士发明的控制图、罗米格和道吉博士发明的统计抽样理论，有力地推动了质量管理由质量检验阶段向统计质量控制阶段的发展。但是，由于统计技术的理论基础是概率论，具有较高的难度，对初级技术人员和现场工人而言，是很难被理解和接受的。因此，统计技术在质量管理中的应用远远滞后于统计技术的发明。

二战之后，严厉的国际制裁，迫使日本由军国主义国策而改为以质量为中心的技术救国的道路。在美国质量专家戴明博士的指导下，许多日本质量管理专家致力于统计技术应用的简化工作的研究。20 世纪 60 年代，为适应全员参与日本刚刚开始推行的全面质量管理的需要，日本质量管理专家针对现场工人和初级技术人员的特点，开发出便于掌握的七种统计工具，即排列图、因果图、检查表、直方图、控制图、散布图和分层法，一般称为“质量管理七种工具”，适用于现场的质量管理。正因为日本质量专家注重统计技术在质量管理中的作用，在日本推行全面质量管理的差不多 20 年（20 世纪 60 ~ 80 年代）中，彻底改变了劣质产品生产国的落后状态。

下面将介绍质量管理中常用的七种工具，正确合理运用这七种质量管理工具，肯定会为质量总监工作的顺利开展带来便利和成功。

10.1 检查表法

10.1.1 检查表法初体验

检查表法也叫统计分析表法或调查表法，是用以收集数据的规范化表格，即将产品可能出现的情况及其分类预先设计成统计检查表，则检查产品时只需在相应分类中进行记录和统计便可得出结果。

检查表是事先确定检查对象或检查项目，将收集到的数据对号入座，对结果进行统计分析。表 10－1 是一个针对某零件质量原因所制作的表格式检查表。

表 10－1　　　　质量有问题零件检查表

频数 原因	周一	周二	周三	周四	周五	总计
粗糙度达不到要求	4	5	1	3	2	15
尺寸超差	3	1	0	2	2	8
螺纹倒棱	5	3	5	1	0	14
端面不平及其他	2	4	3	3	1	13
总计	14	13	9	8	5	50

10.1.2 检查表法的应用步骤

（1）明确目的。任何一种方法的使用都要有一定的目的性，检查表也不例外。检查表的设计要有一定的目的性，明确检查项目，方便数据的收集，使结果分析有章可循。

（2）确定检查项目。例如产生质量问题的原因、产品特征、产品标准等。

（3）选择和制作检查表。

10.1.3 因地制宜使用检查表法

质量总监学习了检查表法，那么在什么情况下，检查表才能发挥更好的效果呢？

（1）当收集有关时间、问题、缺陷、缺陷部位、缺陷原因等情况的频数或特征的数据时。

（2）收集生产过程数据时。

（3）由同一个人或在同一个地点重复观察和收集数据时。

（4）标准化一系列措施时，例如，对一个设备进行多次预防性维修检查。

（5）项目的所有步骤都需要收集数据时。

10.1.4 检查表的形式

检查表在应用过程中有两种常见的形式。

（1）次数统计调查表。将检查对象及结果出现的次数进行记录，在检查表内画符号（如画线或圆圈），画毕，即可了解质量情况。如表 10－2。

表 10－2　　频数分布调查表

出错次数 / 零件编号	一月份	二月份	三月份	合计
01	｜｜｜	｜	｜｜｜	7
02	｜	｜｜	｜｜	5
03	｜｜｜｜	｜	｜｜｜｜｜	10
04	｜｜｜	｜	｜｜	6
05	｜	｜	｜	3
06	｜	｜	｜｜	4
07	｜｜	｜	｜	4
08	｜｜｜	｜	｜｜	6
09	｜	｜	｜｜	4
合计	19	10	20	49

次数统计检查表是对数据的简单统计，这种方法操作简单，容易掌握，适用范围广。但是可以得到的信息相对也比较有限。

（2）缺陷位置检查表。在很多产品中都会存在瑕疵、破损、污渍等外观缺陷，一般采用缺陷物质检查表比较好。这种检查表示画出产品示意图或展示图，每当发生缺陷时，将其发生位置标记在图上，简便易行，结果一目了然。如图 10－1 是汽车车窗转配完成后，让装配员标明气泡形成的位置。

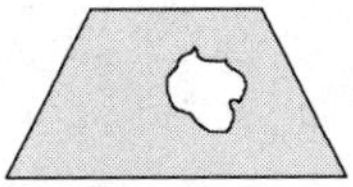

日　　期：____________________

产品类型：____________________　　　　　　备　　注：____________________

图 10－1　气泡形成位置图

缺陷位置检查表通过对缺陷位置的标注，使相关人员对缺陷出现位置规律有一定的掌握，可以事先采取预防措施降低缺陷率，并进一步分析为什么缺陷会集中在某一区域，分析原因采取有针对性的对策，更好地解决质量问题。

小知识

在对检查表进行选择时，要根据检查表的样式，按照“易于收集、记录和整理分析”的原则选择。选择匹配的检查表后，就要进行制作。在制作检查表时应多方征询他人的意见，使设计出来的检查表能够全面体现各方面问题，同时做到通俗易懂，简单明了。设计出检查表只是构造出了“骨架”，还要对其进行丰富，也就是要实施调查，按要求认真观察检查对象，并作好记录，检查表法的应用才算完整。

10.1.5　活学活用检查表法

在服务行业，经常用到顾客满意度调查表，如表 10－3。

表 10－3　顾客满意度调查表

顾客名称		联系方式				
序号	项目	评价				
		很满意	满意	一般	不满意	很不满意
1	价格					
2	服务态度					
3	速度					
4	产品质量					
5	包装					
6	售后服务					
备注：						

评价分为五级，很满意、满意、一般、不满意、很不满意，让顾客对每个项目进行评价，在选定的等级下做标记，可以直接对每个等级赋予一定的分数，如很满意的得分为5，满意为4分，一般为3分，不满意为2分，很不满意为1分，也可以根据各项的重要性程度的不同赋予一定权重，使结果更具有可比性。

10.2 排列图法

10.2.1 排列图法初体验

排列图法又称帕累托图法，是为了寻找影响质量问题的最主要因素，将质量问题发生频数累加后进行高低排序的统计分析工具。意大利经济学家帕累托在分析社会财富状况时，发现少数人（大约20%）占有绝大多数（约80%）财富，而绝大多数人（约80%）却只有少数财富（20%），即“关键的少数，次要的多数”，又叫帕累托法则。后来，美国质量管理大师朱兰博士将其原理引入质量管理，成为质量管理的一种普遍适用的工具。

引起质量问题的原因是多方面的，但往往是由少数关键原因起主导作用，所以要解决质量问题，首先是要明确“关键的少数”，以集中资源解决这些问题，做到有的放矢。

10.2.2 排列图法的应用步骤

排列图法的应用步骤如图10－2所示。

10.2.3 因地制宜使用排列图法

在哪些条件下使用排列图法效果会更好呢？

（1）小组试图通过数据分析揭示被忽略的特征时。

（2）当想更好地了解导致问题产生的主要原因时。

（3）和其他人交流数据时。

（4）通过比较原因帕累托图和结果帕累托图，将原因和结果联系在一起时。

（5）通过比较改进前后的数据，评价改进效果时。

（6）导致问题的原因多而且杂。

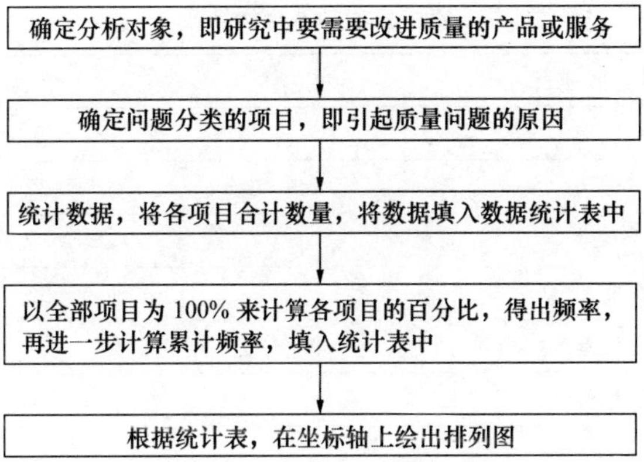

图 10－2　排列图法使用步骤

10.2.4　排列图的分类

根据排列图的不同用途，可以分为分析原因排列图和分析结果排列图。

1. 分析结果排列图

这种排列图与以下不良结果有关，用来发现主要问题。

（1）质量：不合格、故障、顾客抱怨、退货、维修等。

（2）成本：损失总数、费用等。

（3）交货期：存货短缺、付款违约、交货期拖延等。

（4）安全：发生事故、出现差错等。

2. 分析原因排列图

这种排列图与过程因素有关，用来发现问题的主要原因。

（1）操作者：班次、组别、年龄、经验、熟练情况、身体素质、心理素质等。

（2）机器：设备、工具、仪器、磨具等。

（3）原材料：制造商、工厂、批次、种类。

（4）作业方法：作业环境、工序先后、作业安排、作业方法。

10.2.5　活学活用排列图法

对某一时期内照相机镜头不合格品进行整理，结果如表 10－5 所示：

表 10 - 5　照相机镜头不合格品数

不合格项目	个数
烧痕	5
破边	25
厚度	19
擦痕	56
材料	2
其他	3
合计	110

利用这些数据绘制排列图的步骤如下。

（1）对表 10 - 5 的数据按不合格件数的多少排列，“其他”项排在最后，计算各个项目所占的比率，从件数最大的项目开始，计算累计件数和累计比率，如表 10 - 6 所示。

表 10 - 6　累计件数和累计比率表

不合格项目	件数	比率（%）	累计件数	累计比率（%）
擦痕	56	50.9	56	50.9
破边	25	22.7	81	73.6
厚度	19	17.3	100	90.9
烧痕	5	4.5	105	95.4
材料	2	1.8	107	97.2
其他	3	2.8	110	100.0
	110	100.0	110	100.0

（2）在坐标纸上按以下方法画出横轴和纵轴。在纵轴上标出表示件数的刻度，在横轴上按件数的多少顺序标出不合格项目，“其他”项放在最后。如图 10 - 3，画出与各项件数相对应的排列图。

（3）右纵轴的刻度是百分数，从 0 ~ 100%。如图 10 - 3 所示，把各项目的累计比率记入图中，并用折线连接起来。这条曲线成为帕累托曲线。从图中看出擦痕占 50.9%，擦痕和破边之和为 73.6%，是导致产品不合格的主要原因。

质量总监在进行质量改进时，可以根据排列图找到关键问题，并采取有效措施，从而更快更好地解决质量问题。

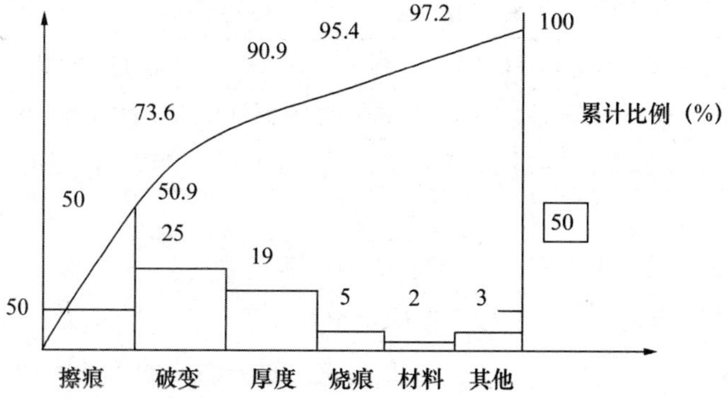

图 10－3　帕累托图

10.3　直方图法

10.3.1　直方图法初体验

直方图法是对大量数据进行整理加工，用柱形的高低来反映某特征出现频数或频率，以对总体的分布特征进行分析的方法。

直方图的图形由一个底边宽相等、高低不同的矩形构成，可以据其观察观测值落入某个区间的次数，质量总监可以从矩形的高低很清楚地看出，某特征值集中分布的情况，能够很快判断产品或服务质量是否正常，是否符合标准。

10.3.2　直方图法的应用步骤

在直方图的应用中，首先要明白如下几个概念。

（1）总体和个体。总体是研究对象的全体，构成总体的每一成员成为个体。个体可以是一件产品，一道工序。

（2）样本。为了研究总体，就必须对其个体进行试验与观测，但在绝大多数情况下，对个体的观测往往要付出一定的人力、物力、财力，因此，通常人们只是从总体中抽取若干个体，通过测定这些个体的值对总体进行推断，从总体中抽取的待测个体组成的集合成为样本，记作 n。例如，要调查一件产品的不合格率，只是抽取某段时间，某个批次的一定数量的产品，而不是检查所有的产品。

（3）频数。随机时间在一组数据或多次试验出现的次数，或不同数据落在某区间的个数称为频数，一般记作 n_i，如测量某零件的尺寸，共抽验测量 100 件，其中有 2 个落入 30 ~ 32 的区间，则尺寸落入在此范围的随机事件的频数为 2。

（4）频率。随机事件发生的次数在总观察次数中所占的比率称为频率，一般记作 $f_i = n_i/n$，如上述测量结果中事件落入 30 ~ 32 区间的频率为：$f_i = 2/100 = 0.02$。

（5）极差和组距。样本中最大值和最小值的差称为极差，记作 R_n。组距就是每一组的区间长度，记作 d。在确定组数 k 后，$d = R_n/k$。

在了解了这几个概念后，以下介绍应用直方图法的步骤，如图 10－4。

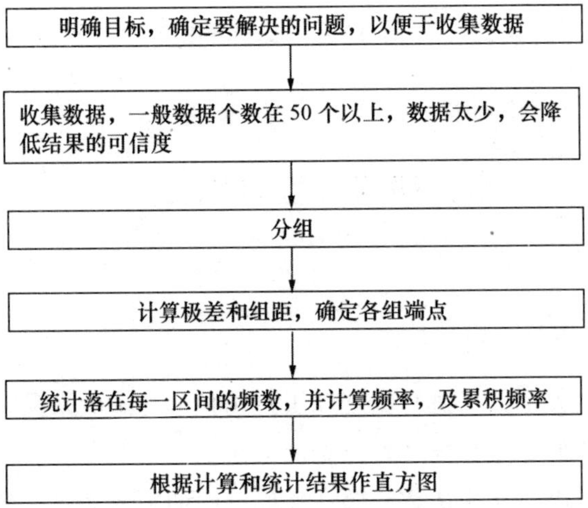

图 10－4　直方图使用步骤

小知识

在分组的时刻，根据样本容量的大小确定组数，表 10－7 是可以参考的分组数。

表 10－7　参考分组数

样本量	组数
50 以内	5 ~ 7
50 ~ 100	6 ~ 10
100 ~ 200	7 ~ 12
200 以上	10 ~ 20

10.3.3　因地制宜使用直方图法

使用直方图的情况主要有下三种。

（1）可以收集到大量数据。

（2）能将分布情况简单快速地表示出来。

（3）分析某一道工序或生产过程的稳定性。

10.3.4　直方图的分类

根据直方图的形状特点，可以把直方图区分成多种类型，并可根据不同形状特点采取不同的有针对性的措施。

（1）对称形，如图 10－5。对称形直方图的特点就是中间高，两边低，左右基本对称，在正常生产中多数质量指标呈现这种形状。

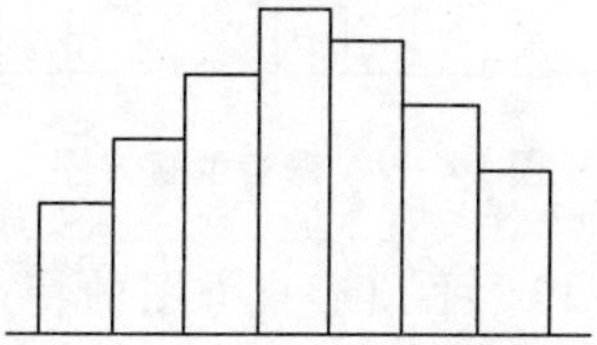

图 10－5　对称形直方图

（2）偏态形，可以分为左偏形和右偏形，如图 10－6，10－7。左偏形直方图的特点是峰值在左边，右边的尾巴比较长；右偏形的特点刚好相反。导致这种图形分布的原因是多方面的，有时是剔除了不合格品后做的图形，也有的是特征值的单侧控制造成的。

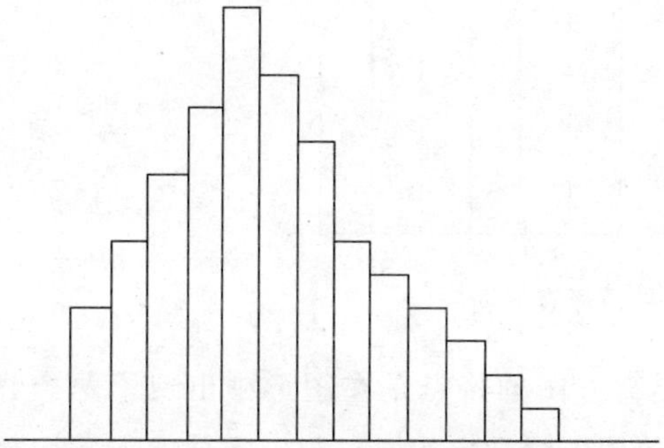

图 10－6　左偏形直方图

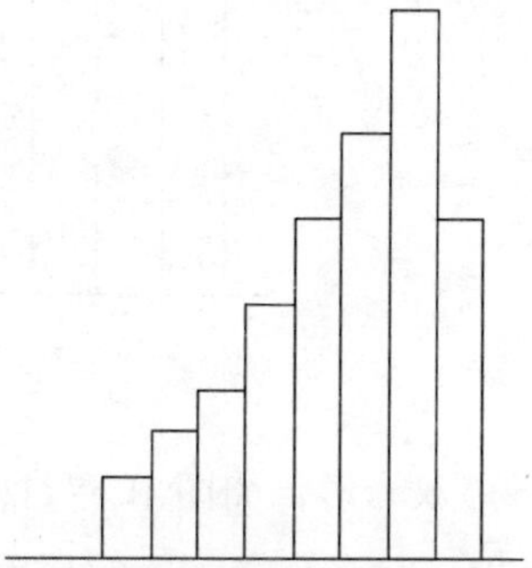

图 10－7　右偏型直方图

（3）孤岛形，如图 10－8。孤岛形直方图的特点是某一组或几组与多数组分离，导致直方图的不连续。原因可能是出现某种异常或有不熟练的工人替班等。

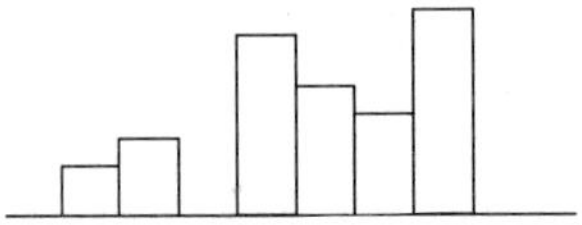

图 10－8　孤岛形直方图

（4）锯齿形，如图 10－9。锯齿形直方图的特点是图形分布呈锯齿状。可能是由于测量方法不当或过程变化引起的。

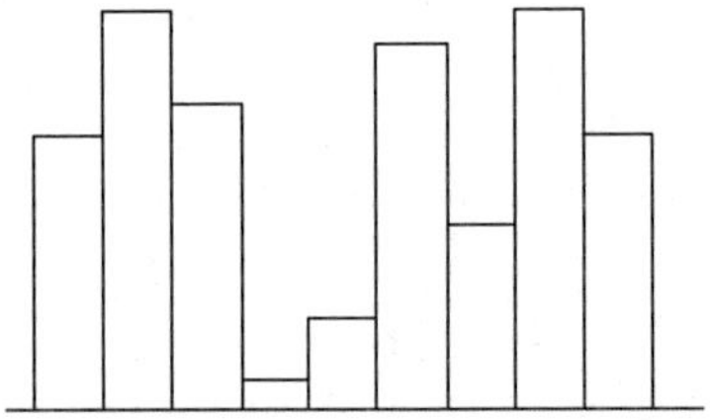

图 10－9　锯齿型直方图

（5）平顶形，如图 10－10。平顶形直方图的特点是分布比较平均，峰值不明显。通常是由于生产过程中有某种缓慢变化的因素造成的。

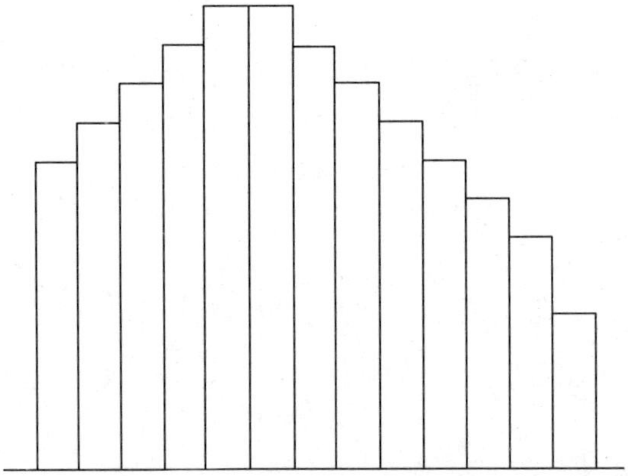

图 10－10　平顶形直方图

（6）双峰形，如图 10－11。双峰形直方图的特点是在图形中出现了两个峰值，呈山峰状态分布。通常原因是由于使用不同批次的原材料、零件或者不同精度的设备或不同操作水平的工人生产的产品的数据混合所致。

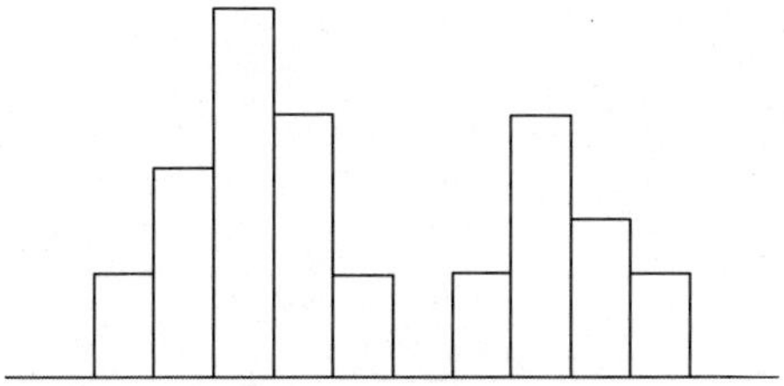

图 10－11　双峰形直方图

10.3.5　活学活用直方图法

某工厂生产了一批灯泡，为了考察它们的使用寿命，从中抽取了50个灯泡进行测量，测得它们的寿命如表10－8。

表 10－8　　灯泡使用寿命矩阵　　单位：小时

1450，	1480，	1640，	1510，	1680，	1670，	1700，	1530，	1640，	1550
1590，	1480，	1550，	1590，	1570，	1680，	1730，	1800，	1770，	1420
1370，	1350，	1610，	1510，	1630，	1600，	1490，	1460，	1810，	1570
1430，	1660，	1570，	1560，	1630，	1740，	1650，	1720，	1540，	1550
1730，	1540，	1670，	1430，	1490，	1570，	1580，	1640，	1660，	1390

（1）根据样本容量取组数 $k=7$。

（2）找出最大值和最小值，计算极差 $R_n=1810-1350=460$。组距 $d=R_n/k\approx70$，取左端点位1335，右端点为1825。

（3）统计落在每一区间（设定区间时，设成左开右闭，避免一个数据可能同时属于两个组）中的频数，计算频率和累计频率，如表10－9。

表 10－9　　灯泡使用寿命的频数、频率及累积频率分布表

组号	分组区间	频数 n_i	f_i	累积频率
1	[1335，1450)	3	0.06	0.06
2	[1450，1475)	5	0.10	0.16
3	[1475，1545)	9	0.18	0.34
4	[1545，1615)	14	0.28	0.62
5	[1615，1685)	11	0.22	0.84
6	[1685，1755)	6	0.12	0.96
7	[1755，1825)	2	0.04	1
	合计	50	1	

(4) 根据分布表画出直方图见图 10－12。

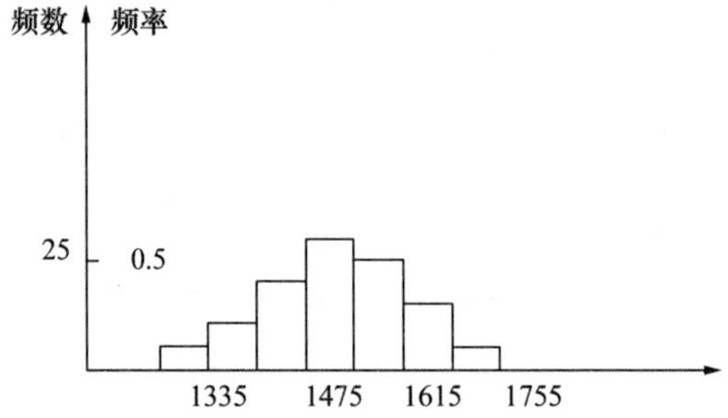

图 10－12 灯泡使用寿命的直方图

从图 10－12 可以看出，灯泡的使用寿命集中在 1475～1615 小时之间。如果灯泡寿命偏离这个区间太远，或者多数不在这个区间，质量总监应该予以高度重视，生产过程可能有问题。

10.4 因果图法

10.4.1 因果图法初体验

因果图，也称做鱼骨图、石川馨图，是日本质量管理专家石川馨的主要贡献之一，于 1953 年首次提出。因果图是将导致事故发生的各种原因进行归纳、分析，用简明的文字和线条罗列事故的原因，并将众多的原因分类、分层并进行分析的过程。

导致质量缺陷的原因是复杂的、多方面的，但原因是有层次之分的。因果图通过一个与鱼骨非常类似的图形来表示方方面面的问题，其中鱼头骨代表问题，鱼肋骨代表造成问题的主要原因，而肋骨上较小的鱼刺代表子问题，使对问题的分析更全面。

因果图的有效利用关键是尽量全面地找出导致问题的原因，这些原因有的是比较明显的，有的是比较隐蔽复杂的，这时可以运用头脑风暴法集思广益，深入细致地研究问题的根源。

10.4.2 因果图法的应用步骤

(1) 简明扼要地规定结果，即规定需要解决的问题。

（2）规定可能引发问题的原因的主要类别。

（3）组织专家开研讨会，按照各类别寻找可能引发问题的原因，开始画图。

（4）寻找下一层次的原因并画在相应的枝上，继续一层层地展开下去，直至末端因素。

（5）组织专家进行研究分析，确定各末端因素是否为要因，并针对各要因一一研究对策，采取措施加以改进，最终解决“鱼头”，即总问题。

10.4.3 因地制宜使用因果图法

要获得最大的产出，在合适的时间、合适的地点来使用这种方法，比如以下几种情况。

（1）当需要找出可能的原因时。

（2）当组织的思维趋于定式时。

（3）当导致问题的原因不明显。

10.4.4 因果图的形式

因果图的主要形式就是以类似鱼骨的图形来表示，主骨上的大骨表示大原因，中骨、小骨表示原因的展开。

10.4.5 活学活用因果图法

在开篇案例中，针对咸阳石油钢管钢绳有限责任公司追溯系统运行效果不理想的现状，可以通过使用因果图法来解决。

为了提高此过程的运行效果，我们设立目标值为标志抽验的不合格率降低到8%，追溯性抽验不合格率降低到10%。公司运用因果图进行原因分析，结果如图10－13。

根据车间现场实际情况，确定主要原因有三条，采取的有效措施如表10－10。

以上有效措施已按计划实施，并达到了预期目标。

通过以上措施的具体实施后，取得了明显的效果。2006年8～9月，由质量保证部质量管理人员和车间技术员组成专项检查组，对钢丝绳生产线使用的丝、股周转轮子进行抽查，抽查结果为，标志抽样100个，与要求不符合的标志为5%，追溯性抽样60个，不符合要求的占8%，达到并超过了预期目标，达到了提高标志和追溯性过程运行效果的目的。抽样结果与目标对比如表10－11。

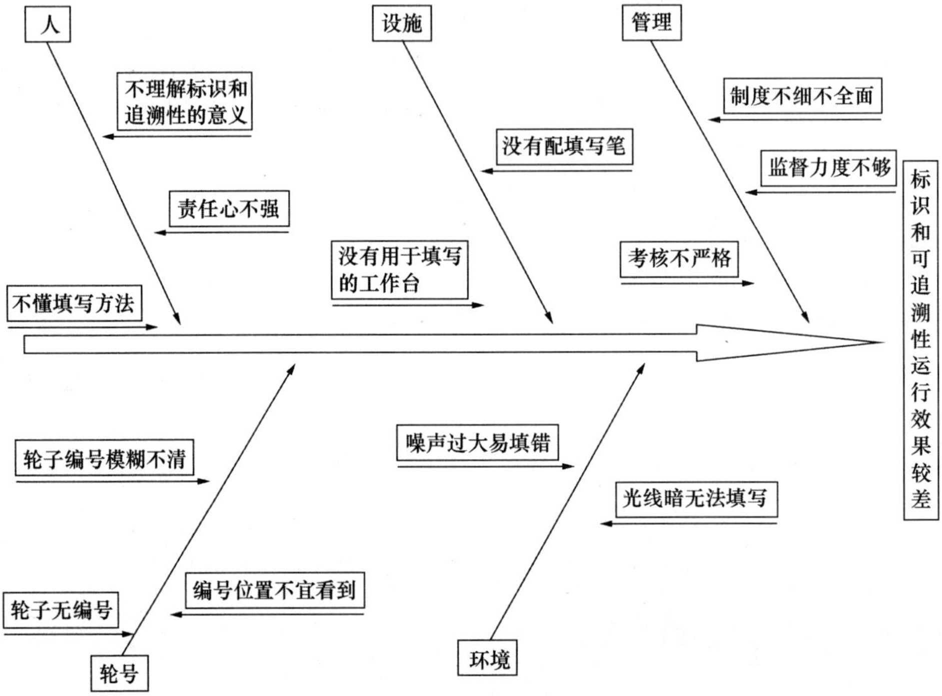

图 10－13　标志和可追溯性运行效果较差因果图

表 10－10　有效措施计划表

序号	要因	现状	目标	采取措施	完成日期
1	轮子编号模糊不清	用于缠绕钢丝和股绳的轮子上的编号是用漆和广告色写上去的，容易脱落，使用一段时间后，一部分编号已无法准去辨认	轮子上的编号清晰可见	·对目前在钢丝绳生产线现场使用的所有轮子进行清理检查，将编号模糊不清的进行隔离，暂停使用 ·各车间采用不干胶标志对绳轮进行编号，解决编号易脱落、模糊不清的问题	2006.4
2	不懂填写方法	一部分操作人员对标志和记录的填写要求和方法没有完全理解	所有操作人员完成理解和掌握标志和记录的填写要求和方法	对领班和操作人员进行标志和记录填写的培训	2006.5

续表

序号	要因	现状	目标	采取措施	完成日期
3	监督力度不够	车间质量员及质量部主管人员只是在每周一次的现场检查和质量体系内审中对标志和可追溯性的执行进行抽样检查，没有进行有针对性的专项检查。这样，对此过程出现的问题不能及时发现、及时指导、及时纠正。	通过监督检查，及时发现问题，及时知道、及时纠正，减少不合格项的发生。	·车间质量员及质量部主管人员对标志和可追溯性过程进行有针对性的专项检查 ·在两个月内车间质量员每日检查一次，质量部主管人员每周检查一次	2006.5～2006.7

表 10－11　　不合格率目标值与实际值对比

	标志抽验不合格率（%）	追溯性抽验不合格率（%）
目标值	8	10
实际达到	5	8

标志和追溯性过程运行效果的好坏，与产品质量有直接关系，标志的错误填写与钢丝绳的短尺、混股缺陷有着密切的关系。追溯性的不能实现，会导致内部或外部质量问题的根本原因得不到有效的分析，失去了改进的机会，使相同的问题再次发生的可能性加大，这些无疑会加大质量成本，对企业的经济效益产生负面的影响。而此过程运行效果的提高，必将会降低质量成本，对提高企业的经济效益起到重要的促进和保证作用。

虽然采取措施后，取得了明显的效果，但是为了防止和最大限度地减少以后类似情况的发生，采取了以下预防措施。

（1）各生产车间负责，每三个月对生产现场的轮子进行清理、检查，对编号不清楚的轮子隔离并进行重新编号，质量保证部监督。

（2）对转岗人员和新人员及时进行标志和记录填写的培训，由质量保证部和各车间配合完成。

（3）生产车间质量员每周两次、质量保证部主管人员每周一次对标志和追溯性运行情况进行监督检查，发现问题及时纠正和指导。

通过本次的质量改进活动，解决了标志和追溯行过程中存在的一些问题，使此过程的运行效果有了较大程度的提高。在这一过程中，因果图的应用发挥了重要作用。

10.5 控制图

10.5.1 控制图法初体验

控制图法又叫管理图法、休哈特图法，是一种将显著性统计原理应用于控制生产过程，判断生产过程是否稳定，或者是否受到某个特定因素的干扰的图形方法。这是休哈特博士于 1927 年发明的，为从传统的质量检验阶段发展到统计质量控制阶段质量管理的提供了有效的工具。

控制图的基本形式如图 10－14。控制图的横坐标表示时间顺序抽样的样本编号，纵坐标表示质量特征值或其统计量（如样本平均值等）。在控制图上标有中心线和控制上、下限，是判断工序过程波动状况的标准。控制界限一般根据“3σ”原理来确定，如中心线 $CL=\mu$，则 $UCL=\mu+3\sigma$，$LCL=\mu-3\sigma$。

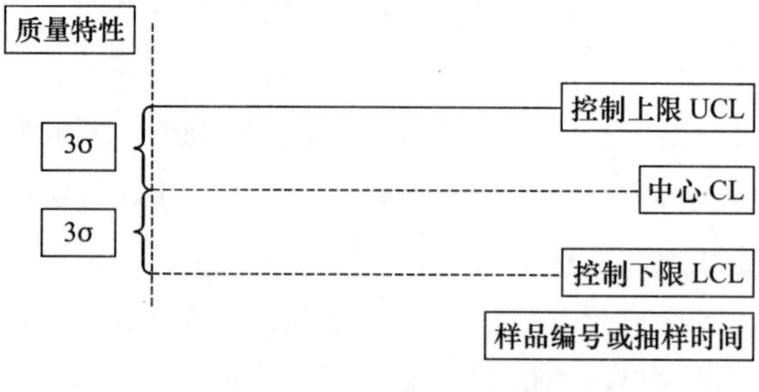

图 10－14　控制图的基本形式

根据引起质量问题的原因的性质，可分为普通原因和特殊原因。普通原因是过程固有、始终存在的，对质量的影响微小，但难以除去；特殊原因则非过程固有，它有时存在，有时不存在，对质量影响大，但经过努力是可以消除的。普通原因引起质量的正常波动是不可避免的，但对质量的影响一般不大，在控制图上表现为在控制上限和控制下限之间的点；特殊原因引起质量的异常波动，在控制图上表现为落在控制上下限以外的点。质量总监可以根据控制图上点的位置来判断生产过程或产品质量的稳定性，并适时采取措施。

10.5.2 控制图法的应用步骤

（1）选定质量特性。选定的质量特性是影响产品质量的关键特性。这些特性能够计量或计数，在技术上可以控制，如尺寸、硬度、强度、温度、电流、不合格数等。

（2）选定控制图形式。可以按照图 10－15 规定的程序选择合适的控制图（图中所列控制图在下文会介绍）。

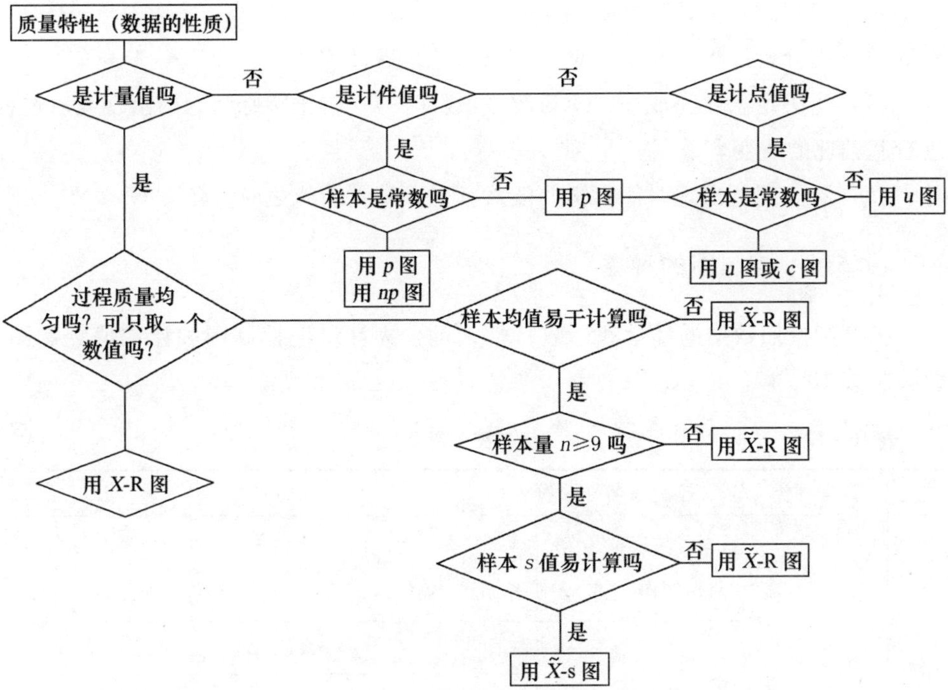

图 10－15 控制图选择程序

（3）收集预备数据。应收集近期的，与目前工序状态一致的数据。

（4）计算。计算控制图中心线和上下控制限。

（5）画控制图。在坐标上做出横纵坐标轴，纵坐标为产品质量特性，横坐标为样本序号（时间）。根据计算值画出上下控制线和中心线。

（6）在控制图上描点。根据样本质量特性值按顺序在图上描点，顺次连接各点成折线，检查是否存在超出控制线或异常的点。

（7）判断欲控制的过程是否处于稳定状态。通过对图上所描点的观察，判断过程是否稳定。

（8）修改控制限。当影响质量波动的因素发生变化或质量水平已有明显提高时，应重新计算中心值和上下限值，描绘新的控制图。

10.5.3 因地制宜使用控制图法

就像一个零件要在正确的地方才能发挥它的作用，控制图法也要应用在合适的场合效用才是最大的。控制图法的应用场合有以下五种。

（1）当希望对过程输出的变化范围进行预测时。

（2）当判断一个过程是否稳定时。

（3）当分析过程波动来源是正常波动还是异常波动时。

（4）当决定怎样完成一个质量改进项目时——防止特殊问题的出现或对过程进行基础性的改变。

（5）希望问题出现时能察觉并能对其采取补救措施之时。

10.5.4 控制图的种类

控制图按照数据的计量和计数特性，可分为计量值控制图和计数值控制图，具体见表 10－12。

表 10－12　控制图的种类

类型	数据种类	控制图名称及符号		CL	UCL	LCL
计量值控制图	长度、重量、硬度、温度等	$\bar{x}-R$：均值－极差控制图	$\bar{x}$ 图	$\bar{\bar{x}}$	$\bar{\bar{x}}+A_2\bar{R}$	$\bar{\bar{x}}-A_2\bar{R}$
			R 图	$\bar{R}$	$D_4\bar{R}$	$D_3\bar{R}$
		$\bar{x}-s$：均值－标准差控制图	$\bar{x}$ 图	$\bar{\bar{x}}$	$\bar{x}+A_1^*\bar{s}$	$\bar{x}-A_1^*\bar{s}$
			s 图	$\bar{s}$	$B_4\bar{s}$	$B_3\bar{s}$
		$Me-R$：中位数－极差控制图	Me 图	$\overline{Me}$	$\overline{Me}+A_4\bar{R}$	$\overline{Me}-A_4\bar{R}$
			R 图	$\bar{R}$	$D_4\bar{R}$	$D_3\bar{R}$
		$x-MR$：单值－移动极差控制图	x 图	$\bar{x}$	$\bar{x}+E_2\bar{R}$	$\bar{x}-E_2\bar{R}$
			MR 图	$\bar{R}$	$D_4\bar{R}$	$D_3\bar{R}$

续表

类型	数据种类	控制图名称及符号		CL	UCL	LCL
计数值控制图	不合格品数、缺勤者数、工厂事故数等	P：不合格品率控制图	/	$\overline{P}$	$\overline{P}+3\sqrt{\frac{\overline{P}(1-\overline{P})}{n}}$	$\overline{P}-3\sqrt{\frac{\overline{P}(1-\overline{P})}{n}}$
		np：不合格品数控制图	/	$n\overline{P}$	$n\overline{P}+3\sqrt{n\overline{P}(1-\overline{P})}$	$n\overline{P}-3\sqrt{n\overline{P}(1-\overline{P})}$
		C：不合格数控制图	/	$\overline{C}$	$\overline{C}+3\sqrt{\overline{C}}$	$\overline{C}-3\sqrt{\overline{C}}$
		u：单位不合格数控制图	/	$\overline{u}$	$\overline{u}+3\sqrt{\frac{u}{n}}$	$\overline{u}-3\sqrt{\frac{u}{n}}$

小知识

表中 A_2，A_3，D_3，D_4，B_3，B_4 与样本量 n 有关，可通过查表获得。

表中 $E_2=3/d_2$，当 $n=2$ 时，$E_2=3/1.128=2.66$。

表中 A_4 的值可通过查表获得。

以下以计量控制图为例，介绍控制图的应用。

设过程的质量特性 X 是计量的，在过程处于稳定状态即统计控制状态，X 应服从正态分布，记为 $N(\mu,\sigma^2)$，假如能把正态分布的这两个参数控制住，那么质量就能得到控制。为了观察 μ 和 σ 是否处于控制状态，常需要两张控制图，一张用于控制 μ，一张用于控制 σ，这也是为什么计量值控制图的四种形式的控制图都是由两张控制图构成的。

在实际应用中，一般用样本均值 $\overline{x}$ 估计 μ，用样本标准差 s 或样本极差 R 估计 σ。这就是两种类型的计量值控制图，均值－标准差控制图（$\overline{x}-s$）和均值－极差控制图（$\overline{x}-R$）。

假如一个统计量 $T=T(\overline{x}_1, \overline{x}_2, \cdots\cdots, \overline{x}_n)$ 服从正态分布或近似正态分布，均值为 μ_T，标准差为 σ_T，根据 3σ 原理，有：

$$P(\mu_T-3\sigma_T<T<\mu_T+3\sigma_T)=0.9973$$

这表示，对统计量 T 做大量重复观察，其中有 99.73% 的 T 值落入区间（$\mu_T-3\sigma_T$，$\mu_T+3\sigma_T$）中，仅有 0.27% 在此区间外。若取 $\mu_T+3\sigma_T$ 为控制上限，记为 UCL，取 $\mu_T-3\sigma_T3$ 为控制下限，记为 LCL，取 μ_T 为控制中心线，记为 CL。将

这三条水平线画在一张坐标纸上，以时间或样本序号为横轴，T 的观察值为纵轴，把 T 的观察值按顺序描出来，就形成了一张控制图。上、下控制界限就被用来判断生产过程是否异常。因为点在控制限外的概率很低，在统计学中叫做小概率事件，通常在试验中是不可能发生，一旦发生，就认为过程出现了异常。下面介绍一种常见的计量值控制图，均值－标准差控制图（$\bar{x}-s$）。

某加工企业为波音公司加工飞机上的零件，每隔两小时抽四个零件测量尺寸（单位：毫米），这就得到了一个样本，共抽取了 25 个样本，数据见表 10－13。

表 10－13　　　　零件尺寸数据

i	X_{i1}	X_{i2}	X_{i3}	X_{i4}	$\bar{x}_i$	s_i
1	81.86	81.61	82.98	81.33	81.945	0.723
2	82.09	81.06	80.48	80.07	80.925	0.876
3	81.21	82.77	79.95	80.72	81.162	1.191
4	81.2321	80.61	81.68	82.13	81.412	0.649
5	83.20	82.50	82.37	80.54	82.152	1.135
6	82.68	82.48	82.96	82.12	82.560	0.353
7	80.17	81.83	81.12	81.41	81.132	0.705
8	80.40	81.60	85.00	83.80	82.700	2.082
9	80.69	80.49	82.16	84.29	81.908	1.754
10	82.72	81.12	81.77	81.60	81.052	0.495
11	80.89	81.33	81.60	80.70	81.052	0.394
12	80.42	82.20	80.13	80.24	80.748	0.976
13	82.11	82.13	83.22	82.17	81.408	0.542
14	82.40	81.41	82.93	83.13	82.468	0.769
15	81.55	80.91	81.31	82.43	81.550	0.643
16	81.32	80.12	81.23	80.38	80.762	0.602
17	81.39	80.85	80.60	80.93	80.942	0.330
18	81.37	83.12	80.39	81.81	81.672	1.133
19	82.62	82.06	81.49	80.92	81.772	0.732
20	79.76	81.17	81.24	79.54	80.428	0.903
21	81.06	82.06	82.76	82.46	82.085	0.741
22	82.55	83.53	82.94	81.89	82.728	0.688
23	83.33	80.33	80.36	80.67	81.172	1.447
24	81.17	81.33	82.57	80.87	81.485	0.748
25	81.60	79.88	81.69	81.79	81.240	0.910

（1）计算每一个样本的均值和标准差。

以 x_{ij} 表示第 i 个样本的第 j 个观察值，用 $\bar{x}$ 与 S_i 分布表示第 i 个样本的均值和标准差，即：

$$\bar{x}=\frac{1}{n}\sum_{j=1}^{4}x_{ij},\ S_i=\sqrt{\frac{1}{n-1}\sum_{j=1}^{4}(x_{ij}-\bar{x}_i)^2},\ i=1,2,\cdots\cdots,25$$

表 10－12 每一个样本的均值和标准差列在了最后两列。

（2）计算 25 个样本的均值 $\bar{\bar{x}}$ 和标准差的均值 $\bar{S}$：

$$\bar{\bar{x}}=\frac{i=\sum_{i=1}^{25}\bar{x}_i}{25}$$

$$\bar{S}=\frac{i=\sum_{i=1}^{25}S_i}{25}$$

这就是两张控制图的中心线 CL。根据公式，从表 10－12 的数据可求得：

$$\bar{\bar{x}}=81.5384$$

$$\bar{S}=0.8608$$

（3）计算 $\bar{x}$ 和 S 图的上、下控制界限

根据 3σ 原则，$\bar{x}$ 图的上、下控制界限为 $\bar{\bar{x}}\pm3\sigma_{\bar{x}}$，$Var(\bar{x})=\frac{\sigma^2}{n}$，故 $\sigma_{\bar{x}}=\sigma/\sqrt{n}$，由于 σ 未知，用其无偏估计 $\bar{S}/C_2^*$ 代替，则有 $\bar{x}$ 图的上、下控制界限为：

$\bar{\bar{x}}\pm3\bar{S}/C_2^*\sqrt{n}=\bar{\bar{x}}\pm A_1^*\bar{S}$，其中 $A_1^*=3/(C_2^*\sqrt{n})$。

S 图的上、下控制界限为 $\bar{S}\pm3\sigma$，$Var(s)=\sigma^2\{1-(C_2^*)^2\}$：$\sigma_s=\sigma\sqrt{1-(C_2^*)^2}$，同样 σ 用其无偏估计 $\bar{S}/C_2^*$ 代替，则有：

$\bar{S}\pm3\bar{S}\sqrt{1-(C_2^*)^2}/C_2^*=\left(1\pm3\sqrt{1-(C_2^*)^2}/C_2^*\right)\bar{S}$

记，$B_3=1-3\sqrt{1-(C_2^*)^2}/C_2^*$，$B_4=1+3\sqrt{1-(C_2^*)^2}/C_2^*$，则 S 图的上控制限为 $B_4\bar{S}$，下控制限为 $B_3\bar{S}$。若 $B_3<0$，则用 0 代替。

以上 A_1^*，B_3，B_4 都是与样本容量 n 有关的常数，具体数值见表 10－14，当 $B_3\leqslant0$ 时不予考虑，以“/”表示。

表 10-14 **A_1^*，B_3，B_4 数值对照表**

样本大小	A_1^*	C_2^*	B_3	B_4
2	2.659	0.7979	/	3.267
3	1.954	0.8862	/	2.568
4	1.628	0.9213	/	2.266
5	1.427	0.9400	/	2.089
6	1.287	0.9515	0.029	1.970
7	1.182	0.9594	0.113	1.882
8	1.009	0.9650	0.179	1.815
9	1.032	0.9693	0.232	1.761
10	0.975	0.9727	0.276	1.716
11	0.927	0.9754	0.313	1.679
12	0.886	0.9776	0.346	1.646
13	0.850	0.9794	0.374	1.618
14	0.817	0.9810	0.399	1.594
15	0.789	0.9823	0.421	1.572

在上例中，$n=4$，从表 10-14 可查得 $A_1^*=1.628$，$B_4=2.266$，表中 B_3 为"/"，则 $B_3=0$，由此可得表 10-15。

表 10-15 **中心线和上、下控制限**

	$\bar{x}$ 图	S 图
中心线 CL	81.5384	0.8608
上控制限 UCL	$81.5384+1.628\times0.8608=82.9398$	$2.266\times0.8608=1.951$
下控制限 LCL	$81.5384-1.628\times0.8608=80.1370$	0

（4）根据计算所得的中心线和上、下控制限就可画出均值控制图和标准差控制图，将观察到的数值在图上描出，再用直线将相邻的两点连接起来，就可作出判断。

10.5.5 活学活用控制图法

图 10-15 是某产品缺陷数控制图，由数据服从泊松分布和收集的 25 组数据绘成，中心值为 1.28，其控制上限为 4.67，所计算的下限为小于 0 的值，即为不考虑下限。

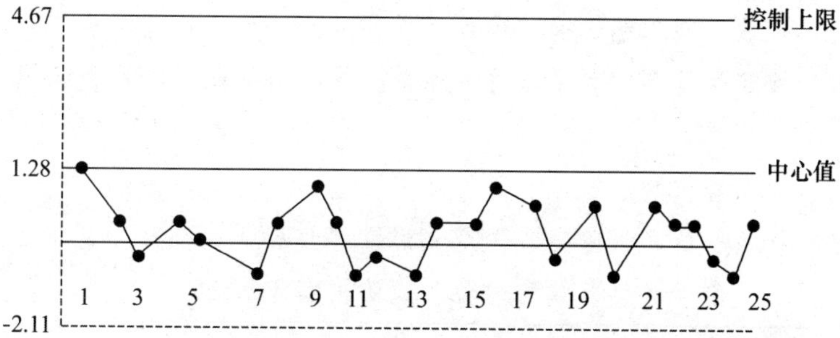

图 10－15　某产品缺陷控制图

从控制图质量总监可以清楚地看出取样的生产过程是稳定的。

10.6　分层法

10.6.1　分层法初体验

分层法也称为分类法或分组法，它是按照一定的标志，把搜集到的大量有关某一特定主题的统计数据加以归类、整理和汇总的方法。

造成质量问题的原因和条件是多方面（人、机、料、环、法）的，所收集的大量统计数据往往带有综合性，为真实地反映质量问题的实质性原因和变化的规律，将搜集到的大量统计数据，按其不同的来源进行分类后，再进行质量分析，这就是分层图法的工作原理。分层法是一种十分重要的统计方法，几乎在其他统计方法（如因果图、排列图、散布图、直方图、控制图等）的应用过程中都可以结合应用。

> **小知识**
>
> 分层法的分层标志可以为如下方面。
>
> 人员：按年龄、工级、岗位、性别等分层。
>
> 机器：按不同工艺设备类型、新旧程度、不同生产线、工具、夹具等分层。
>
> 材料：可按产地、批号、生产厂商、规范、成分等分层。

方法：可按不同工艺、操作参数、操作方法、生产速度等分层。

测量：按测量设备、测量方法、测量人员、测量取样方法、环境条件等分层。

时间：按不同班次、日期、月份等分层。

环境：按照明度、清洁度、温度、湿度等分层。

其他：可按使用条件、缺陷部位、缺陷内容等。

10.6.2 因地制宜使用分层法

古代农民“看天识天气”，质量总监也要学会看情况选工具，可以参考以下情况。

（1）当用检查表、关联图、控制图、直方图或类似的数据收集或分析工具时。

（2）当数据来自不同的数据源，如不同的班组、不同的时间、不同的批次等。

10.6.3 分层法的应用步骤

使用分层法时，可以参考图10－17的步骤。

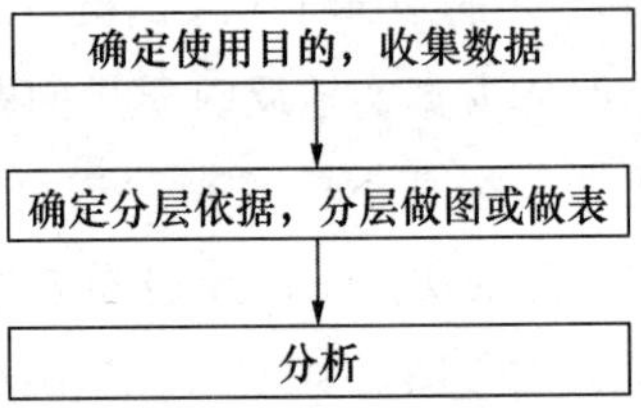

图10－17 分层法应用步骤

10.6.4 分层法的形式

分层法可以与品质管理中常用的其他方法联合使用，既可以用表格表示，也可以绘制分层排列图、分层直方图、分层因果图等来表示。

10.6.5 活学活用分层法

表10－16列出某服装厂某月份的生产情况数字。只知道甲、乙、丙三个

车间共生产生出6000件服装，其中不合格品为169件。仅这个数据，无法对质量问题进行分析。如果对不合格品产生原因进行分类，质量总监就可看出甲车间产生不合格品的主要原因是“尺寸超差”，乙车间的主要原因是“烫破”，丙车间是“耳子歪斜”。这样就可针对各自产生不合格品的原因采取相应的措施。

表10－16　　某服装厂某月份不合格品分类　　单位：件

不合格品数(件)／疵品项目	车间			合计
	甲	乙	丙	
尺寸超差	30	20	15	65
烫　破	10	23	10	43
耳子歪斜	5	10	20	35
线迹不平	8	4	8	20
其　他	3	1	2	6
合　计	56	58	55	169

10.7　关联图法

10.7.1　关联图法初体验

关联图法是分析问题、解决问题的一种工具，即把几个问题以及涉及这些问题的关系极为复杂的因素之间的因果关系用箭头连接起来的图形方法。关联图的应用在于整理、运用语言资料、分析逻辑关系而达到问题的层层展开。运用关联图法可以发现一个复杂问题中不同方面之间的内在联系，这对提高产品质量有很大作用。

10.7.2　因地制宜使用关联图法

在哪些情况下使用关联图法更好呢？符合以下情况时，质量总监可以考虑采用关联图法。

（1）分析一个复杂问题的各种原因。

（2）贯彻实施一个复杂计划。

（3）确定看起来相关的两个结果是否是由同一原因引起，在创建因果图后，为了更全面地揭示各因素之间的关系。

10.7.3 关联图法的应用步骤

（1）定义关联图法要揭示或解决的问题。

（2）围绕问题展开头脑风暴法，记录对于问题的各个看法、观点。

（3）将与问题相关联的观点用箭头联系起来。

（4）分析关联图：统计每个想法输入和输出的箭头个数，拥有箭头个数最多的就是关键想法；记录那些主要是箭头指向的想法，这些便是最终结果；记录那些主要是输出箭头的想法，这些便是基本原因。

10.7.4 关联图的形式

关联图主要是由一些矩形和箭头组成，其中最关键的观点、原因用双层矩形表示。如图 10－18 所示。

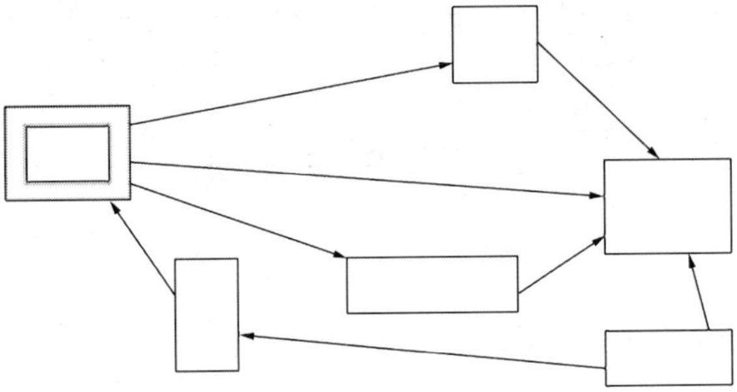

图 10－18 关联图的基本形式

10.7.5 活学活用关联图法

一个计算机支持小组正在计划一项重点项目：更新大型计算机。小组画出了关联图 10－19，以便对项目设计的一组混淆因素进行分类。

画完所有的箭头后，质量总监对关键想法也就很清楚了，用粗实线表示，在对待这三个问题上，质量总监应该给予特别关注。

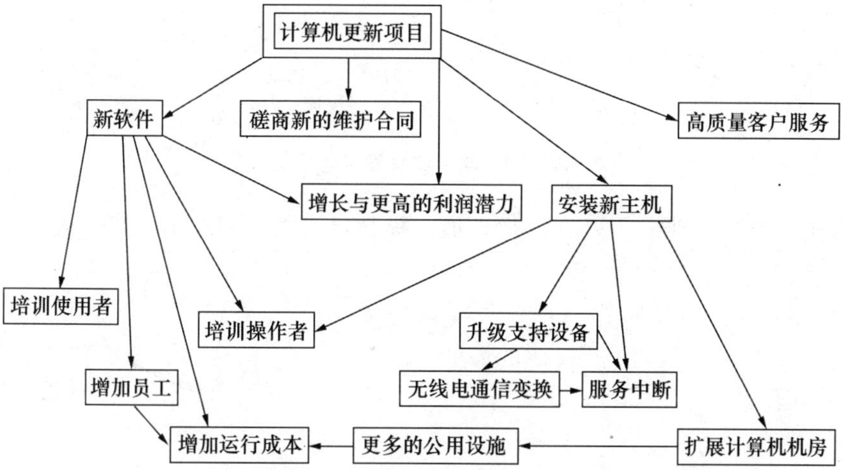

图 10－19　更新大型计算机项目的关联图

10.8　其他工具

除了以上介绍的七种工具，在实际应用中还有许多有效实用的工具。

10.8.1　系统图法

系统图又称树图或树形图，能将事物或现象分解成树枝状，就是把要实现的目的与需要采取的措施和手段，系统地展开，并绘制成图，以明确问题的重点，寻找最佳手段与措施。社会上常见的“组织系统图”、“家谱图”都属于系统图的一种类型。常用的系统图大体可以分为两大类：一类是把组成事项展开，称为因素展开型系统图；另一类是把为了解决问题的目标手段、措施加以展开，称为措施展开型系统图。

10.8.2　流程图法

流程图法就是将一个过程的步骤用图的形式表示出来的一种图示方法。通过对过程中各步骤之间的关系研究，发现故障存在的潜在原因，明确哪些环节需要进行质量改进。

流程图由一系列容易识别的标志构成，一般使用的标志如图 10－20 所示。

以上介绍的这两种方法是应用比较广泛、简单的工具，质量总监在掌握前面

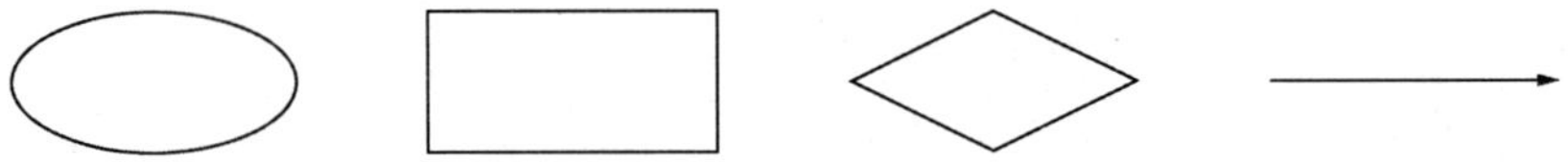

图 10－20 流程图标志

介绍七种方法的基础上，可以进行扩展，提高自身的质量管理能力，更上一层楼。

第11章

降低质量成本

质量等于利润。

——管理思想家　汤姆·彼得斯

能力提示

- 了解合格评定的概念
- 了解我国认证制度的基本情况
- 熟悉产品认证和体系认证的异同
- 掌握组织申请和通过质量认证的基本条件
- 掌握认证的一般程序
- 熟悉认证证书与标志的使用

导读　上海汽轮机进入国际市场的“通行证”

上海汽轮机有限公司（原上海汽轮机厂）是我国著名的汽轮机制造企业，也是我国机械工业的大型骨干企业。该公司在探索大型国有企业转制出路、建立现代企业制度的过程中，调整所有制结构，重组存量资金，加强企业内部管理，提高竞争力，走质量兴厂之路，取得中国第一张质量管理体系认证证书。他们在同GE公司、西屋公司、ABB公司、三菱公司等国际知名公司洽谈合资或合作事宜时，对方在合资意向中，都用相当的篇幅强调有关如何建立ISO 9001质量保证体系的具体要求，但当该厂出示了质量管理体系认证证书时，所有合资过程中需要洽谈的质量条款就都“OK”了，因此，该厂非常容易地与国际一流公司取得了共同语言，在谈判桌上取得了平等的地位。同样，质量认证有力地促进了产品出口，开拓了国际市场。如 1993 年出口巴基斯坦的 32 万千瓦机组、出口印度尼西亚的 6000 千瓦机组等，用户在合同条款中都不同程度地提出了必须遵循 ISO 9001 标准的要求。某外商甚至还提出每台汽轮机要提供 30 万美元的质量保证金，当得知该厂已通过质量体系认证后，就免去了这笔保证金。

从上述案例可以看出，质量认证是产品或服务进入全球市场的“通行证”，是获得货物贸易、工程项目招标、服务贸易等的基本条件。

11.1 质量认证的内涵

11.1.1 合格评定

1. 国际公认的合格评定

国际公认的合格评定的主要活动如图 11 - 1 所示。

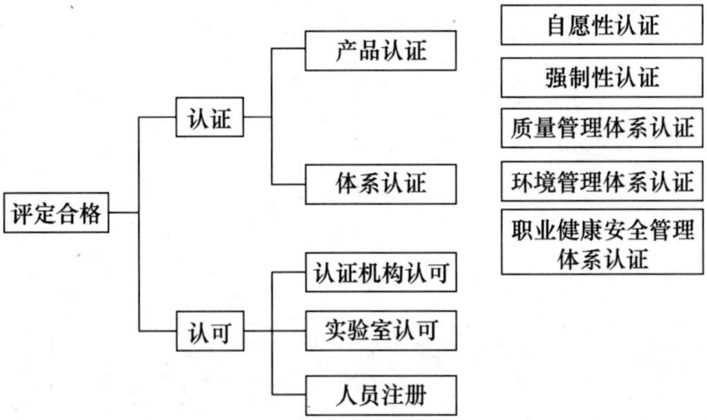

图 11 - 1　合格评定的主要活动

合格评定是指直接或间接确定相关要求被满足的相关活动。WTO/TBT 协定（《关于贸易当中的技术壁垒协定》）明确地指出了合格评定是指“当证明符合技术法规和标准而进行的第一方自我声明、第二方验收、第三方认证，以及认可的活动”。

认证是指第三方认证机构依据程序对产品、过程或体系符合规定的要求给予书面保证（认证证书）。

认可是指权威机构依据程序对体系和人员具有从事特定任务的能力给予正式的承认。

2. 认证与认可的区别

（1）认证是由独立的第三方进行，而认可是由权威机构进行的。

（2）认证的结果是给予书面保证，而认可是给予正式承认的。

（3）认证是证明符合性（符合标准或体系文件），而认可是证明具有某种特定的资格和能力。

3. 认可制度的层次

我国目前认可制度共分四个层次（见图 11－2）。

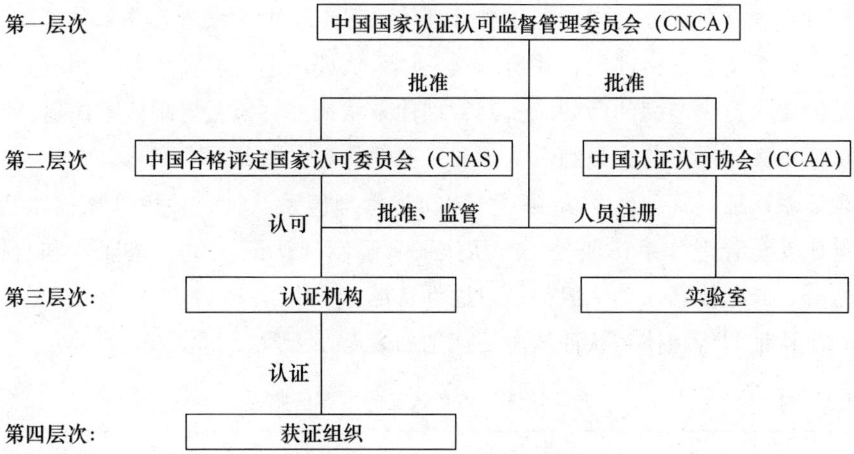

图 11－2 我国认证认可体制

（1）政府主管部门。我国负责认证认可的政府主管部门是中国认证认可国家监督管理委员会（CNCA）。CNCA 依据《中华人民共和国认证认可条例》批准所有在中国境内从事认证、认可的机构，同时对认证认可机构和获证组织进行监督。

（2）认可机构。我国经政府授权批准的认可机构目前有两家，即中国合格评定国家认可委员会（CNAS）和中国认证认可协会（CCAA）。CNAS 依据国际通行认可规范，负责对在中国境内从事认证的认证机构和实验室的认可工作。CCAA 除具有行业协会的功能之外，依据人员注册准则负责审核人员、检查人员的注册工作。

(3) 认证机构。截至2008年底，经CNCA批准、CNAS认可的认证机构共122家，其中质量管理体系认证机构80家、产品认证机构55家[①]。这些认证机构在全国各地还有若干分支机构，在对组织进行认证的同时，接受CNAS的认可、CCAA行业自律，并接受CNCA的监督管理。

(4) 获证组织。截至2008年底，获得认可的认证机构颁发的现行有效认证证书超过48万份，其中，质量管理体系认证证书近18万份、产品认证证书超过25万份[②]。

4. 产品认证与质量管理体系认证

产品认证是指依据产品标准和相应的技术要求，由产品认证机构对某一产品实施合格评定，并通过颁发产品认证证书和认证标志，以证明某一产品符合相应标准和要求的活动。产品认证分为合格认证和安全认证。

质量管理体系认证是指依据质量管理体系标准，由质量管理体系认证机构对质量管理体系实施合格评定，并通过颁发体系认证证书，以证明某一组织有能力按规定的要求提供产品的活动。质量管理体系认证亦称质量管理体系注册。

认证依其性质可分为强制性认证和自愿性认证，依其对象又可分为产品认证和管理体系认证。管理体系认证可分为质量管理体系认证、环境管理体系认证、职业健康安全管理体系认证等。产品认证有强制性认证（CCC认证）和自愿性认证之分，管理体系认证一般都是自愿性认证。

产品认证与管理体系认证的主要区别如表11－1所示。

表11－1　　产品认证与体系认证的主要区别

	产品认证	体系认证
对　象	产品质量	组织能力
依　据	产品标准和技术规则、体系标准	体系标准
性　质	强制、自愿	自愿
覆盖范围	某一类产品	一类或多类产品
证明方式	认证证书、认证标志	认证证书
标志使用	产品及其包装、宣传媒体	宣传媒体

① 数据来源：CNAS秘书处，《CNAS认证机构、实验室、检查机构认可年报》，2008年12月31日发布。

② 数据来源：CNAS，《二〇〇八年认证机构认可月报（12月）》，2008年12月31日发布。

小知识

只有经过 CNCA 批准并经 CNAS 认可的认证机构才可以从事被批准的领域和专业范围内的认证活动，颁发的认证证书可以带 CNAS 标志；所有从事审核的人员必须经过 CNCA 批准的审核员培训机构的培训合格、参加 CCAA 标准知识和审核知识笔试合格后，方可向 CCAA 申请注册成为实习审核员；实习审核员在级别审核员（审核员或高级审核员）的指导下完成一定的审核经历、经过见证评价具备能力后可向 CCAA 申请注册成为审核员；审核员完成一定的审核经历并在高级审核员指导下完成一定的审核组长经历、经过见证评价具备能力、参加 CCAA 面试合格后，可向 CCAA 申请注册成为高级审核员。

11.1.2 质量认证制度

目前，世界各国实行的质量认证制度主要有八种类型，如表 11－2 所示。

表 11－2　质量认证制度的主要类型

认证类型	型式试验	质量体系评定	认证后监督		
			市场抽样	工厂抽样	质量体系复查
一	●				
二	●		●		
三	●			●	
四	●		●	●	
五	●	●	●	●	●
六		●			●
七	批量检验				
八	100% 检验				

（1）型式试验。按规定的试验方法对产品的样品进行试验，以证明样品符合指定标准或技术规范要求。

（2）型式试验加认证后监督——市场抽样检验。这是一种带有监督的型式检验，监督的办法是从市场上购买或从商品仓库中抽取样品进行检验，以验证认证产品质量的持续稳定性。

（3）型式试验加认证后监督——工厂抽样检验。与第二种类似，只是样品在企业抽样。

（4）型式试验加认证后监督——市场和工厂抽样检验。该种认证制度是第二种、第三种的综合，监督力度更大。

（5）型式试验加工厂质量体系评定加认证后监督——质量体系复查加市场和工厂抽样检验。此种认证制度的显著特点是在批准认证的条件中，既要求对产品做型式试验，又要求对与产品相关的工厂质量体系进行评定，并且都要实施监督检查。

（6）工厂质量体系评定（或称工厂审查）。这种认证制度是对企业按所要求的质量体系，如 ISO 9001 质量体系标准进行检查评定，对获得认证后的企业质量体系还要实行监督审核。

（7）批量检验。根据规定的抽样方案，对某批产品进行抽样检验，并据此作出该批产品是否符合标准要求，能否获证的判断。由于存在抽样风险，只有在供需双方协商一致后，方能有效执行。

（8）全数检验。对每一件产品，在出厂前要依据标准，经认可的独立检验机构进行检验。一般只有极少数与人身健康密切相关的产品才实施全数检验。例如，英国和法国政府对体温表有特殊规定，必须经政府指定的检验机构逐件检验合格并打上认证标记后才能出售。

上述八种认证类型中，第六种就是目前国内广泛开展的质量体系认证；第五种由于内容最为完整全面，集中了各项认证制度的优点，能向消费者和用户提供最大信任，因此被称为典型的质量认证制度。农机产品质量认证即属此类。这两种质量认证制度是各国普遍采用的，也是国际标准化组织 ISO 向各国推荐的认证制度。ISO 出版的所有关于认证工作的国际指南，都是以这两种认证制度为基础的。显然，不同的认证制度所提供的信任度也不相同。由于认证机构很难做到对全部出厂产品逐个检验，一个较为完善可行的认证制度就是保证产品质量处于受控状态，使消费者买到不合格产品的风险尽可能低。

小知识

在我国境内从事质量管理体系认证和产品认证的机构要遵守《中华人民共和国认证认可条例》的要求，同时，还要遵循 CNAS 认可规范的要求。体系认证机构遵循的主要认可规范有：《管理体系认证机构要求》（CNAS－CC01：2007），该要求等同采用 GB/T 27021－2007/ISO/IEC 17021：2006；产品认证机构遵循的主要认可规范有：《产品认证机构通用要求》（CNAS－CC21：2006），该通用要求等同采用 GB/T 27065：2006/ISO/IEC Guide 65：1996。有很多认证机构既可从事管理体系认证，又可从事产品认证。

11.1.3 质量认证的产生

质量认证是随着现代工业的发展作为一种外部质量保证的手段逐渐发展起来的。自 19 世纪下半叶，标志着工业革命的蒸汽机、柴油机、汽油机和电的发明，并伴随着工业标准化的诞生，形成了工业化大生产，使市场经济逐渐发育并日臻完善。但随之带来的锅炉爆炸和电器失火等大量恶性灾难的发生，使公众意识到第一方的自我评价和第二方的验收评价，由于自身的弱点和缺憾均变得不可靠。公众强烈呼吁，由独立于产销双方的第三方，用公正、科学的方法对市场上流通的商品，特别是涉及安全、健康的商品进行评价、监督，以正确指导公众购买，保证公众基本利益。解决这一难题有两条途径：一是等待政府立法，定规矩、建机构再开始行动；二是民间热心人士集资并组建机构，先干起来，政府立法之后再规范。多数工业化国家选择的是第二条路，这也就是我们常说的，第三方认证首先是从民间自发为适应市场需求而产生的。例如美国的 UL 保险商实验室和德国的 TUV（技术监督协会）就是在这种形式下诞生的。

1903 年，英国率先以国家标准为依据对英国铁轨进行合格认证并授予风筝标志，开创了国家认证制度的先河，并开始了在政府领导下开展认证工作的规范性活动。从此，认证工作从单纯的民间活动，成为政府和民间共存，或者说政府在规范市场的行为中拿起了第三方认证的武器。由于政府通过立法而开展认证，因而形成了强制性认证和自愿性认证两大部分。

20 世纪 30 年代质量认证得到了迅速发展，50 年代已经普及到几乎所有发达国家，70 年代开始跨越国界，使质量认证制度成为国际贸易中消除非关税贸易壁垒的一种有效手段。ISO 于 1970 年成立了认证委员会（CERTICO），1985 年更名为合格评定委员会（CASCO），指导各个国家、地区质量认证制度的建立和发展，促进国家和区域合格评定制度的相互承认和认可。

我国的质量认证工作在 20 世纪 70 年代末 80 年代初才从电子元器件和电工产品开始起步，1991 年 5 月 7 日，国务院发布《中华人民共和国产品质量认证管理条例》，2004 年 11 月 1 日，国务院又发布实施《中华人民共和国认证认可条例》，标志着我国认证工作进入了法制化、规范化发展的新阶段。

11.1.4 质量管理体系认证的发展

由于质量管理体系认证依据的是公开发布的质量管理体系标准，不受相应产品是否已具有公开发布的产品标准的限制，而且质量管理体系认证实施过程中对组织评定的内容是组织建立的质量管理体系，不要求相应产品接受第三方机构的检测（法规有专门要求的除外），因而使质量管理体系认证相对于产品认证而言，具有适应面更广的特点。1987 年，随着 ISO 9000 系列标准的发布，全世界形成了统一的质量管理体系认证的基本标准，为全球范围的质量管理体系认证的广泛开展奠定了基础。ISO 9000 系列（族）标准发布实施后，欧共体部分国家率先推行。其后，出于建立欧洲统一市场的需要，欧共体制定并实施了“新方法指令”及其合格评定程序，以协调各成员国的标准和认证制度，以确保商品、服务、人员和资金在统一市场内自由流通。评定程序尤其强调了设计制造复杂、涉及人身健康、安全和环境的产品，必须通过 ISO 90001 体系认证的要求，这就促使 ISO 9000 族标准在欧共体成员国中被普遍采用。经欧共体统一市场的推动，使得质量管理体系认证在贸易中的重要性不断提高，越来越受到各国政府、工业界、贸易界，以及有关国际组织的关注。近年来质量管理体系认证得到了迅速的发展，遍及世界 150 多个国家和地区。

国际认可论坛（IAF）于 1998 年 1 月在我国广州首次举行了签署质量管理体系认证国际多边承认协议（IAFMLA）大会，中国成为第一批签约国，成为其集团的创始成员，标志着取得中国 CNAS 认可的所有认证机构颁发的质量管理体系认证证书都取得了国际同行的互认，对签约国的组织持本国认可的质量管理体系认证证书开展国际贸易往来发挥了积极的作用。目前，IAFMLA 的签约认可机构包括中国、日本、英国、法国、德国、意大利、美国、加拿大、巴西、澳大利亚、新西兰、南非、瑞典等国家的认可机构，以及欧洲认可合作组织（EA）和太平洋认可合作组织（PAC）两个区域多边承认集团。

质量管理体系认证引起了各个行业的积极响应，尤其是那些具有某种垄断性的产业或行业以及对健康、安全和环保有重要影响的特殊行业，纷纷提出本行业或产业的质量管理体系的补充要求，以满足本行业或产业质量管理体系认证的需要。例如，医药业的药品质量管理规范（GMP），汽车行业对其供方的补充要求（ISO/TS 16949）等。

我国质量管理体系认证自 20 世纪 90 年代初开创至今已有 10 余年，从无到有，迅速发展壮大，目前已遍及全国，涉及所有行业。2001 年成立的中国国家认证认可监督管理委员会是国务院组建并授权的履行行政管理职能，统一管理、监督和综合协调全国认证认可工作的政府主管机构，标志着我国认证认可工作进入了一个新的发展时期。

小知识

在我国取得 QMS 认证证书的组织中，绝大部分组织都是受顾客推动，即顾客要求其通过 ISO 9001 认证，据估计，这部分组织约占总数的 95% 以上；只有极少数组织是从提高自身管理水平出发通过认证，能做到同时提高组织的管理水平的目的和效果。

11.2 组织申请质量认证的基本条件

案例 某建筑公司是否具备申请质量管理体系认证条件

某建筑安装公司于 2005 年 12 月注册成立，同时按 ISO 9001 标准建立质量管理体系，并按程序的规定进行组织内部审核和管理评审，但自公司成立以来既没有施工现场，也没有已交工的工程，于 2006 年 3 月通过了质量管理体系认证，获得质量管理体系认证证书。

对上述例子进行分析，该公司不能证明其提供的产品——建筑安装工程符合法规或顾客要求，不具备通过管理体系认证的基本条件。

11.2.1 组织申请质量认证的前提条件

一个组织若要申请 ISO 9001 认证，首先应该满足的主要前提条件如下。

（1）组织具有独立的法人地位，或具有独立的职能的证明文件，如营业执照等，能够独立承担民事责任。

（2）组织已按 ISO 9001 标准的要求建立文件化的质量管理体系，且运行三个月以上，经内部审核评价其体系运行有效，经管理评审其体系适宜、充分和有效。

（3）组织所提供的产品/服务符合相关法律、法规要求。

一个组织若要申请产品认证，除要满足上述条件外，还应有产品标准、可供随机抽样的申请认证的产品。

> **小知识**
>
> 在某些行业，需要具备相应的资质方可生产，如建筑设计和施工单位就要取得相应的建筑设计资质、建筑施工资质；锅炉压力容器等特种设备的制造、安装、改造等单位应当经国务院特种设备安全监督管理部门许可，方可从事相应的活动。这些有资质要求的单位，应取得相应资质证书后方可申请 ISO 9001 认证。

11.2.2 组织通过质量认证所必需的准备工作

一个组织推行 ISO 9001 认证，从贯彻标准动员到迎接审核，所要做的主要准备工作如图 11－3 所示。具体内容参见第 4 章的相关章节。

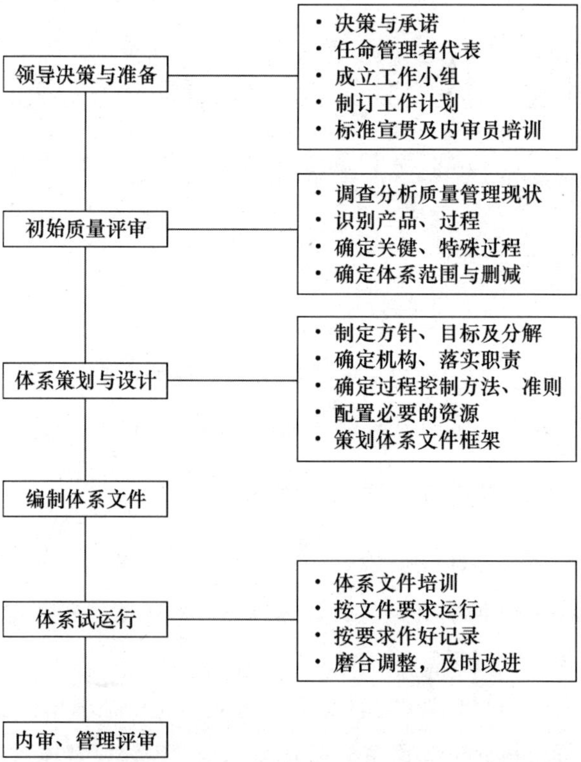

图 11－3 组织推行 ISO 9001 认证准备工作流程

> **小知识**
>
> 通过 ISO 9001 质量体系认证的准备工作主要包括：有按照 ISO 9001 编制的质量管理体系文件，如质量手册、程序文件和相关的作业指导书；选择一个经过 CNCA 批准、获得 CNAS 认可的权威认证机构；签订认证合同。

11.3 产品认证

如前所述，在我国，产品认证有强制性产品认证和自愿性产品认证之分。

11.3.1 强制性产品认证

为完善和规范强制性产品认证工作，国家质检总局于 2001 年发布国家质检总局 5 号令，决定从 2002 年 5 月 1 日起实施《强制性产品认证管理规定》，对涉及人类健康和安全、动植物生命和健康以及环境保护和公共安全的产品实行强制认证制度。国家统一公布《中华人民共和国实施强制性产品认证的产品目录》（以下简称《目录》）。凡列入《目录》的产品，必须经国家指定的认证机构认证合格、取得指定认证机构颁发的认证证书、并加施认证标志后，方可出厂销售、进口和在经营性活动中使用。

1. 产品认证模式

《目录》中产品认证适用以下单一的认证模式或若干认证模式的组合。

（1）设计鉴定。

（2）型式试验。

（3）制造现场抽取样品检测或检查。

（4）市场抽样检测或检查。

（5）企业质量保证体系审核。

（6）获得认证的后续跟踪检查。

产品认证模式依据产品的性能、对人体健康、环境和公共安全等方面可能产生的危害程度，产品的寿命周期特性等综合因素，按照科学、便利等原则确定。具体的产品认证模式在认证实施规则中规定。

2. 产品认证实施规则的基本内容

（1）适用的产品范围。

（2）适用的产品对应的国家标准和技术规则。

（3）认证模式以及对应的产品种类和标准。

（4）申请单元划分规则或规定。

（5）抽样和送样要求。

（6）关键元器件的确认要求（必要时）。

（7）检测标准核检测规则等相关要求。

（8）工厂审查的特定要求（必要时）。

（9）跟踪检查的特定要求。

（10）适用的产品加施认证标志的具体要求。

3. 产品认证的程序

各认证机构的认证程序可能稍有不同，但通常的产品认证程序包括以下全部或者部分环节。

（1）认证申请和受理。《目录》中产品的生产者、销售者和进口商可以作为申请人，向指定的认证机构提出认证申请，认证机构对申请资料进行评审，评审合格向申请方发出受理申请，双方签订认证合同。如不受理应通知申请方不受理的原因。

（2）型式试验。从认证申请单元中选取代表性样品送样进行型式试验。若新申请产品所采用的零部件或系统，在其结构、检测标准、检测项目不变的情况下，与已获证的产品所采用的零部件或系统一致时，可不另行提供样品。型式试验通常由认证机构委托经国家指定检测机构按相应的标准、项目和方法实施。

（3）工厂审查。由认证机构组成工厂审查组，对申请覆盖产品的工厂质量保证能力审查、产品一致性检查，出具工厂审查报告和结论。若产品认证企业已获得 CNCA 授权的 45 家认证机构在授权业务范围内所颁发的 QMS 认证证书，且证书在有效期内的，经确认可以免于对企业有关质量保证能力相同部分的审查。

（4）产品抽样检测。一般情况下，产品抽样检测合格后方可进行工厂检查。根据需要，产品抽样检测和工厂审查也可同时进行。样品的检测一般由认证机构委托经国家指定的检测机构实施。

（5）认证结果的评价与批准。对工厂审查和产品检测结果进行综合评价，符合要求的经过批准按照申请单元颁发认证证书。工厂审查的不合格项应在规定时间内整改；样品检测不合格也应在规定时间内完成整改并申请进行产品检测复试，整改结果合格颁发产品认证证书；整改结果不合格，终止认证。获证企业持认证证书副本和认证标志申请书，向 CNCA 指定的认证标志印制机构申请印制认证标志。

（6）获证后的监督管理。为保持获证产品持续满足认证标准要求，认证机构要对获证企业进行监督检查，12 个月内至少进行一次监督检查。检查内容包括工厂质量保证能力检查和产品一致性复查，需要时，抽查产品送检验机构进行检测。监督检查合格的获证企业可继续保持认证证书。

小知识

认证标志的名称为“中国强制认证”（China Compulsory Certification，英文缩写为“CCC”，也可简称为“3C”），认证标志是《目录》中产品准许出厂销售、进口和使用的证明标记。

11.3.2 自愿性产品认证

《目录》以外的产品，生产企业可以根据自身需要，申请产品认证。与强制性产品认证不同的是，所颁发的认证标志是由各认证机构确定、经 CNCA 备案的标志，而不是 CCC 标志。

自愿性产品认证的模式和程序与强制性产品认证一样，不同的认证机构所选择的认证模式、程序和工厂检查的依据可能各不相同，但这些内容也要在产品认证实施规则中规定，并在其公开文件中明示。

中联认证中心是经 CNCA 批准、CNAS 认可的可以从事机械产品安全认证（自愿性产品认证）的机构。获得安全认证的机械产品，除需要依据相关强制性产品标准进行抽检外，对企业质量保证能力检查的依据是在 ISO 9001 的基础上提出了更高的要求。

1. 工厂审查的依据及其特点

机械产品安全认证的工厂审查依据是由中联认证中心制定的“机械安全认证企业质量管理体系要求”，该要求采用“A + B”的结构模式，即以等同采用 GB/T19001 - 2000 为基础（A），增加了确保机械产品本质安全性的附加要求（B），旨在要求企业具备生产符合安全标准的产品的基本质量保证能力。

2. 机械安全认证企业质量管理体系要求的主要附加要求

（1）加强了最高管理者重视产品本质安全性和满足产品安全标准要求的意

识。

（2）要求在质量方针中明确对产品安全性质量满足要求的承诺。

（3）明确要求产品的质量目标应包括安全性要求、产品接受准则应包括安全标准。

（4）明确要求在产品设计和开发中，应确定产品安全性的评审、验证和确认活动；设计输入应包括产品的危险因素分析和风险评价结果，设计输出和评审活动应给出针对此输入应采取的安全结构设计和（或）安全措施，以及遗留风险给出的使用信息。

（5）明确要求严格控制外包的设计、对产品安全性质量影响较大的过程及安全关键件的供方，提出严格的控制要求，并对其产品严格验证。

（6）明确要求对产品安全性质量影响较大的生产、安装和服务过程，应制定相应的控制文件。对其中的特殊过程应制定作业指导书以指导工艺验证、过程监控和人员操作。

（7）用于决定产品安全性能的测试设备，除国家另有规定外，应进行日常操作的功能检查和每年一次的常规校准或规定更高的校准频次。

（8）因安全性能不合格的安全关键件，不得返修；若需返工，仅限一次，返工后经检验仍为不合格的，只能拒收或报废；因安全性导致不合格的最终产品（或外购件）不能让步接收。

（9）应保存一份与认证产品安全性有关的技术文件，保存期限 10 年；与产品安全性质量有关的产品的监视和测量、不合格品控制、纠正措施等记录的保存期限，应根据相应法律、法规和安全标准确定，但不应少于组织确定的产品寿命周期。

小知识

申请机械产品安全认证的企业，通常可以同时申请 ISO 9001 认证。这样，中联认证中心只要派出一个审核组，进行一次审核，企业就可以同时获得机械产品安全认证和 ISO 9001 认证两张证书。

11.4　质量管理体系认证

根据 GB/T 27021 - 2007《合格评定 管理体系审核认证机构的要求》（ISO/IEC 17021：2006，IDT）标准的要求，自 2008 年 9 月 15 日起，质量管理体系认证的初次审核分两个阶段实施，即第一阶段审核和第二阶段审核。

11.4.1　质量管理体系认证的一般程序

如图 11 - 4 所示。

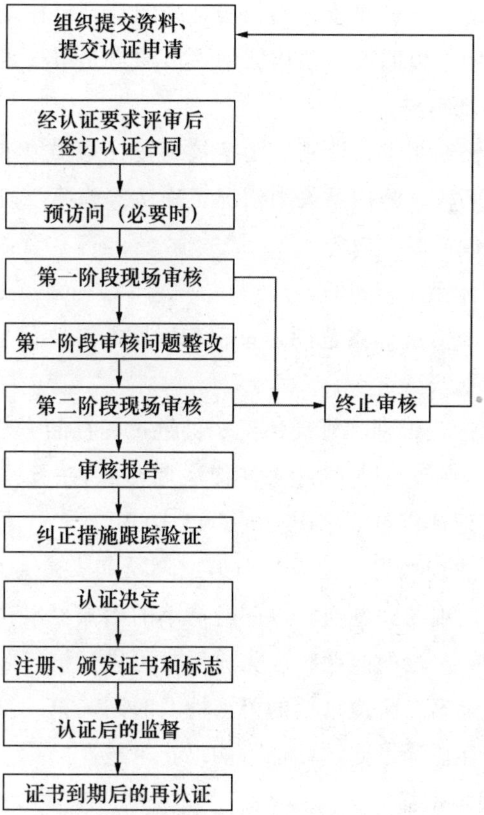

图 11 - 4　质量管理体系认证的一般程序

1. 组织提交认证申请

组织可以从经 CNCA 批准、CNAS 认可的认证机构中，经过比较选择一家合适的认证机构，向其提出认证申请，同时附上能证明法律地位的有效证明复印件。

2. 合同评审与合同签订

认证机构收到认证申请和合同书后，根据机构的认可范围、专业能力等，若认证机构有能力满足申请方的要求，则可签订合同；否则，不能签订合同。但从目前的实际情况看，这一问题通常在市场开发前期就已经解决。换句话说，若认证机构没有能力满足申请方的要求，组织也就不会提出认证申请。

3. 预访问

预访问不是认证的必备程序，只有在申请方认为有必要，为了保证其体系能够一次顺利通过审核，需要在正式审核之前安排一次预访问，或称预审核。这种预审核的程序和方法与正式审核相同，所不同的只是审核结论不一样。预审核的安排应在认证合同中予以明确。预访问的人员通常是审核组长。

4. 第一阶段现场审核

通常由审核组长编制审核计划，由审核组按计划实施审核。第一阶段现场审核的目的是了解受审核方的体系策划情况，确认实施第二阶段审核的可行性。第一阶段审核的重点包括以下内容。

（1）质量管理体系文件审核。

（2）收集受审核方的体系范围、过程和场所的必要信息以及相关法律法规要求及其遵守情况。

（3）质量管理过程识别和管理情况、关键过程控制方法的合理性。

（4）质量方针、质量目标和相关法律法规要求的一致性。

（5）内审、管理评审策划情况及是否已实施。

（6）生产、作业现场观察，为策划第二阶段审核提供关注点。

第一阶段审核发现的问题通常以问题清单的形式提出，要求受审核方在规定的时间内整改。第一阶段的问题整改完成后方可进入第二阶段审核。第一阶段审核的结论通常是确定第二阶段审核的可行性及时间。第一阶段审核如发现受审核方的质量管理体系存在严重问题，也可能终止审核。

5. 第二阶段现场审核

在确认第一阶段现场审核发现的问题已全部整改完成后，实施第二阶段现场审核。通常由认证机构的审核策划人员根据受审核方的规模所确定的审核人日数指派审核组，任命审核组长，并由审核组长编制审核计划，各审核组成员根据审核分工做审核准备，编制审核检查表。为保持审核工作连续性，第二阶段审核组中至少应有一名成员参与了第一阶段审核。第二阶段现场审核通常包括以下五个步骤。

(1) 首次会议。首次会议由审核组长主持，审核组全体成员和受审核方各级管理者参加。主要内容包括：确认审核目的、审核范围和审核准则；介绍审核方法和审核程序；可能的审核结论；确认审核计划的安排等。

(2) 现场审核。审核组到达现场之前，审核组长一般应向受审核方发出审核计划，即审核组的分工，受审核部门的时间和内容安排，并与受审核方进行充分沟通，在首次会议上还要作进一步确认，如果没有变化，现场审核应按照事先编制的审核计划进行，按照审核分工，由审核员事先编制检查表，在受审核方现场收集客观证据，并如实记录这些审核证据。涉及不合格的证据，应请受审核方确认。

(3) 内部评定。审核组根据现场审核所收集的客观证据，对照审核准则，形成审核发现，并将这些审核发现汇总，形成审核结论。可能的审核结论有三种：第一种，现场审核中没有发现不合格，推荐认证注册；第二种，现场审核中发现一些不合格，这些不合格不影响管理体系整体运行的有效性，在对不合格采取纠正措施且经审核组验证有效以后，推荐认证注册；第三种结论，现场审核中发现有严重不合格，而且这些严重不合格影响管理体系整体运行的有效性，不推荐认证注册。这一结论有可能是在现场审核尚未结束之前，若此时出现这种情况，则终止审核。如果出现第三种结论，则组织应经过一定的时间（通常是6个月）以后重新申请，安排再次审核。

(4) 与受审核方的沟通。审核组将现场审核的审核发现和审核结论向受审核方管理者通报，特别是准备开具的书面不合格，要与受审核方充分沟通，取得受审核方的管理者的确认。与受审核方沟通的关键是：既要充分肯定受审核方的成绩，又要指出存在的问题，同时提出应改进的方向。

(5) 末次会议。末次会议由审核组长主持，会议参加人员通常与首次会议参加人员相同。末次会议的内容主要是通报审核结果，包括对受审核方质量管理体系运行情况的综合评价、不合格情况及其整改要求、现场审核结论等。同时还要确认审核范围、提出监督审核的要求等。对于现场审核中开具的不合格报告要求受审核方在规定的期限内完成整改，随同整改的证实材料提交审核组验证。验证的方式有两种：一般不合格项由审核组做书面验证；有严重不合格时，一般需要进行现场验证。

第二阶段现场审核结束后，审核组长要编制审核报告。末次会议上审核组长所通报的内容即为审核报告的主要内容。

6. 认证决定

审核组长将现场审核的全部资料，包括不合格项的验证材料提交给认证机构，由认证决定人员对所提交的资料的完整性、审核结论与审核证据的一致性进行审查，符合要求的由认证决定人员签字后提交认证机构负责人审批，注册发证。

7. 颁发证书和标志

经认证机构负责人批准，可以由负责人或其授权人员签发认证证书和标志。认证证书的有效期通常为三年。

8. 获证后的监督审核

在证书有效期内，受审核方应在规定的间隔期内接受监督审核。不同的机构对间隔期有不同的规定。有的每间隔 6 个月进行一次监督审核，有的每间隔 12 个月进行一次监督审核。亦即受审核方在证书有效期内至少应接受两次监督审核。每次监督审核只涉及部分部门、部分产品和标准要求的部分条款，两次监督审核要覆盖所有的部门和标准的全部条款。

9. 证书到期后的再认证

在认证证书到期之前，获证组织应接受再认证审核。再认证现场审核发现的不合格项必须在证书到期之前完成整改，并经验证有效后，换发新的证书。如果不能在证书有效期满之前完成整改，则不能按再认证对待，而只能是初次认证。因此，获证组织和认证机构都应事先做好策划，确保再认证的顺利进行。

小知识

审核组通常由若干名审核员或高级审核员组成，也可以包括实习审核员，审核组内至少要有一名专业审核员，如果审核组内没有专业审核员，则还应包括技术专家，由技术专家提供专业支持。但实习审核员和技术专家不能单独分为一小组，不能单独实施审核，他们必须与高级审核员或审核员分在同一个小组。

11.4.2 第一阶段审核可不进入现场的情况

第一阶段审核活动通常在受审核方的现场进行。但以下几种情况可以考虑不在受审核方的现场进行第一阶段审核。

（1）再认证审核。通常不需要安排第一阶段审核，但当受审核方管理体系、组织机构或相关法律法规发生变化时，再认证审核活动可能需要有第一阶段审核。如果通过非现场的审核可以充分获取受审核方的变化情况，可考虑不在受审核方现场进行第一阶段审核。

（2）转换机构审核。通过转换前的评审和文件、资料的审查，可确认受审核方的体系运行成熟情况，并依据收集的信息足以完成第二阶段审核的策划，可考虑不在受审核方现场进行第一阶段审核。

(3) 已获其他管理体系的认证证书，如组织已获得环境管理体系或职业健康安全管理体系认证证书，认证机构对受审核方的体系建立了足够的信心，且已充分了解受审核方的活动范围、组织结构及过程，通过相关体系的差异性分析，并通过对文件、资料的审查可以确定审核范围和第二阶段审核的关注点，可考虑不在受审核方现场进行第一阶段审核。

(4) 受审核方的产品或服务技术特性明显、过程简单，认证风险较低，通过受审核方提交的文件和资料的审查和其他方式收集的信息，足以做出能否进行第二阶段审核的判断，可以不在受审核方现场进行第一阶段审核。

小知识

获证组织在其证书有效期内，由于某种原因，如认证机构因故被撤销认证资格，这时，获证组织可以转由另一家认证机构做认证，即转换机构审核。转换机构审核通过后，换发认证证书，新证书的有效期与原证书的有效期相同。

11.4.3 认证资格的暂停与撤销

1. 认证资格的暂停

有下列情况之一的，认证机构将暂停获证方的认证证书。

(1) 不能按期接受监督审核的。

(2) 未按期缴纳认证费用，经指出后仍未纠正的。

(3) 监督审核发现获证方的质量管理体系不能持续满足审核准则要求的。

(4) 获证方发生重大质量事故、产品经国家监督抽查不合格的。

(5) 证书和认证标志使用不符合认证机构要求的。

(6) 其他违反认可规则的情况。

2. 认证资格的撤销

有下列情况之一的，认证机构将撤销获证方的认证资格，认证证书予以收回。

(1) 获证方在被暂停使用认证证书后，不能在规定期限内满足恢复条件。

(2) 对发生的重大质量事故负有直接责任，且造成了严重后果和影响。

(3) 获证方的管理体系已不能满足认证要求。

(4) 发生认证机构与获证方之间协议中特别规定的其他构成撤销认证证书的情况。

> **小知识**
>
> 认证证书的暂停期限通常不超过6个月。认证证书暂停期间，获证组织不能宣称其通过ISO 9001认证。若具备恢复条件，可以申请恢复审核，符合要求者由认证机构发出恢复期认证资格的通知，认证证书可以继续使用。在认证证书暂停期内不能满足恢复条件，认证证书将被撤销，证书收回。

11.5 质量认证标志的使用

11.5.1 认证标志的种类

认证标志的种类有：认证机构的标志，中国合格评定国家认可委员会（CNAS）认可标志，中国强制性认证标志，国际互认标志（IAF－MLA标志），以及上述标志的组合。

（1）机构认证标志。如中联认证中心采用CUC标志（见图11－6）。

图11－6　中联认证中心认证标志

（2）中国合格评定国家认可委员会管理体系认可标志（见图11－7）。

体系认证
CNAS CXXX-Y

图11－7　中国合格评定国家认可委员会管理体系认可标志

其中，“C”代表认证机构（CERTIFIER）认可，“XXX”为认可流水号，“Y”为认证领域代码，如：质量管理体系认证（QMS）使用字母“Q”，环境管理体系认证（EMS）使用字母“E”，职业健康安全管理体系认证（OHSMS）使用字母“S”，食品安全管理体系认证（FSMS/HACCP）使用字母“F”，信息安全管理体系认证（ISMS）使用字母“I”等。

（3）产品认可标志。中国合格评定国家认可委员会产品认可标志（见图 11－8）。

产品认证
CNAS CXXX-P

图 11－8 中国合格评定国家认可委员会产品认可标志

其中，“C”代表认证机构（certifier）认可，“XXX”为认可流水号，“P”为产品认证（product）。

（4）3C 认证标志（见图 11－9）。

图 11－9 3C 认证标志

（5）国际互认标志（见图 11－10）。

图 11－10 国际互认标志

> **小知识**
>
> 目前，我国经 CNCA 批准、CNAS 认可的认证机构颁发的批准和认可范围内的质量管理体系认证证书均带有国际互认标志，这些证书在国际范围内均得到承认。因此，质量管理体系认证证书通常被称进入国际市场的“通行证”。

11.5.2 认证标志的使用要求

标志可采用以下几种方式使用。

（1）单独使用认证机构的认证标志或3C 标志，如 CUC 认证标志（见图 11－6）、3C 认证标志（见图 11－9）。

（2）认证机构的认证标志和国家认可标志一起使用时，认可标志应与认证机构的认证标志（包括注册号）并列使用（见图 11－11）。

认证注册号

体系认证

CNAS C014 - Q

图 11－11　机构认证标志和认可标志结合使用

（3）认证机构的认证标志与 IAF－MLA/CNAS 联合标志采用紧密使用方式时，采用如图 11－12 式样。

体系认证

CNAS C014 - Q

图 11－12　认证机构的认证标志与 IAF－MLA/CNAS 联合标志结合使用

上述标志通常在认证机构颁发的认证证书上使用。

小知识

凡获CNCA批准、CNAS认可的认证机构颁发的认可业务范围内的认证证书均可使用CNAS标志。质量管理体系认证和环境管理体系认证证书可使用国际互认标志。职业健康安全管理体系认证证书目前还不能使用国际互认标志。没有获得认可的业务范围的认证证书不能使用CNAS标志。

11.5.3 认证标志使用的注意事项

（1）管理体系认证标志可按上述方式在认证证书上使用，在不使相关方误认为产品通过了认证的情况下，也可根据规定在产品的包装、说明上使用。

（2）产品认证标志可加贴（固定）在产品上，显示在产品包装物上或产品铭牌上。在使用产品认证标志前，获证方须与认证机构签订“产品认证标志使用协议书”、填写“领取认证标志申请表”。认证机构每年对获证方使用认证标志情况进行监督，对认证标志的监督可结合每年监督审核进行，并收集获证方填写的“认证标志使用情况调查表”。

（3）管理体系认证证书和标志不能在产品上直接使用，也不能用来暗示产品实物质量得到认证机构的认可。当使用符号或徽标时，即在宣传认证结果时不应损害认证机构的声誉，不应做出认证机构未经授权的声明。

（4）在认证证书的有效期内，未接到暂停、撤销/注销处理的通知，认证证书和标志可用作以下用途：①涉及管理体系评价时出示证书；②申请免除重复检查；③投标洽谈业务时，出示证书作为管理体系合格证明；④在体系覆盖产品的广告宣传上出示证书，以表明其管理体系已通过认证，符合有关管理体系标准要求；⑤如果产品标签明确了“生产该产品的管理体系获准了GB/T 19001 - ××××－ISO 9001：××××认证”，标志可以在产品标签上使用；⑥以某种方式明确了“生产该产品的管理体系获准了GB/T 19001 - ×××× - ISO 9001：××××认证”，标志可以在产品外包装上使用；⑦标志在使用时可根据需要按比例放大或缩小。

（5）认证机构一经得到表明获证企业有滥用证书和标志的信息，将会着手收集必要的证据，如委托有关人员进行调查核实。在滥用情况得到充分证实后，对证书和标志滥用的处理分下列几种情况：①一般情况下，向滥用证书和/或标志的获证方发出“认证证书和标志滥用的处理单”，要求其立即停止滥用，并限期在规定的场合做出更正声明；②对在产品上大量直接使用认证机构管理体系认证证书和/或标志造成严重后果的获证方，认证机构将撤销其认证注册资格。必要时将对其违反规定的行为采取在新闻媒介上予以曝光，出版物侵权认定以及必要的法律手段。

第12章

质量总监成功之路

开头就开好。

——质量管理大师　克罗斯比

能力提示

- 能根据成功的条件修炼自我
- 能够了解顾客需求
- 懂得获得上司肯定的条件
- 能较成功领导下属

导读　重视质量工作的正虹集团

2003年2月8日下午，正虹集团全体质量总监在听了吴明夏总裁关于《调整产业结构迎接市场挑战》的报告后，在科技大楼一接待室进行讨论时，吴总亲临会场。吴总听完几位质量总监畅谈听了报告的感想后，对2003年全体质量总监提出了两点要求：一是作为质量总监，要明白一件事情，坚持一个原则。吴总说："明白一件事，就是要明白质量总监是受总部派遣、到分公司管理质量的，要对总公司负责，要对分公司的质量负责。你们是分公司的质量掌门人，一定要按总部要求做好质量工作。分公司产品质量靠你们，这是你们的使命，也是你们的责任与义务"。"坚持一个原则，就是要坚持'质量第一、质量就是生命'的原则。

‘质量第一，赢利第二’，这是一个谁是第一性的问题，只有在好质量、优质量产品的前提下，才有稳定持续的赢利。质量总监在分公司既是公司的一员，又要相对独立。要团结分公司的员工，要与分公司总经理多沟通。质量管理是相对独立的，你们要向总部品保部汇报情况，要站在集团高度做事，坚持原则。在质量问题上质量总监有否决权，如果出了质量问题，首先要追究质量总监的责任。二是要把人生当品牌做，为公司、为自己创造价值。

吴总说：“正虹选择了你们，这是你们的一次机遇。正虹也给了你们一个平台，一个展示自我才华的平台。你们在分公司也是管理层的一员，你们是质量总监，不是质检员，要体现你们的人生价值，要站在公司的高度去创造价值，创造质量总监的价值。要为公司创造价值，就要与总经理精诚合作，共同将分公司的产品质量上一个台阶，做到质量最优、成本最低。要学会利用资源，整合资源，创造更好的业绩。吴总接着说：“质量总监要提升工作的档次和目标，要勤于做事、乐于做事。要重事业、轻金钱，把人生当品牌来做。对一些渎职、不守职业道德的人，总公司决不姑息”。

从这个案例中，可以看到正虹集团对质量工作和质量总监的重视。质量总监要获得成功就要能为公司创造价值，为公司带来利益，才能走向成功之路。

12.1 建立质量管理链

12.1.1 什么是质量管理链

质量管理是一项复杂的、涉及面广的工作，尽管许多企业都建立并实施了与各自企业性质和产品类型相适应的质量体系认证，并采用过程控制方法对影响质量的诸多单个过程以及多个过程的组合和相互作用进行质量控制。但从实际情况看，虽然企业的质量管理取得了一定的效果，实物质量水平得到了一定的提高。可是不容置疑的是，质量管理中还存在许多有章不循、无章可循、有令不行、有禁不止等现象，质量能力和可靠性能力仍显不足，顾客抱怨仍然屡屡发生。事实上，我们已经发现 ISO 质量体系系列标准的建立和实施并不是高质量的代名词。

质量总监应该清楚认识到这一点，质量管理不是一项单独的工作，应该以系统的观点来看待，建立起质量管理链，让质量管理的各方都参与进来，使质量管理更有章可循，运行更加畅通。

质量管理链是由多个组织参与，通过对质量流、信息流、资金流的控制，以提升产品质量为目的的复杂网状结构。在这条链条上的参与方包括供应商、制造商、经销商、顾客、相关质量监督认证机构等。组织间通过协调合作来保证和提高质量，使顾客权益得到保障。

12.1.2 质量管理链的主要特征

质量管理链是一个动态的链式结构，它随着企业运作过程的变化而不断变化。质量信息是质量链管理的主要内容，通过对质量信息的统计和分析，可以发现质量链中出问题以及可能出问题的环节，从而对这些环节进行针对性的改善以提高产品质量。质量管理链的特征可概括为：

（1）核心企业发挥主导作用。核心企业在质量管理链中的作用表现为控制和协调其他组织质量链中的运作方式，优化关键节点上的运作，提升质量链满足顾客要求的能力。

（2）成员企业各自承担不同的质量职能。成员企业本身都具有各自的质量保证体系，在基于特定产品的质量链中扮演不同角色，承担不同的质量职能。

（3）质量信息定向有序流动。质量信息的流动过程，就是把顾客需求转化为产品质量特性、进而形成业务过程特性的流程。对质量信息的集成是质量管理链的重要内容之一。

（4）质量活动呈明显的“骨牌”效应。质量管理链上各组织将根据质量管理链运行的要求不断发生相互影响和相互作用，某个组织行为的变化可能导致其他组织行为的变化，从而引起更多的相关组织行为变化，形成质量活动的“骨牌”效应。

（5）组织文化与价值观的差异制约质量链功能的实现。由于质量链中各组织的环境、文化、价值观、生产结构和经营理念的不同，将产生组织间利益的冲突。此外，技术、设施、组织制度等也可能成为质量链运行的约束条件。

12.2 与供应商进行亲密接触

供应商供应的物料包括原材料、辅料、外购件、外协件及配套件等。供应商位于质量管理链的源头，供应物料的质量决定了终端产品的好坏。为了确保物料的质量，质量总监应与供应商建立合作伙伴关系，与之进行亲密接触，以减少各种不必要的环节。

如今，制造商（尤其是发达国家的制造商）越来越注重这种亲密关系，日益依靠供应商来降低成本、提高质量，以及在开发新工艺、新产品上超过竞争对手。如何让制造商与供应商进行更为密切的合作？在这一点上，美国专家的意见相当一致：美国企业应像日本公司那样，建立起供应商“联盟体系”。

“联盟体系”是一种联系密切的供应商网络，可以让供应商与制造商一起不断学习、不断改进、共同成长。在20世纪80年代倡导质量优先的浪潮中，美国制造商都大张旗鼓地采用了日式合作模式。然而，与其日本对手相比，它们只做到了形似，事实上，它们与供应商之间的关系并无实质性变化，甚至逐渐恶化。

但与此同时，丰田和本田两家公司在与北美供应商的合作方面就有了显著效果。它们非但没有像美国三大汽车巨头那样陷入与供应商龃龉不断的局面，而且还在加拿大、美国和墨西哥各地创建了新时代的日式联盟体系。在美国的汽车行业中，这两家公司不仅与供应商维持着最佳拍档关系，实现了最快的产品开发速度，同时也达到了年年降低成本、提高质量的目标。

小知识

20多年来，有学者对美国和日本汽车行业进行了持续的研究。他们认为，在发展与美国供应商的合作关系上，丰田和本田可谓“英雄所见略同”，它们都采取了以下六个步骤。

1. 清楚掌握供应商的情况。丰田公司和本田公司总是尽其所能地加深对供应商的了解。这两家公司都认为，它们对供应商的认识应该达到供应商对自己的了解程度，否则就无法建立牢固合作的基础。

2. 化解竞争关系，创造合作机会。在鼓励供应商竞争方面，美国公司和日本公司的做法迥异。美国企业的方式是让供应商彼此争斗，然后将业务交给最终坚持下来的获胜者。而丰田公司和本田公司虽然也鼓励供应商展开竞赛——尤其在缺乏竞争的情况下——但前提是，必须得到现有供应商的支持。

3. 监督管理供应商在“联盟体系”中，各方能获得平等的地位。丰田和本田并没有对供应商采取放手不管的做法，相反，两家公司都设计了周密的系统，对供应商的工作进行评估，为它们制定目标，并时刻关注其表现。

4. 发展匹配的技术能力。从亚洲劳动力成本低廉的国家采购零部件的做法，受到西方公司的普遍认同。丰田和本田却没有这样做，较之人工成本，它们更为看重供应商的创新能力。为了提高核心供应商的产品开发能力，两家公司都进行了大量投资。

5. 有选择地加强信息共享。丰田公司和本田公司坚信，必须有选择、系统地与供应商进行交流和信息共享。这两家公司深知，向所有供应商提供各种大量信息必将适得其反，将导致供应商不能在真正需要时获得有用的信息。

6. 携手合作、共同提高。许多美国供应商在接到丰田或本田公司的第一笔业务时都欣喜不已。因为它们知道，除了新业务以外，它们还将获得学习和改进的宝贵机会，并能提高自己在其他客户中的声誉。丰田和本田公司是精益管理的典范，因此，它们能使供应商得到全方位的提高。

这六步措施中，某些步骤需以其他步骤为基础，它们构建起了一个供应商合作层级架构。丰田公司和本田公司之所以获得成功，并非因为它们采用了其中的一两个步骤，而是因为，它们能将所有这六个步骤作为一个系统来实施。

企业在学习丰田和本田成功秘籍的同时，还可以从以下几个方面努力。

（1）彼此相互信任。相互的信任是形成亲密关系的前提，只有双方相互信任，交易信息才能流畅、透明，合作关系才能稳定，双方才有合作的基础。双方信任度越高，信息就越透明、越流畅，关系才越稳定，基础越牢固，产品质量才越有保障。西门子集团在供应商选择上就充分体现了这一点。在供应商选择的具体目标中，第一条就提到了“与供应商发展高标准的信任与合作关系，把买卖关系从对手的、胜利者－失败者、契约－讨价还价的关系，改变为合作的、团队型企业、彼此能够为对方着想”。这是值得广大我国企业学习和效仿的。

供应商与企业是两个独立的组织，彼此要取得相互信任是比较困难的，但一旦有交易网链，供应商与采购商就是利益共同体，双方应该能够认识到这一点，对采购企业来说，供应商供应物料的质量对产品好坏有直接作用，所以企业在监督供应商的同时，给予充分的信任，使供应商感受到来自企业更大的合作诚意，从而促使其以更负责的态度来生产；而对供应商来说，采购企业发展的好，供应商才会有不断的、稳定的订货量，双方是相互依存的，发展是相互的。为了维护利益共同体关系，双方必须进行有信任的合作，进行亲密的接触。

（2）与供应商定期或不定期召开物料质量反馈见面会。要有亲密的接触，定期的见面是必不可少的。质量总监通过将在生产中发现的采购物料存在的问题反馈给供应商，以帮助供应商改进，从而生产出符合自身企业产品的原料；而对采购物料给本企业带来的便利和帮助，也应予肯定和好处，使双方形成一种融洽的合作关系。而这种见面会不一定是要在办公桌上举行，可以以一种比较轻松的方式进行，更能体现亲密接触的思想。

（3）对供应商进行定期质量审核。对进货物料进行每次的检验是一种浪费，但完全消除这种做法，对企业也是一种冒险，质量总监可以采取对供应商进行定期质量审核的措施，派员在供应商生产过程的关键阶段进行现场考察，参与供应商产品设计、生产、检验流程。

供应商是质量管理链上的关键链节，质量总监应该对其给予充分的重视，重视与其进行亲密的接触，只有保证了供应物料的质量，质量总监才能开始走向成功之路。

12.3 定期召开质检工作会议

12.3.1 质检工作会议的重要性

质量检验作为质量控制的一个重要手段，质量总监召集部门质量负责人定期举行质检工作会议是质量总监的重要工作内容。检查产品是否达到企业或行业标准，确保产品能获得顾客满意，被顾客认同，是维持质量管理链畅通的保障，其重要性可见一斑。

质量管理链的畅通，需要各参与方的工作都能够流畅的衔接，及时解决出现的问题。通过召开质检工作会议，质量总监获得参与方参与情况的信息，了解质量管理链的运行情况，检查部门质量负责人的工作情况，协调负责人工作和分工，共同解决问题，从而维持质量管理链的畅通。

12.3.2 质检工作会议的与会人员

质检工作会议是保障质量管理链畅通的重要手段，所以企业内与质量相关的主要工作人员都应该参加，具体见表12－1。

表12－1　质检工作会议与会人员

所属部门	参加人员	工作内容	汇报内容
采购部	与供应商接触人员	负责与供应商接触，保证供应物料质量	反映供应商供应物料质量及出现的问题，对其进行评估

续表

所属部门	参加人员	工作内容	汇报内容
设计部（研发部）	设计师（工程师）	负责产品设计（研发）	汇报产品设计特点，与生产部门沟通结果
生产部门	部门负责人	负责安排生产计划，执行生产任务	汇报生产情况
营销部	负责售后服务人员	管理售后服务	汇报售后服务情况
质检部门	质量总监	负责检验产品质量	听取各部门反映的情况，与各部门为维持和提高产品质量共同制定对策

12.4 想顾客之所想

在国际著名公司中不乏充分为顾客设想获取顾客青睐的例子。如施乐公司的“全面满意”措施是：保证顾客在购买产品的三年内，如有任何不满意，公司将为其更换相同或类似产品，一切费用由公司承担。西纳公司在广告中宣称：“在你满意之前，我们将永远不会达到100%的满意。”本田公司的广告宣传词为：“我们的顾客之所以这样满意，理由之一是我们不满意。”

顾客是产品是使用者，是企业的利润来源，是质量的直接感受和反映者，质量总监要使自己的工作能够取得成功，就要站在顾客的立场，想顾客之所想，搞好顾客服务，使工作获得顾客的认同和满意。

12.4.1 顾客满意

顾客满意是指顾客通过对一个产品或一项服务的可感知的效果（感知质量）与他的期望（认知质量）相比较后形成的感觉状态，即顾客满意定义为“顾客对其要求已被满足的程度的感受”。顾客满意可以通过顾客满意指数来测量，从而帮助质量总监了解顾客满意程度。

顾客满意指数是运用计量经济学理论来处理多变量的复杂总体，全面、综合地测评顾客满意程度的一种指标。以下详细介绍美国的顾客满意指数模型，作为比较典型成熟的模型，它包括顾客满意指数模型、顾客满意指数测评指标体系。

美国顾客满意指数模型如图 12－1。

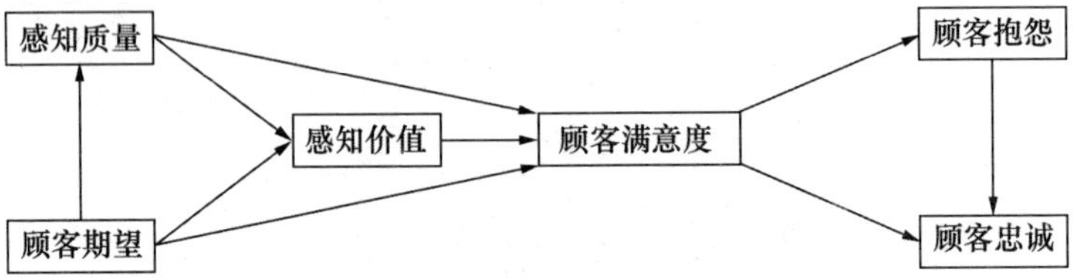

图 12－1　美国顾客满意指数模型

以下对这六个变量分别阐述：

（1）感知质量：顾客在购买产品或服务过程中对质量的实际感受。它对顾客满意指数有直接影响。顾客感知到的质量越好，顾客满意程度就越高。

（2）顾客期望：顾客在购买其所需的产品或服务前对其寄予的期待和希望。期望存在于顾客过去的购买经验、朋友和伙伴的言论、营销者和竞争者的信息及许诺中。期望形成后就成为顾客在购买过程中实际感受的比较评判标准。

（3）感知价值：预期顾客评估一个供应品和认知值的所有价值与所有成本之差。总顾客价值就是顾客从某一特定供应品种期望的一组经济、功能和心理利益组成的货币价值。总顾客成本是在评估、获得、使用和抛弃该市场供应品时引起的一组顾客预计费用。

（4）顾客满意度：顾客对企业产品和服务的实际感受与其期望值比较的程度。

（5）顾客抱怨：顾客对所购买的产品或服务不满意做出的反应。顾客抱怨会降低顾客满意度。

（6）顾客忠诚：客户对企业产品或服务的依赖和认可，坚持长期购买和使用该企业产品或服务所表现出的在思想和情感上的一种高度信任和忠诚的程度，是客户对企业产品在长期竞争中所表现出的优势的综合评价。

这六个变量不能直接测量，要获得顾客满意指数，需要将这六个变量展开，形成一系列可以直接测评的指标，建立顾客满意指数测评指标体系。顾客满意指数测评指标体系可以分成四个层次，见图 12－2。

在指标体系中第一层次为“顾客满意指数”，即总的测评目标，称为一级指标；第二层次为“指数模型”中的顾客期望、感知质量、顾客满意度、顾客抱怨、顾客忠诚六大要素，即二级指标；第三层次为根据不同的产品、服务、企业的特点将六大要素展开、具体化，即三级指标；第四层次是将指标展开成为问卷

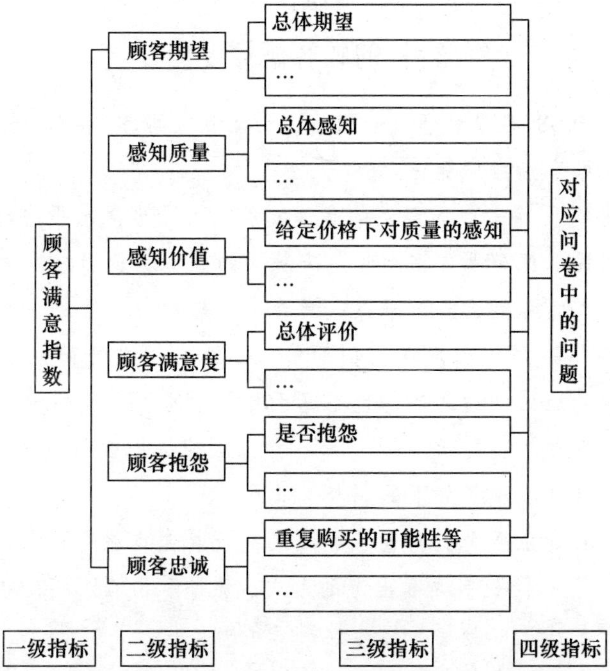

图 12－2　顾客满意指数测评指标体系层次图

上的问题，即四级指标。七种一、二级指标基本上适用于所有的产品和服务。三级指标的具体内容如表 12－2。

表 12－2　　三级指标具体内容

指　　标	指标内容
顾客期望	对产品或服务质量的总体期望；对产品或服务质量的满足顾客需求程度的期望；对产品或服务质量的可靠性的期望
感知质量	顾客对产品（服务）质量的总体评价；顾客对产品（服务）质量的满足需求程度的评价；顾客对产品（服务）质量的可靠性的评价
感知价值	给定价格时，顾客对质量识别的评价；评价质量时，顾客对价格识别的评价
顾客满意度	总体满意度；感知与期望的比较；感知与同类理想产品（服务）的比较
顾客抱怨	顾客抱怨；处理顾客抱怨的效果
顾客忠诚	重复购买的可能性；能承受的涨价程度；能抵制的竞争者的降价幅度

以上三级指标基本适用于各行业，将三级指标展开即构成了调查问卷中的问题。

下面结合一个实例来具体介绍企业顾客满意指数（CSI）的测评方法。

案例　某旅行社的顾客满意度测评

某旅行社在2008年“十一”长假后，为了了解顾客对旅游质量的满意程度，特展开一次顾客满意度测评。

（1）测评背景。随着我国经济的高速发展，人民生活水平的显著提高，旅游消费已经在居民总体消费中占有了越来越大的比重。长假旅游消费令商家注目。交通拥堵、宾馆爆满、旅游景点人满为患、购物狂潮迭起，无限商机使长假的“黄金价值”清晰地凸现在人们面前。不过长假在给商家带来利益的同时，顾客对旅游的质量问题的抱怨也不绝于耳。顾客从历次的长假出游的真实质量感知中，消费热情也趋于理性。某旅行社从独特的视角——“顾客满意”的理论出发，设计并实施了如下的调查。

此次调查的目的主要是：调查了解“十一”长假本旅行社顾客出游满意程度；调查了解“十一”长假顾客出游的形式、旅途、游程、消费状况；调查了解上述各项的分层状况，分层指标为性别、年龄、收入、文化。

（2）调查内容。被访者背景状况，被访者出游状况，被访者出游满意程度。

（3）问卷设计的评价指标。包括交通状况，餐饮，住宿，人流，购物，秩序，费由，安全性，个性需求。

（4）调查形式。采用电话调查形式，电话号码作为数据库，随机抽样。

（5）调查实施。2008年10月“十一”长假后第一个双休日，由某市场研究公司20名访问员进行访问，有效样本231个。调查问卷（部分）如下。

NO ________

2008年“十一”长假出游满意度电话调查问卷（部分）

电　话	执　行	审　核	录　入

[自我介绍]

您好！我是某市场研究公司访问员。我们正在本地区对市民“十一”出游情况进行调查，您的出行情况亦列入我们的调查范围之中，希望您能抽出一定时间接受我们的访问。谢谢！

[甄别问卷]

S1. 请问您或您的直系亲属有无从事下列行业工作？（如有，则终止）广告、咨询、市场调研公司。

A. 是，终止　　B. 否，继续

S2. 您此次假期是否在市内或市外进行过旅游？

A. 是，继续　　B. 否，终止

［背景资料］

Q1. 记录性别：A. 男　　B. 女

Q2. 您的年龄：

A. 20～25 岁　　B. 26～31 岁　　C. 32～37 岁

D. 38～43 岁　　E. 44～49 岁　　F. 50 岁以上

Q3. 您的受教育程度？

A. 初中或以下　　B. 高中（中专、中技、职高）

C. 大专　　D. 大学或以上

Q4. 您的家庭月收入？

A. 2500 元以下　　B. 2501～3500 元　　C. 3501～4500 元

D. 4501～5500 元　　E. 5501 元以上

［正式问卷］

Q1. 此次出游，您是以何种方式进行的？

A. 参加旅行社团体游　　B. 参加旅行社自助游　　C. 单位组织

D. 家人结伴　　E. 同学、同事或朋友结伴

F. 单独　　G. 其他

Q2. 从目的地看，您的旅游属于？

A. 市内旅游　　B. 市郊旅游　　C. 短途旅游

D. 长途旅游　　E. 境外旅游　　F. 其他

Q3. 您整个游程共计几天？

A. 1 天　　B. 2 天

C. 3 天　　D. 4 天或以上

Q4. 整个游程，您（家人）全部的费用支出大致是多少？

A. 500 元以下　　B. 501～1500 元　　C. 1501～2500 元

D. 2501～3500 元　　E. 3501 元以上

Q5. 此次出游的前后，您对下列方面的期望值与实际评价情况分别是（表12－3）

表 12－3　　问卷分级量表

指　　标	行前期望值					出游后的评价				
交通状况	高	较高	一般	较低	低	好	较好	一般	较差	差
餐饮状况	高	较高	一般	较低	低	好	较好	一般	较差	差
住宿状况	高	较高	一般	较低	低	好	较好	一般	较差	差
景点人流的状况	高	较高	一般	较低	低	好	较好	一般	较差	差
景点购物	高	较高	一般	较低	低	好	较好	一般	较差	差
景点秩序	高	较高	一般	较低	低	好	较好	一般	较差	差
费用支出的合理性	高	较高	一般	较低	低	好	较好	一般	较差	差
旅途安全	高	较高	一般	较低	低	好	较好	一般	较差	差
个性需求的满足	高	较高	一般	较低	低	好	较好	一般	较差	差

（以下略）

（6）统计方法

根据顾客满意指数测评指标体系：

一级指标 u_1："出游后评价"顾客满意度。

二级指标：u_{11}顾客满意度总体评价；

u_{12}安全性；

u_{13}个性需求。

三级指标：u_{111}交通；

u_{112}餐饮；

u_{113}住宿；

u_{114}人流；

u_{115}购物；

u_{116}秩序；

u_{117}费用。

对问卷分级量表进行频数统计，如在 231 名被访者中对 u_{115}购物这一项目，表 12－4。

表 12－4　　购物分级量表频数统计

	好	较好	一般	较差	差
频数	91	56	31	35	18

续表

	好	较好	一般	较差	差
频率	0.394	0.242	0.134	0.151	0.079
赋值	1	0.75	0.5	0.25	0

则“购物 u_{115} 满意度评分” $= 1 \times 0.394 + 0.75 \times 0.242 + 0.5 \times 0.134 + 0.25 \times 0.151 = 0.68$

同理，可得出交通、餐饮、住宿等指标的满意度评分。

对 u_{11j} 分别给以权重 $w_{11j}(j = 1,2,3,4,5,6,7)$，则可计算“总体评价 u_{11}”顾客满意度 $\sum_{j=1}^{7} u_{11j}w_{11j} =$，安全性 u_{12} 和个性需求 u_{13} 也通过同样的方法计算，最后加权计算出“出游后评价”顾客满意度。

12.4.2 提高顾客满意度

顾客满意度的提高，意味着企业竞争力的提高，意味着质量总监的工作取得的成果。顾客满意度的提高对企业如此重要，应该如何通过想顾客之所想，来提高顾客满意度？

(1) 了解顾客。企业首先要了解自己的顾客，才能使产品质量更好地满足顾客的需求，避免产品过于精致，质量和价格过高，超过顾客的需求和购买力；避免产品粗糙，质量低，不符合顾客需求，使产品能够更好地针对不同的顾客群。

(2) 发现顾客真正想要的。质检部门可以通过和营销部门合作，对顾客展开调查，通过简单询问，如面谈、电话交谈、问卷调查等形式，知道顾客需要的质量。

(3) 最大限度地满足顾客需求。在了解了顾客，发现顾客的真实需求后，就得尽自己的最大努力满足顾客的需求。质量总监通过与采购部、设计部、生产部、营销部等部门的沟通及信息交流，生产出符合顾客需求的产品。

12.4.3 收集顾客需求

顾客需求是指顾客的需求、意见、感知和要求。想顾客之所想就要能过了解顾客需求，可以采取以下方法，来收集顾客需求。

(1) 电话访问。电话访问被经常用来收集有关顾客的信息，可以与顾客进行直接的交流，获取比较丰富有用的信息。这种方法要求事先确定调查问卷，选择恰当的访问时间，访问人员有良好的沟通技巧，否则无法收到预期的效果。

（2）网上调查。设计调查问卷，让顾客通过网络反馈信息，在科技时代，这种方法是非常快速、经济而且为顾客所接受的。但因为是在网上进行，无法与顾客直接接触，收集到的信息比较有限。

（3）邮寄调查。这种方法通过将设计好的问卷邮寄到顾客家中，对象明确，针对性强，但往往要对将问卷邮寄回公司的顾客给予一定优惠或奖励，否则回收率一般比较低，花费的费用比较大。

（4）开通顾客服务热线。许多公司为顾客提供投诉、咨询的免费电话服务。这些服务可能由第三方或公司内部提供。如果顾客对第三方的解决不满意，质量管理者就会亲自解决投诉。投诉热线存在的普遍问题就是电话热线数量不足、等待时间过长、人员培训不佳或人员反应迟钝等。

（5）咨询网址。现在，公司一般都有自己的网站，在网站上都设置了咨询网址的链接，如联邦快递顾客服务网页，提供了热线电话和邮件功能。提供这种服务应该避免等待回复时间过长，答案缺乏针对性的缺点。

12.5 让上司肯定我的质量管理水平

> *案例*　　西部机场集团建立高水平质量体系
>
> 2008 年 4 月 24 日，西部机场集团航空物流公司顺利取得凯新认证（北京）有限公司颁发的 ISO 9001 质量管理体系认证证书，这标志着西部机场集团航空物流公司质量管理工作初步迈上规范化、标准化、国际化轨道，此举对于公司有效拓展国际国内货邮代理业务、加速推进国际化发展进程、大力提升生产运行品质必将产生积极影响。

从上可以看出，建立一套高水平的质量体系对公司是至关重要的，也是相当考验质量总监的水平和能力的。

质量总监的职责是代表公司总经理行使质量管理的职能，领导质量管理部门建立并实施质量体系，调动企业资源对质量体系的运作进行协调与监控，并定期向总经理报告质量体系的业绩，包括改进的要求，同时协调企业各有关部门完成其在质量体系建立和实施中的相应职责，确保在整个企业中质量体系的正常运转，并指导与质量体系有关事宜的外部联络工作。让上司肯定自身的质量管理水平就是要创建独特质量管理方法让总经理满意。

12.5.1 培植现代质量管理理念，强化企业质量意识

随着经济一体化化的进程加快以及 ISO 9000 族 2008 版标准的普遍采用，质量管理领域将会发生观念上的变革，同时，一些新的质量管理理念将不断涌现，为此，企业应培植现代质量管理理念，强化质量意识，而要做到这点，就要求质量总监和企业管理人员始终树立和强化“质量第一”、“预防为主”、“持续改进”、“协作精神”、“注重质量效益”、“顾客至上”等理念，增强提高质量和保护质量的自觉性。质量意识的形成和提高，是一个长期的过程，但可通过以下方法强化质量意识的形成。

（1）通过学习、宣传，提高企业管理人员的质量意识。质量总监应根据企业实际情况，通过各种形式的学习、宣传，使企业全体人员提高对质量重要性的认识，提高学法守法的自觉性，严格按质量法规、质量标准做好有关工作，树立以质量为核心的职业道德，明确没有质量，企业就没有效益，个人就没有利益，从而不断增强质量意识。

（2）提高领导质量意识。提高全员质量意识，关键在于企业领导层质量意识，只有领导决策层强烈的质量意识，高度重视质量工作，把质量管理作为企业经营中心工作真抓实干，才能提高全员质量意识，形成强大的内在动力，不断提高质量。因此，质量总监应注意收集有关质量数据，加强与上司的沟通，以事实让上司高度重视质量问题。

12.5.2 重视过程，构建全新的质量管理体系

现代质量管理思想指出，质量的持续提升，顾客满意机会的增加，需要通过企业内全面开展质量管理来获得。因此，良好的企业质量管理环境是保证质量控制和改进顺利进行的前提，而创建这样的环境，需要构建适合企业发展的质量管理体系。

（1）按 ISO 9001：2008 质量管理体系要求建立质量管理体系。质量提高，有赖于建立有效的质量管理体系，而 ISO 9000 质量管理体系是当今最有效、最先进、规范化的质量管理理论和方法。虽然很多企业已经建立了质量管理体系，但有些企业由于执行、监管力度不足，运行效率还不尽满意。为此，企业应按

ISO 9000族标准2008版的要求，进行换版，构建新的质量管理体系，使质量管理的组织机构、过程、程序和资源构成有机整体，建立有效物质量控制机制，以实施质量方针、实现质量目标，真实和最大限度满足顾客的需求和期望，增强顾客的满意度。

（2）重视产品或服务实现过程，持续改进和提高质量。企业质量管理是一个系统工程，必须对每一个环节进行控制，实行全过程质量管理，严格把好每一个环节质量关。因此，应明确各部门的质量职责，按照产品或服务形成的全过程，建立相应的质量控制程序。加强供应商管理，调查了解供应商的产品质量保证能力，按一定的标准和程序，尽量选择那些质量管理体系完善、设备先进、技术领先、服务好、交货及时的企业作为供应商。同时，加强设计质量、制造质量、使用质量的管理。

（3）应用全面质量管理的思想，保证质量管理体系良性运行。为了保证质量管理体系良性运行，企业应实施全面质量管理。全面质量管理将质量作为公司的整体要素去考虑，实施全员的质量管理、全过程质量管理、全企业的质量管理、多方法质量管理，它把以顾客为中心、全员参与、持续改进等思想贯穿到企业流程的管理中，通过建立可测量、可控制的质量特征和标准，提升企业的质量。为此，企业应将全面质量管理思想渗透到企业的质量发展战略和质量管理体系中，合理规划资金、技术等资源，努力实现流程的制度化、规范化，不断推动和完善企业质量管理程序，加强企业质量文化建设，构建有统一目标、有作战能力的人才团队，使追求高质量成为全体员工的共同价值观念、信念和行为准则，持续不断地改进质量。

12.5.3 细化管理，全面提高企业质量水平

（1）科学制定商品标准。提高商品质量，关键在于管理。因此，企业应根据自己的实际情况，采取有效措施，细化管理，提高商品质量水平。企业应根据实际情况和顾客的要求，确定商品质量标准，力求使标准满足顾客期望、明确具体、可行、重点突出，并要求员工认真执行标准，不断提高工作质量。

（2）加强控制。企业应从事前控制开始，找出可能影响质量的因素，做出事前的预备措施，将影响质量的各项因素消灭在萌芽之中，进而控制质量。同时，应重视事中控制，通过巡视控制和顾客控制，纠正达不到要求的商品，及时处理责任人，控制现场质量。此外，应加强事后控制，通过建立畅通的反馈渠道，建立起有效的自我修正、自我发展的机制，并进行事后考核，激励服务人员不断提

高商品或服务质量。

（3）明确各部门和有关人员的质量职责，建立健全质量管理制度。企业质量管理涉及各个部门和人员。因此，应结合企业实际情况，商讨、分析、明确质量职责，在此基础上进行分工，明确各部门的责任，加强配合和协作，保证质量职责的落实。同时，应对质量形成的各环节进行分析，建立严格的质量控制程序，做到质量管理程序化。

12.5.4 努力做好质量管理的基础工作

为保证商品质量，企业应做好质量管理的基础工作。

（1）做好商品质量信息的收集、加工、存储和传递工作。质量信息收集的内容具体包括：质量方针、政策，质量法律、法规，质量标准、图纸、技术规范，合同中的质量条款，检验规程、检验记录，产品合格证、化验单、试验报告，检验和试验设备的控制与标准程序，使用中发现产品质量问题的记录等。为使收集的信息能被充分利用，充分发挥质量信息的作用，还必须对质量信息进行加工处理。经加工处理后的质量信息应存贮备用，这就需要建立一个高效、灵敏的质量信息管理系统，随时都可以查询到所需的质量信息。

（2）提高质量管理人员素质。质量工作是一项技术和业务性都比较强的工作，要求质量管理人员不但要有高度的事业心和责任感，遵纪守法，坚持原则，秉公办事，而且要熟悉质量管理基本理论与技能。企业应加强培训，采用灵活的方式，提高质量管理人员的掌素质。

（3）落实质量责任。相当多的企业最高管理者（包括副职领导）对标准不熟悉，有的把贯彻标准工作分派给其他领导，自己借口工作忙而游离于质量体系之外，致使企业的质量方针成了一句口号，质量目标也未进行分解、落实。越来越多的事实证明，产品质量问题 85 % 以上由管理方面的原因造成，企业管理的好坏更多依赖于管理者的组织、协调，依靠管理职责的落实。质量总监要做好与公司领导的协调、沟通工作，使企业的领导，特别是“一把手”加强对标准的学习，落实质量责任，推动质量体系有效运行。

12.6 让下属信赖我的质量管理能力

质量总监要带领质量部门出色的完成工作，必须要有让下属信赖的管理能力，才能使管理工作、任务顺利和有效地进行。

质量总监的管理能力包括：计划能力、领导能力、控制能力、创新能力。

12.6.1 计划能力

计划能力是指为了实现决策所确定的目标，预先进行行动安排的能力。它是对质量管理所要达到的目标及采用的程序和方法的规定。计划能力一般体现在以下几个方面：

（1）研究过去，认清现在，展望未来。质量总监让下属信赖的计划能力首先体现在从过去发生质量事件中得到的启示和借鉴，总结出规律；认清现在的形势；对未来的准确预测。

（2）确定目标。通过以上对环境的分析，质量总监要与下属共同制定符合企业和顾客需求的目标，确定要达到的质量要求和实现的收益。

（3）设计方案。达到质量目标的手段、途径或方法往往不止一种，所以应该拟定尽可能多的计划。在设计方案时，质量总监要发扬民主，广泛发动下属，充分利用组织内外的专家，集思广益，产生尽可能多的方案。

（4）实施计划。在计划的执行过程中要有严格的要求，责权分明，赏罚公平。

（5）检验和考核。这是对整个计划实施情况的跟踪和反馈，只有进行检验和考核整个计划才算结束，其实际意义才体现出来。

12.6.2 领导能力

领导能力是指通过管理者实施影响下属的领导行为，把组织成员的个体目标和组织目标进行有效匹配的能力。主要体现在：

（1）指挥能力。在质量管理活动中，质量总监要有清醒的头脑，高瞻远瞩，帮助下属认清所处的环境和形势，指明活动的目标和达到目标的路径。

（2）协调能力。在有内外因素干扰的情况下，质量总监要能够协调组织成员之间的关系和活动，朝着共同的质量目标前进。

（3）激励能力。质量总监要能根据员工的需要设置某些目标，并通过目标导向使员工出现有利于组织目标达成的优势动机。

12.6.3 控制能力

控制能力是检查工作是否按既定计划进行，发现问题，并进行改进的能力。

质量总监的控制能力体现在：

（1）确立标准。确定标准是进行控制的基础，质量总监应该在综合考虑各方面因素的情况下，制定出符合实际的标准，使员工的工作有章可循，有法可依。

（2）纠正偏差。在发现问题后，要及时采取有效措施，使质量管理运行迅速回复正常，使下属工作尽量少受到影响。

12.6.4 创新能力

创新是一个民族屹立不倒的灵魂，也是一个企业发展的灵魂。质量总监作为企业的高层管理者，必须具备创新能力，才能促使产品不断升级，领导下属不断进步。质量总监的创新能力体现在：

（1）技术创新。质量总监要紧跟技术发展的脚步，适时引进先进的科学技术，在产品和工艺上进行创新，采用新的生产方式，提高产品质量，开发新产品，提供新服务，满足消费者的多样化需求。

（2）管理创新。管理创新就是在制度、经营管理模式组织结构等方面进行创新。管理创新和技术创新，应该相辅相成，相互促进。

质量总监的工作是复杂、繁重的，需要下属充分的配合和合作。质量总监要在这几种能力上不断提高，并取得下属的信赖，才能保证质量管理工作能够顺利、有效地开展。

参考文献

[1] 高阳．质量管理案例分析．北京：中国标准出版社，2007
[2] 张善海．质量管理方法及应用．北京：中国计量出版社，2007
[3] 铁建司著．韩福荣，顾力刚等译．质量管理统计方法．北京：机械工业出版社，2006
[4] 南希·R. 泰戈著．何桢等译．质量工具箱．北京：中国城市出版社，2004
[5] 程爱学．质量总监．北京：北京大学出版社，2005
[6] S. 托马斯·福斯特著．何桢译．质量管理集成的方法．北京：中国人人民大学出版社，2006
[7] 刘建亚主编．概率论与数理统计．北京：高等教育出版社，2003
[8] 岑詠霆主编．质量管理教程．上海：复旦大学出版社，2005
[9] 刘宏．质量管理的新老七种统计工具．电子质量，2006（2）
[10] 罗宜美，黄胜延，曹式有．改进鱼骨图在生产管理中的应用．工业工程，2007. 10（2）
[11] 朱海明．控制图在制造企业中的应用．宁夏机械，2007（4）
[12] 周荣义，黎忠文，彭伟．因果图和层次分析法在事故预防中的应用研究．中国安全科学学报，2007，17（9）
[13] 胡铭主编．质量管理学，武汉：武汉大学出版社，2004
[14] 董海林，汪良，郭双．企业质量体系运行中的几项重点工作．质量管理与监督，2003（1）
[15] 金国强，刘恒江．质量链管理理论．质量管理，2006（3）
[16] 周三多主编．管理学，北京：高等教育出版社，2000
[17] 正虹报供稿．质量总监要明白一件事情坚持一个原则．企业内刊在线，2003（3）
[18] 陶晓红．供应商联盟：你们的成功即是我们的成功我们的成功也是你们的成功——西门子的供应商管理战略．价值工程，2000（3）
[19] 高杨．西部机场集团物流公司喜获 ISO 9001 质量体系认证．空运商务，2008（221）
[20] 岑詠霆主编．质量管理教程．上海：复旦大学出版社，2005
[21] 龚益鸣主编．质量管理学．上海：复旦大学出版社，2000
[22] 张富山主编．质量改进工具箱——基本的手册．北京：中国计划出版社，2001
[23] 文峰主编．轻松质量管理．广州：广东经济出版社，2006
[24] 田均平，匡炳放主编．优秀品管员手册．广州：广东经济出版社，2006
[25] 朱红根主编．顶级质量主管．北京：中国年致公出版社，007
[26] 唐晓芬主编．六西格玛核心教程．北京：中国标准出版社，2002
[27] 洪生伟．质量认证教程（第二版）．北京：中国标准出版社，2004